BILL DODSON

A CHINA
EM RÁPIDA ACELERAÇÃO

*AS TECNOLOGIAS, OS SETORES VERDES
E AS INOVAÇÕES QUE IMPULSIONAM
O FUTURO DO CONTINENTE*

São Paulo, 2015
www.dvseditora.com.br

BILL DODSON

A CHINA
EM RÁPIDA ACELERAÇÃO

AS TECNOLOGIAS, OS SETORES VERDES
E AS INOVAÇÕES QUE IMPULSIONAM
O FUTURO DO CONTINENTE

DVS EDITORA

www.dvseditora.com.br

A CHINA EM RÁPIDA ACELERAÇÃO
As Tecnologias, os Setores Verdes e as Inovações que Impulsionam o Futuro do Continente
Copyright © 2015 DVS Editora Ltda

CHINA FAST FORWARD
The Technologies, Green Industries and Innovations Driving the Mainland's Future
Copyright © 2012 by Bill Dodson

All Rights Reserved. Authorized translation from the English language edition published by John Wiley & Sons Singapore Pte. Ltd.

Nenhuma parte deste livro poderá ser reproduzida, armazenada em sistema de recuperação, ou transmitida por qualquer meio, seja na forma eletrônica, mecânica, fotocopiada, gravada ou qualquer outra, sem a autorização por escrito da editora.

Tradução: Sieben Gruppe
Capa: Spazio Publicidade e Propaganda / Grasiela Gonzaga
Diagramação: Konsept Design e Projetos

Dados Internacionais de Catalogação na Publicação (CIP)
(Câmara Brasileira do Livro, SP, Brasil)

Dodson, Bill
  A China em rápida aceleração : as tecnologias, os setores verdes e as inovações que impulsionam o futuro do continente / Bill Dodson ; [traduzido por Sieben Gruppe]. -- São Paulo : DVS Editora, 2015.

  Título original: China fast forward : the technologies, green industries and innovations driving the mainland's future.
  Bibliografia
  ISBN 978-85-8289-066-0

  1. Desenvolvimento sustentável - China 2. Engenharia ambiental - China 3. Tecnologia verde - China I. Título.

14-04220   CDD-338.951

Índices para catálogo sistemático:

  1. China : Desenvolvimento econômico : Economia   338.951

Para meu filho,
Ashley Xavier "Si Cheng" Dodson

Sumário

Agradecimentos — XI
Introdução — XV

Capítulo 1 - Nação inovadora — 1
Pesquisa impura — 5
O partido do clientelismo — 6
Traga-me um grande "I" — 9
Qual o problema em um pequeno roubo de propriedade intelectual entre amigos? — 11
Educação — 13
Enxertando inovação — 16
Uma história admonitória — 19
A glória que nos pertencia — 21

Capítulo 2 - A *Web* fragmentada — 25
O dedo no botão — 28
Filtrando informações em busca de lucros — 30
Só Internet por favor, sem café — 32
Entrando na briga — 34
Se não consegue destruí-los... — 38
As disputas chinesas — 40

Capítulo 3 - Os campos de silício da China   **47**
A face *high-tech* da China   50
Se você construir, eles terceirizarão   53
O dragão prestes a atacar, o elefante pronto para saltar   56
A história de dois terceirizadores   61
Em busca de BPO nas áreas mais remotas da China   65

Capítulo 4 - Metal pesado   **71**
Navios a vista!   74
Carro veloz   78
Uma passagem para seguir em frente   83
Vendendo para países em desenvolvimento   87

Capítulo 5 - A marca China   **91**
Uma imagem nacional feita na China   94
Quando ser uma companhia chinesa não é muito bom   96
Além de barato   98
Inovação em gestão   100
A operação foi um sucesso...   103
Qual era mesmo o plano?   107
Sinais de perigo   109
Branding além da nacionalidade   111

Capítulo 6 - Declaração de independência em termos energéticos   **115**
O carvão como suprimento energético na China   119
Transformando o carvão em energia limpa   123
A economia no comando   125
Oleodutos   128
Futuro promissor   130
Interrompendo o vício   132

Capítulo 7 - Considere as alternativas — 137
Vento pelas costas — 139
Um pequeno raio de sol — 142
Barrando os vizinhos — 148
Dissuasores nucleares — 151
Bem-vindos à avenida elétrica — 156
Uma bateria de novas tecnologias energéticas — 159

Capítulo 8 - Erros de emissão — 163
O lado negro do sol — 164
É hora de livrar-se do chumbo. — 168
Terras dispersas, poluição em comum — 173
Quando já não existem quintais — 178

Capítulo 9 - O dragão em dieta — 183
Energia proveniente da água (*watergy*) — 185
Transformando água em petróleo — 186
Produzindo água — 188
Construindo cidades sustentáveis — 190
Construindo eficiência energética — 193
Green shoots (vertentes sustentáveis de negócios) — 197
"Não tenho ideia de onde isso vem" — 199

Capítulo 10 - Uma comunhão se faz necessária — 205
Não podemos ser civilizados? — 208
"Pois vivemos em um mundo material..." — 211
Avante, soldados cristãos — 213
Uma tendência à caridade — 215
A inovação final — 219
Incubadora de inovações — 222

Posfácio – A maldição de Steve Jobs   **227**
Nativo, não nativo   230
A luta por energia   235
Permuta gratuita   238
Ups!   239
Um novo diálogo da descoberta   242

Notas do autor   245
Sobre o autor   265
Bibliografia   267

Agradecimentos

Praticamente toda iniciativa ambiciosa colocada em prática por qualquer indivíduo se baseia em colaboração. O livro *China em Rápida Aceleração* é uma tentativa de pesquisar e analisar uma grande variedade de setores industriais, tecnologias e desenvolvimentos sociais na China, que se revelam tão desiguais quanto acelerados. Tal esforço exigiu que eu aprofundasse minhas percepções – até então bastante **superficiais** – sobre várias tendências e alcançasse um grau de conhecimento capaz de oferecer ao leitor dados interessantes e informativos. Nenhuma das revelações aqui contidas teria sido obtida não fosse pelas inúmeras conversas com especialistas, analistas e demais envolvidos nos desenvolvimentos diários ocorridos na China. Quaisquer incorreções e/ou omissões que porventura sejam encontradas nesta obra são de minha responsabilidade.

Entre os profissionais que, ao longo de vários anos, compartilharam *insights* e experiências obtidas a partir do próprio trabalho em seus próprios setores de atuação estão: Peter Holmes, Michael "Mickey" Duff, Mark "Six" Kissner, Robert Kong e Fulvio Hernandez. O apoio jovial do grupo de especialistas da Blue Marlin, assim como os dados de setores específicos por ela fornecidos ao longo de vários anos sobre o parque industrial de Suzhou (China-Cingapura) também contribuíram com vários insights neste livro. Por meio da inserção de inúmeras conversas ocorridas em nossas reuniões aprendi a apreciar bastante os esforços envolvidos no cultivo de abordagens no processo de inovação em manufatura na China.

Tenho uma enorme dívida de gratidão com meu amigo Andrew Hupert, pelo fato de ele ter compartilhado comigo seus pensamentos e conhecimentos não apenas sobre o envolvimento do governo na China, mas também sobre tendências industriais no país. Na época em que eu trabalhava neste projeto, Andrew era professor adjunto no *campus* Xangai da Universidade de Nova York, mas sempre encontrou tempo para discutir comigo os fatos mais pertinentes e revisar os rascunhos de artigos e capítulos que mais tarde fariam parte da obra *A China em Rápida Aceleração*.

Ao longo do processo, tive a oportunidade de conversar com inúmeros profissionais que, de algum modo, estavam envolvidos com o setor energético chinês. Entre aqueles que cederam parte de seu valioso tempo sem qualquer restrição estão: Franz Lang, Poul Kristensen, Hans Suo, Johann Wiebe e Torben Jorgensen. Bhavesh Mistry e Basile Waite também contribuíram com importantes *insights* em alguns dos artigos que publiquei e acabaram se tornando parte do manuscrito final. Membros da equipe da Daoda Heavy Industry Company se revelaram ótimos anfitriões e esclareceram os importantes desafios que os setores de navegação e energia eólica na China tinham de enfrentar.

Gostaria de oferecer um agradecimento especial à *China Economic Review*, com sede em Xangai, pelo apoio e encorajamento oferecidos à coluna sobre energia e meio ambiente na China que produzi especialmente para sua publicação. Em especial, gostaria de agradecer ao editor, Graham Earnshaw, a Pete Sweeny, que, enquanto editor chefe, sugeriu que eu contribuísse para a coluna, e a Ana Swanson, sucessora de Pete, que encorajou o aprofundamento de minhas pesquisas no setor de tecnologia limpa na China. O autor e analista do setor industrial chinês, Paul French, também se revelou sempre colaborativo e informativo ao longo de todo o projeto.

O capítulo sobre as tendências de **terceirização de serviços** demorou vários anos para ficar pronto. As generosas apresentações feitas pelos diretores de operações de várias empresas de Xangai foram absolutamente cruciais para seu desenvolvimento. Sushil Asar e Michael Su foram bastante gentis e informativos na Mahindra Satyam, e o mesmo ocorreu com Cai Jieru e seus colegas na Shanghai SAFE Software. Autoridades do governo também foram bastante colaborativos e úteis no esclarecimento de minhas dúvidas sobre o desenvolvimento do setor de terceirização de serviços no país. Daisy Gao, da Suzhou Industrial Park; Juliet Zhu, da Suzhou New District; e Cara Long, da Chengdu Tianfu Software Park, mostraram-se particularmente generosas e cruciais na explicação de suas operações. Foi sempre um prazer visitar a dinâmica equipe da zona de desenvolvimento econômico do distrito de Jiangning, em Nanquim, assim como a eficiente e informativa equipe da Hangzhou New and High Technology Park. O setor de sustentabilidade deveria ser muito bem definido.

Richard Brubaker, professor na área de Responsabilidade Social Corporativa (Corporate Social Resoponsibiliy) na China-Europe International Business School (CEIBS), mostrou-se excepcionalmente útil ao me ajudar a enquadrar o **conceito de sustentabilidade** dentro do impulso chinês de modernização. Os donos da Bambu, Rachel Speth e Jeff Delkin, são empresários incansáveis cuja empresa de utensílios domésticos deveria servir de modelo para muitos outros empreendimentos. Por várias décadas eles têm considerado cuidadosamente a praticabilidade de uma produção sustentável dentro do contexto da Revolução Industrial, provando-se capazes de sobrepujar desafios na implementação de processos, sempre com coragem e honestidade. Apesar de suas vidas ocupadas em Xangai, no Sudeste Asiático e nos Estados Unidos da América (EUA), eles investiram tempo considerável para me ajudar a compreender questões relacionadas à sustentabilidade nos negócios. Além de toda essa ajuda, gostaria também de agradecer a Brubaker, Speth e Delkin pelo tempo que gastaram revisando partes do manuscrito que deu origem a essa publicação.

Mesmo antes de o livro *A China em Rápida Aceleração* se tornar um manuscrito, Grace Lu se mostrou uma guia encantadora e cooperativa para os trabalhos caritativos realizados na China e para a promessa de empreendedorismo social. Meu mais profundo agradecimento a Linda Hou, pelo apoio totalmente altruísta que tanto me ajudou a completar esse projeto.

Meu editor, Nick Wallwork, e Jules Yap, editora executiva na John Wiley & Sons, divisão Cingapura, foram instrumentais na aceitação da proposta inicial de *A China em Rápida Aceleração* e também para impulsionar todo o projeto do livro. Aprecio profundamente sua paciência com este autor durante os processos de criação e editoração. A despeito de seu cronograma apertado, Emilie Herman, do escritório da Wiley em Hoboken, Nova Jersey, mostrou-se sempre positiva, atenciosa e paciente durante o processo de lapidação do manuscrito.

E foi essa mesma dedicação e esse mesmo apoio por parte dos meus amigos Doug Wack, Franziska Gloeckner e Palle Linde que permitiram que esse projeto chegasse ao fim. Sua colaboração ao longo da empreitada redefiniu para mim o significado da palavra amizade.

Nem sempre minha esposa, Jessica Zhou, sabia claramente o que eu de fato buscava por meio desse projeto, ou mesmo a razão pela qual eu considerava tão importante investir nele tanto tempo. Mesmo assim, ela se manteve ao meu lado ao longo da jornada. Sinto-me extremamente grato por isso.

Todavia, a verdadeira inspiração para *A China em Rápida Aceleração* veio de meu filho, Ashley Xavier "Si Cheng," que tinha apenas alguns meses na época em que escrevi este livro. Ao longo de todo o processo sempre levei em consideração o tipo de mundo em que ele viveria quando chegasse à vida adulta. Com ancestrais norte-americanos e chineses, ele certamente irá deparar com escolhas e desafios difíceis sequer de imaginar. Se um dia, entretanto, ele ler este livro e conseguir extrair dele uma única informação que o ajude a tomar suas decisões, já poderei considerar esta obra um enorme sucesso.

Introdução

> China é atualmente um trem que viaja em meio a uma tempestade de raios e relâmpagos. Nenhum de nós é um mero expectador; somos todos passageiros.
> — *Frase dita por um chinês usuário da Weibo Sina.com, aplicativo similar ao Twitter, em 24 de julho de 2011.*

Na noite de **23 de julho de 2011**, as percepções da China a respeito de sua própria sociedade, de suas lideranças e da direção em que o país caminhava e se desenvolvia simplesmente se desintegraram. Foi como um frágil espelho que se estilhaçava sob os golpes de um martelo. Até mesmo o **Partido Comunista Chinês (PCC)** se viu forçado a reconhecer sua própria imagem desfigurada sob a luz da aterrorizante chuva de relâmpagos que alteraria drasticamente o curso das iniciativas do governo central chinês em busca do *status* de líder global.

Na ocasião, um trem bala que viajava a quase 400 km/h repentinamente teve de reduzir sua velocidade e, finalmente, parar, quando os fios de alta tensão que lhe forneciam energia para prosseguir rumo ao montanhoso interior foram atingidos por poderosos raios. Por um momento, a escuridão da noite se estabeleceu dentro da composição paralisada, mas, de repente, a traseira do veículo isolado foi iluminada por uma nuvem de fagulhas. Logo ele seria atingido violentamente por outro trem expresso, que mais se parecia com um projétil cuspido por uma arma de fogo. **Quarenta pessoas morreram naquela noite**; outras duzentas ficaram seriamente feridas.

Apenas três semanas antes do acidente, as autoridades do PCC não se cansavam de enaltecer as virtudes de seus trens super velozes diante da comunidade internacional. Eles tentavam atrair os norte-americanos com a promessa de um sistema ferroviário barato e de alta velocidade que seria capaz de entrelaçar suas distantes cidades. Em referência à tecnologia ferroviária que os chineses haviam adquirido dos próprios europeus, e agora exportavam para outros países, eles debochavam dos alemães dizendo: **"Achado não é roubado."** De modo metafórico, eles "mostravam o dedo médio" para os japoneses, seus arqui-inimigos, que, meses antes, já haviam alertado o mundo sobre o fato de as autoridades chinesas estarem forçando seus trens em demasia, imprimindo velocidades excessivas aos veículos e utilizando tecnologias japonesas que sequer tinham sido testadas nas ferrovias chinesas.

Poucas horas depois do acidente, o Ministério das Ferrovias do país mandou que os vagões danificados fossem enterrados em buracos próximos à ponte de onde haviam despencado. Alguns chineses que assistiram a um vídeo que denunciava claramente a tentativa de ocultação de evidências alegaram ter visto corpos ainda presos aos destroços. Aliás, vale lembrar que quase um dia após a tragédia, uma garotinha chamada Yiyi foi encontrada com vida enquanto oficiais se preparavam para enterrar aquilo o que teria se transformado em seu caixão. A menina estava presa entre os corpos sem vida de seus pais.

Na época, milhões de *weibos* (*tweets*) circularam com notícias e opiniões sobre o acidente. O grande volume de mensagens de texto expunha de maneira clara a crise de confiança dos cidadãos chineses em relação a suas lideranças e aos rumos que o país estava tomando. Com o Twitter bloqueado na China, o Weibo se transformou no microblogue preferido para centenas de milhões de usuários da Internet no país. Durante o horário nobre da Central China Television (CCTV), o âncora Qiu Qiming, fez eco às publicações na *Web*, exigindo prestação de contas por parte do governo central do país. Ele disse:

"Se ninguém estiver seguro, será que as pessoas ainda desejarão tal velocidade. Será que as estradas pelas quais viajamos em nossas cidades poderiam não ruir? Será que poderíamos viajar em trens seguros? E, se e quando algum acidente grave ocorresse, será que poderíamos não nos apressar tanto para enterrar os vagões? China, por favor, vá mais devagar. Se continuar prosseguindo tão rápido é bem possível que as almas de seus próprios habitantes se percam pelo caminho."

Essa pequena mensagem parece encapsular os tempos em que quase 1,5 bilhão de pessoas – incluindo eu e minha família – viviam no **gigante asiático**: quando a busca pelo crescimento econômico e pela modernização se tornou perigosa e saiu fora de controle. Contudo, o próprio evento e a resposta do governo às pesadas críticas da população revelaram-se fatos verdadeiramente históricos.

A mídia convencional criticou duramente o PCC e o ministro de Ferrovias, enquanto defensores do Partido Tradicional Chinês (PTC), como a rede nacional de televisão, a CCTV, o *China Daily* e o jornal sensacionalista *Global Times*, concentraram-se nos níveis hierárquicos mais altos do governo. *Weibos* e blogues de autoria de milhões de usuários da internet na China continuaram a criticar as autoridades por semanas. Então, Pequim, enquanto sede do governo, fez o que ninguém jamais imaginaria possível: não fechou nenhum canal de mídia. **Absolutamente nenhum!**

É bem verdade que, de acordo com algumas fontes, certos comentaristas famosos foram censurados, enquanto outros foram suspensos ou até mesmo demitidos. Porém, nenhuma entre as mais populares fontes não oficiais de notícias foi impedida de publicar suas considerações. No início, um exército de censores tentou filtrar as mensagens por meio de **palavras-chave** consideradas **provocativas** e, no começo, alguns blogues chegaram a ser tirados do ar. Contudo, o governo central não escondeu do público os dados mais sensíveis sobre o incidente. Os burocratas do partido sabiam que teriam de agir rapidamente e de modo decisivo no sentido de impedir que a população se unisse e se voltasse contra eles.

Outra medida completamente inesperada – e, para o governo central chinês, um tanto embaraçosa – foi a de reduzir a velocidade de trens previamente projetados para transitar a 350 km/h para apenas 300 km/h. As composições cuja velocidade normal seria de 250 km/h, também não poderiam exceder os 200 km/h. A CSR Corporation Ltd., fabricante dos trens operados na célebre linha Pequim-Xangai, tiveram de retirar dos trilhos e reexaminar 40 vagões que haviam sido fabricados especificamente para aquela linha ferroviária. As autoridades chinesas recolocaram em uso o antigo equipamento, ou seja, as velhas locomotivas e materiais rodantes, o que fez com que o tempo de viagem entre Pequim e Xangai subisse de 6 h para 11 h. Além disso, definiu-se que toda a rede ferroviária nova de alta velocidade deveria passar por cuidadosa inspeção. No final de 2011, todas as novas obras nas linhas ferroviárias foram interrompidas. O estilo chinês de inovação – o que, aliás, era considerado pelo governo central do país como **"inovação nativa"** – passaria por uma profunda e séria revisão.

■ ■ ■

Em 2006, Pequim implementou uma nova iniciativa nacional que exigia que empresas estrangeiras que possuíssem tecnologias proprietárias compartilhassem-nas com seus parceiros locais. Tal política se aplicava, em sua maior parte, a setores considerados estratégicos para a supremacia econômica do país, como tecnologia da informação (TI), indústria aeroespacial, biotecnologia e tecnologias limpas e renováveis. Essa cooperação conjunta significava que os chineses teriam acesso aos projetos dos produtos originais, em algumas categorias específicas. Os chineses iriam então tornar a referida tecnologia local para, assim, atender às condições e exigências internas do país e, em seguida, patentear as reproduções nos mercados internacionais como se a ideia original pertencesse à própria China. Pequim batizou tal política de "inovação nativa". Porém, essa estratégia acabaria fracassando justamente na implantação da tecnologia de sinalização que os japoneses haviam transferido aos chineses para a construção da linha ferroviária de alta velocidade entre Pequim e Xangai.

O problema é que os japoneses haviam blindado sua tecnologia de modo que os chineses simplesmente não conseguiram decifrá-la. Os melhores técnicos e especialistas em ferrovias do país começaram a replicar os conceitos e mecanismos sem, contudo, compreender integralmente o *design* e o funcionamento do produto. A discrepância entre o modo como o sistema de sinalização funcionava no Japão e como precisaria operar no continente chinês se revelaria o principal elemento causador do acidente no trecho entre Hangzhou e Wenzhou. O efeito propagador desse sistema de inovação equivocado acabaria afetando todos os aspectos da visão da sociedade chinesa moderna quanto ao futuro perfeito que as lideranças do país estavam planejando para a população e alardeando para o mundo. O livro *A China em Rápida Aceleração* explora o ponto de junção crítico em que a sociedade chinesa vê o desenvolvimento de seu país e as escolhas remanescentes para o futuro próximo.

Esta obra faz uma análise de algumas das muitas tecnologias, das várias inovações e dos inúmeros setores que a China tem importado do Ocidente, modificado em vários aspectos e aplicado e/ou instituído internamente para consolidar sua posição como líder global. Para um país, tornar-se uma superpotência, em temos modernos, significa alcançar os mais elevados níveis de desenvolvimento social possíveis em uma determinada época, e, ao mesmo tempo, demonstrar toda sua capacidade de sustentar os patamares previamente alcançados. *A China em Rápida Aceleração* explora não apenas a natureza das inovações pela ótica e compreensão chinesas, mas também o modo como a China interpreta os mecanismos pelos quais as descobertas são feitas e integradas ao mundo em que vivemos. Esta obra também explora se as prioridades da sociedade em termos de inovações irão ajudá-la – **assim como ao resto do mundo** – a superar as limitações energéticas, ambientais e de recursos que ela própria já identificou e contra os quais tem lutado.

No ano de 2011, os planejadores do governo concluíram que haviam alcançado um momento decisivo no desenvolvimento econômico e social do país. O fato é que a qualidade das inovações que esses planejadores centrais pretendiam disponibilizar para consumo das massas estava se tornando mais importante para os cidadãos que a quantidade ou até mesmo que a velocidade com a qual esses produtos eram oferecidos. E isso incluía os projetos de infraestrutura. Independentemente de se tratar de **trens de alta velocidade** (TAVs), pontes, estradas, imóveis ou de qualquer outro produto comercial ou de interesse do governo, os chineses começaram a se ressentir do constante estresse que sentiam por simplesmente não saber se os automóveis que dirigiam, os aviões nos quais viajavam ou os trens em que eram transportados iriam ou não se desintegrar no meio do caminho.

Vale lembrar, por exemplo, que apenas seis meses antes do terrível acidente ferroviário mencionado, as autoridades centrais já haviam interrompido quaisquer obras de desenvolvimento em usinas eólicas. Aliás, 50% das turbinas produzidas estavam desligadas e, a outra metade, que se encontrava em pleno funcionamento, apresentava constantes problemas de manutenção. Além disso, três meses mais tarde, em março de 2011, o desastre na usina nuclear de Fukushima-Daiichi, no norte do Japão, forçou as autoridades chinesas a adiar a aprovação de novos projetos no setor. Defensores da tecnologia de energia nuclear no governo já haviam planejado a construção de 77 novas usinas desse tipo até 2020 – um número maior do que qualquer outro país já tentara construir em um período tão curto. Contudo, antes mesmo do final de 2011, o governo central anunciou que o número de projetos havia sido reduzido e que as usinas que fossem erguidas utilizariam a mais nova tecnologia disponível, importada da Europa, e seriam, portanto, mais seguras que as anteriores. Parece que as autoridades governamentais finalmente haviam começado a admitir que o processo de reinovação na construção de uma sociedade moderna e digital possuía suas próprias limitações.

As claras desvantagens desse processo de reinovação impactaram a credibilidade de cientistas e pesquisadores chineses como o segundo maior grupo de registradores de patentes no mundo em 2010. Os críticos alegavam que se todas aquelas patentes eram simples adaptações e "nacionalizações" de tecnologias copiadas de projetos desenvolvidos em outros lugares, deveriam elas ser consideradas inovações? Afinal, o que era tão sensacional sobre elas? E, finalmente, será que as respostas para essas perguntas significavam alguma coisa para os ocidentais ou para outras nações em desenvolvimento?

As respostas, pelo que parece, importavam para qualquer nação que estivesse construindo sua sociedade – ou que já o tivesse feito – em cima dos paradigmas obsoletos da Revolução Industrial. O modo como a China, especificamente, adaptou tecnologias importadas para desenvolver seu sistema ferroviário de alta velocidade, assim como outros projetos cruciais para o país, se refletia no próprio entendimento chinês sobre a natureza da inovação. A integridade de seus empreendimentos ilustrava como a nação estava investindo seu capital criativo para enfrentar os desafios da modernização, da densidade demográfica e do envelhecimento populacional.

Por exemplo, um pouco mais da metade da população chinesa já vivia nas cidades em 2012. Por volta de 2020, os centros urbanos do país terão de suportar a migração de cem milhões de pessoas oriundas do campo. Em 2025, mais de 220 cidades chinesas abrigarão mais de um milhão de habitantes, cada. O país terá pavimentado cinco bilhões de metros quadrados de estradas e construído cinco milhões de prédios, dos quais **cinquenta mil** serão **arranha-céus**.[1]

As lideranças políticas terão de oferecer empregos para os recém-urbanizados. O governo precisará assegurar água e alimento suficiente para os novos habitantes das cidades. Também será necessário garantir o fornecimento constante de eletricidade, e em uma quantidade quatro vezes superior àquela demandada pelos moradores do campo. Os governos locais também serão responsáveis pela redução da poluição do ar, da água e do solo no sentido de garantir que os espaços sejam devidamente habitáveis. De fato, o sistema ferroviário de alta velocidade era um dos componentes fundamentais dos planos do país para diminuir suas emissões de gases de efeito estufa. Todavia, para que esses trens bala se movimentem, é preciso extrair a eletricidade de algum lugar. É provável que a fonte dessa energia seja uma das milhares de minas de carvão que recobrem a paisagem chinesa. Os métodos utilizados pelo gigante asiático para atenuar sua dependência em relação a combustíveis fósseis, assim como os meios escolhidos para fazê-lo e o próprio desejo de colocar isso em prática, são extremamente importantes. As mudanças climáticas irão afetar drasticamente o grau em que a China será capaz de construir e sustentar uma sociedade pós-industrial – ou seja, sua **dinastia digital**. Porém, à medida que a própria China concretiza suas visões para a metade do século, o país certamente irá se deparar com um "limite difícil de ser transposto" em termos de desenvolvimento social, algo que, aliás, já foi testemunhado várias vezes em sua história. Os paradigmas da Revolução Industrial sobre os quais a China apoiou seu salto para a modernidade já expuseram limitações ambientais, energéticas e de outros recursos, e em uma escala global. A modernização criou novas condições e novos problemas que precisam ser enfrentados e sanados para que se possa manter os padrões de sobrevivência.

Em seu livro intelectualmente intrigante *Why the West Rules – For Now: The Patterns of History and What They Reveal About the*

Future[A] Ian Morris define o desenvolvimento social como a habilidade de uma sociedade em fazer com que as coisas aconteçam e em formatar seus ambientes físico, econômico, social e intelectual em seu próprio benefício. Morris relaciona quatro medidas essenciais de desenvolvimento social: **captura de energia**, **urbanismo**, **processamento de informação** e **capacidade de uma sociedade para fazer guerra**. A captura de energia significa a habilidade de uma sociedade em dominar a energia, como por exemplo, ao queimar carvão para aquecer a água e transformá-la no vapor que irá impulsionar turbinas. O urbanismo representa a capacidade de um povo de organizar seus recursos – como a energia, os habitantes e os equipamentos – de maneiras racionais que facilitem os esforços da sociedade para atingir seus objetivos. O processamento de informação reflete não apenas o nível de sofisticação e a rapidez com os quais as informações são transmitidas, mas também as taxas de captura dessas transmissões. A Internet já se provou um meio de comunicação bem mais eficiente e efetivo que a TV, por exemplo. Já os recursos de uma sociedade para deflagrar ou entrar em uma guerra com outros países, e/ou defender-se deles, é crucial em alguns casos para a própria preservação do povo. O "limite intransponível", do modo como Morris o define, é o ponto na vida de uma sociedade em que ela já não consegue sustentar os próprios níveis correntes de complexidade ali existentes. Em seu livro *The Collapse of Complex Societies*[B], Joseph Tainter coloca a base da pirâmide das medidas sociais na habilidade de uma sociedade para encontrar e integrar fontes cada vez maiores de energia; ou, o que talvez fosse ainda mais eficiente, fontes mais rentáveis que as previamente utilizadas.

A China e o núcleo ocidental – que hoje representaria a União Europeia (UE) – já alcançaram seus próprios "limites intransponíveis" três vezes em sua história, quase que de modo sincrônico e com resultados igualmente desalentadores: no primeiro século da Era Comum, quando a dinastia Han e o Império Romano desintegraram; no século XIII, com a invasão **mongol** e a **peste negra** que destruíram a dinastia Song e a Europa medieval; e então,

---

A - Sem título em português. Em tradução livre: *Porque o Ocidente está no Comando - Por Ora: Padrões Históricos e o que Eles Revelam sobre o Futuro.* (N.T.)

B - Sem título em português. Em tradução livre: *O Colapso das Sociedades Complexas.* (N.T.)

novamente, no século XVII, quando, em poucas décadas, as populações dos centros orientais e ocidentais dobraram de tamanho e as tarefas de alimentá-las, vesti-las e abrigá-las adequadamente se tornaram uma enorme preocupação para os governos de ambas as regiões. Entretanto, também no século XVII, os europeus perceberam que a tecnologia havia aberto um caminho para uma nova forma de negociar com as limitações do desenvolvimento social.

Os antecedentes filosóficos da Revolução Industrial podem ser encontrados nos pensamentos de Francis Bacon, um filósofo, cientista e estadista inglês que preferia observar a natureza mecânica de um relógio a analisar a filosofia natural dos gregos da antiguidade. Já na França, outro importante filósofo e matemático, Rene Descartes, escreveu: "Não é menos natural para um relógio, algo construído a partir de um grande número de engrenagens, indicar as horas, que para uma árvore que brotou dessa ou daquela semente, produzir uma fruta específica." Bacon e Descartes, assim como vários outros pensadores, intuitivamente compreendiam que a Europa, em conjunto com as colônias do Novo Mundo, seriam capazes de transformar os ciclos de guerra, fome e pestilência que caracterizavam a história ocidental ao longo de vários milênios.

Entretanto, o núcleo chinês, isolado das influências ocidentais, permitiu que a Revolução Industrial lhes passasse despercebida em favor da restauração de antigos clássicos chineses. O objetivo era consolidar o poder político de seus novos líderes estrangeiros, os **manchus**.[C] Duzentos anos depois, ou seja, nos anos de 1800, a sociedade chinesa acabaria se vendo totalmente arruinada e enfrentando o completo caos. Morris denominou as dinâmicas por trás desse processo contínuo de ascensão, queda e nova ascensão das sociedades de **"paradoxo do desenvolvimento"**. Segundo ele: "O crescente desenvolvimento social gera as mesmas forças que solapam novos desenvolvimentos sociais." Ou, como costumava afirmar Albert Einstein de maneira bastante clara: "Não podemos resolver

---

C - Grupo étnico originário do nordeste da Manchúria. No século XVII, eles conquistaram a dinastia Ming e fundaram a dinastia Qing, que governou a China até 1911. Atualmente, a maioria dos manchus foi assimilada pelos chineses Han e sua língua foi praticamente extinta. Esse grupo representa uma das 56 nacionalidades oficialmente reconhecidas pela República Popular da China. (N.T.)

nossos problemas utilizando os mesmos modos de pensar que usamos quando os criamos."

■ ■ ■

O primeiro capítulo do livro *A China em Rápida Aceleração* é dedicado à natureza da pesquisa científica moderna chinesa e também ao que está acontecendo no gigante asiático em termos de inovações na indústria. O objetivo é criar uma base para discussões subsequentes. No Capítulo 2, discutimos a interseção entre governo e empresas no ciberespaço chinês, à medida que empresas domésticas de Internet lutam para se libertar das ideologias que ditam os limites para as inovações. O Capítulo 3 narra minhas próprias investigações sobre um aspecto do setor de serviços que depende de tecnologias digitais e é considerado vital pelo governo central chinês para o crescimento contínuo do país: a **terceirização de serviços**. O Capítulo 4 detalha o modo como a China está desenvolvendo suas indústrias pesadas para garantir para o país uma posição de destaque na cadeia de valor de produtos de exportação mais sofisticados. O Capítulo 5 investiga as inovações *soft* que a China e suas empresas precisam realizar no sentido de ostentarem uma imagem diferenciada aos olhos do mundo e, consequentemente, se tornarem marcas internacionais incomparáveis. Do capítulo 6 até o 9, relato minhas crenças pessoais de que a geração e a mobilização energética, assim como a relação do setor com o meio ambiente, são fundamentais para a viabilidade da sociedade a longo prazo. O último capítulo dessa obra discorre sobre o que sejam, talvez, as inovações mais importantes que a China terá de fazer para se manter como uma sociedade moderna viável. Caberá às suas lideranças criar um contexto seguro e apoiador para a reunião de indivíduos cujos interesses sociais vão além dos unicamente comerciais e políticos. No futuro, instituições de caridade, **organizações não governamentais** (ONGs) e serviços especiais para idosos se tornarão cada vez mais cruciais na China. Por volta de 2050, cerca de **30% da população** terá mais de 60 anos de idade, enquanto as secas, as mudanças climáticas e as limitações energéticas provocarão a entrada nas cidades de um verdadeiro *tsunami* de refugiados do campo.

Ocupando uma posição histórica de grande destaque, a China tem deparado com enormes desafios globais antes da maioria dos países. Sua gigantesca população, sua escassez energética e de outros recursos minerais, e seus problemas com a concentração de poluentes têm forçado o país a se mobilizar no sentido de promover mudanças drásticas. As medidas tomadas pela China para resolver essas questões, assim como o nível de sucesso que ela irá alcançar na construção de uma sociedade sustentável, fornecerão importantes lições para todos nós, independentemente de onde estejamos nesse planeta cada vez menor.

Capítulo 1

Nação inovadora

A entrevista com os repórteres da província de Liaoning fora tranquila, concluiu Fang Shimin; trata-se de um simples caso de trapaça. Na ocasião, Fang expôs o autoproclamado "Mestre Supremo" do taoísmo, Li Yi, **como uma fraude**. Durante todo o ano de 2010, Li, juntamente com seus trinta mil seguidores, alardeou ser capaz de se sentar dentro da água, na posição de lótus, permanecer lá por duas horas prendendo a respiração e ainda levar um choque elétrico de 220 volts, tudo isso além de outros feitos inacreditáveis. Fang simplesmente apresentou todos os fatos diante dos jornalistas: Li praticara sua façanha diante das câmeras em Chongqing dez anos antes, dentro de uma caixa de vidro e, portanto, completamente isolado da água; além disso, não havia qualquer evidência objetiva de que aquele homem tivesse sobrevivido a uma carga elétrica.[1]

Depois do seu encontro com os jornalistas, Fang saiu de seu hotel em Pequim e caminhou diretamente rumo à calçada. Aquela tarde de agosto estava quente e o ar propagava a cacofonia de sons oriundos do tráfego pesado, das buzinas estridentes, da conversa dos transeuntes, das conversas aos celulares e dos ambulantes vendendo frutas, legumes, óculos de sol, presilhas de cabelo e vários outros produtos. Às vezes Fang sentia falta da brandura e do isolamento característicos de sua vida na Califórnia, onde ele simplesmente frequentava seu laboratório de bioquímica no Salk Institute, trabalhava várias e produtivas horas e então retornava para casa. Porém, quando os *royalties* provenientes das patentes começaram a entrar, Fang decidiu retornar à China para tentar fazer algo que pudesse beneficiar seu povo, transformando o país em um lugar melhor para os milhões de habitantes que não tiveram a mesma sorte que ele. Aplicando os métodos científicos utilizados em instituições ocidentais, e combinando-os ao ódio que sentia de pessoas tiranas e de fraudadores, ele passou a exercer o papel de **"xerife da ciência"** na China. Seu pseudônimo era Fang Zhouzi, um nome que milhões viriam a conhecer em todo o país por conta de sua abordagem direta em relação às mentiras e desigualdades que permeavam sua adorada nação.

Já praticamente em casa, ele se sentia cada vez mais entusiasmado ao pensar na noite que se aproximava, quando pretendia se aprofundar em suas pesquisas sobre um médico charlatão chamado Xiao Chuanguo. Esse profissional alegava ter sido capaz de curar várias crianças que sofriam de incontinência urinária, simplesmente operando alguns nervos específicos.[2] Contudo, Fang Shimin tinha certeza de que Xiao estava apenas falsificando dados e, portanto, representava um grande perigo para a sociedade.

Fang deixou a rua principal e entrou em uma rua secundária, onde a vizinhança parecia mais tranquila, e imediatamente se sentiu mais relaxado. Porém, ao virar a esquina ele deparou com um homem alto que lhe bloqueava o caminho. Fang Zhouzi viu uma sombra, uma imagem nublada e logo percebeu uma garrafa sendo colocada próxima ao seu rosto. Ele sabia que há apenas alguns meses seu amigo Fang Xuancheng havia sido atacado da mesma maneira. Na ocasião, o rapaz foi brutalmente espancado e teve de ser hospitalizado. Fang Xuancheng era um correspondente para o *Caijing*, um jornal chinês especializado em finanças que costumava assumir posições polêmicas e controversas contra empresas e instituições do país. Todavia, aquele não seria o momento de pensar se o ataque fora do mesmo tipo.

Fang Shimin se abaixou, de maneira instintiva, mas mesmo assim parte de seu rosto foi atingido por um *spray* de pimenta. Sua face começou a arder e, em seguida, ficou adormecida. Então, mesmo sem conseguir enxergar muito bem ele saiu correndo para o meio da rua, tentando escapar do ataque. Naquele momento ele ouviu uma barra de ferro cair no chão e dois homens se xingando mutuamente. "Que droga, Xu! Você atingiu o meu rosto com o jato de pimenta, não o dele! Seu estúpido!" Gritou um deles.

"Cale a boca!" Fang Shimin ouviu uma segunda voz dizer, "Pegue-o!"

"Você só pode estar brincando! Não consigo ver absolutamente nada!", bradou Long

Xu saltou por sobre o colega caído sobre a calçada, que, aliás, se contorcia de dor, e saiu correndo atrás de Fang Shimin. Conforme corria, ele balançava um martelo na mão, como se tentasse calcular o peso do objeto e a força que teria de usar para atingir a cabeça de Fang.

Fang Shimin sabia que se hesitasse por um segundo que fosse aquele homem o mataria. Ele então cruzou em meio ao tráfego pesado e quase foi atingido duas vezes por motoristas enfurecidos que desesperadamente soavam suas buzinas. Mas, mesmo assim, o assassino conseguiu diminuir a distância que os separava. Então, conforme Fang mudou mais uma vez de direção, ele conseguiu vislumbrar seu perseguidor pelo canto do olho e perceber que o homem se preparava para atirar algum objeto pesado contra ele. Novamente os instintos de Fang fizeram com que ele se abaixasse para se proteger do golpe, mas, ainda assim ele conseguiu ver o martelo sendo arremessado contra sua cabeça. Ele correu ainda mais rápido e, pouco depois sentiu um golpe em sua clavícula, mas não parou para olhar. Finalmente depois de virar mais uma esquina ele conseguiu cruzar o portão do conjunto de apartamentos onde morava.

Xu interrompeu sua perseguição a cem metros do portão do condomínio e olhou para os guardas espantados. Depois de alguns segundos ele percebeu que outras pessoas também o encaravam e compreendeu que havia falhado em sua missão. Agora ele teria de retornar os 50 mil renminbi[3] (veja agora a **observação importante** no fim desse capítulo), algo como US$ 7 mil, que lhe haviam sido adiantados pelo seu grande irmão, Daí Jianxiang, que havia confiado nele e em Long Guangxing para ensinar uma lição àquele grande idiota. Xu disse mais alguns impropérios e então partiu em busca de Long. Aquele estava se tornando um dia péssimo.

De fato, toda aquela semana se revelaria desastrosa para os "irmãos" Daí Jianxiang, Xu e Long Guangxing. Dias após o incidente a polícia capturou Xu, que fora gravado por uma câmera de circuito fechado enquanto vigiava Fang, pouco antes do incidente. Xu acabaria levando as autoridades a Long Guangxing e ambos confessariam ter sido pagos por Daí Jianxiang para dar uma lição a Fang Shimin. Então, com um pouco de pressão por parte da polícia Daí Jianxiang admitiu ter recebido do dr. Xiao Chuanguo, um primo distante – e arqui-inimigo de Fang – ¥ 100 mil para cuidar da situação. De posse de tal informação, a polícia capturou Xiao Chuanguo no aeroporto de Pequim quando ele retornava de uma viagem ao exterior.[4] Depois de apenas algumas horas preso Xiao Chuanguo confessou o crime. Aliás, ele também confessou ter planejado o ataque a Fang Xuancheng, o repórter do *Caijing*. O fato é que os ataques de Fang Xuancheng contra o passado, a credibilidade e os trabalhos de pesquisa de Xiao Chuanguo haviam feito com que a Academia Chinesa de Ciências lhe negasse seus pedidos de afiliação. Por causa disso, vários trabalhos de Xiao Chuanguo foram negligenciados na China – embora cientistas ocidentais considerassem algumas de suas pesquisas bastante promissoras. Todavia, as constantes tentativas por parte de Xiao Chuanguo no sentido de difamar Fang Shimin, em vez de absolvê-lo das acusações, apenas contribuíram para lhe atrair mais atenção negativa.

Algum tempo depois, e apesar de ter confessado o crime para a polícia, o dr. Xiao Chuanguo negou todas as acusações diante dos juízes e se declarou inocente. O julgamento, que, aliás, ocorreu sem as presenças de Fang Shimin, Fang Xuancheng ou de seus advogados no tribunal, durou menos de um dia. A corte considerou o dr. Xiao culpado meramente de criar um tumulto público. O triunvirato de juízes multou Xiao Chuanguo em vários milhares de dólares e o sentenciou a cinco meses e meio de prisão. Os dois Fangs e seus advogados imediatamente acusaram a corte de ter feito um acordo ilícito e de não ter garantido a eles, as vítimas, a devida justiça. Todos decidiram apelar em uma corte superior, em busca de um resultado positivo que certamente levaria anos para ser alcançado.[5] Este caso, entretanto, não impediu que o xerife da ciência desse continuidade à sua missão de denunciar fraudes nos campos da ciência e da tecnologia.

Pesquisa impura

A **falsificação** permeia a sociedade chinesa. Para muitos indivíduos que não dispõem de acesso a boas conexões nem ostentam condições financeiras favoráveis, forjar um passado é a única maneira de alcançar o *status* social e econômico desejado. As paredes dos becos espalhados pelas cidades estão repletas de telefones de agentes capazes de conseguir certificados, diplomas universitários e até mesmo de Ph.D. Em agosto de 2010, autoridades chinesas descobriram que um grande número de pilotos havia forjado seus históricos de vôo. Foi necessário um grave acidente de avião no nordeste da China, e a morte de 42 passageiros, para que se desse início a uma investigação do logro em massa.[6]

Também em 2010, o xerife da ciência, Fang Shimin, revelou que o antigo dirigente da Microsoft China, Tang Jun, havia falsificado seu currículo. Na época de sua contratação, ele disse aos seus empregadores que completara seu doutorado no Instituto de Tecnologia da Califórnia (California Institute of Technology). Essa mentira facilitou sua ascensão na empresa e seu enriquecimento, e também o transformou em uma espécie de herói chinês da atualidade; em alguém que, com grande coragem e determinação, foi capaz de superar todas as adversidades.[7]

Zhang Ming, professor de Relações Internacionais na Renmin University, em Pequim, admitiu que muitos acadêmicos chineses preferem servir a uma causa economicamente mais prática que buscar a verdade a partir de pesquisas. "Precisamos nos concentrar em buscar a verdade, e não em servir aos propósitos de alguns burocratas ou em satisfazer desejos pessoais por lucros," disse ele.[8] Porém, tal apelo alcançou os ouvidos surdos de 55% de seus colegas, que, ao serem entrevistados pela Associação Chinesa em Prol da Ciência e Tecnologia (China Association for Science and Technology), alegaram conhecer algum profissional da área que havia de fato falsificado descobertas científicas ou simplesmente plagiado documentos para publicação. Seis das mais importantes instituições de pesquisa do país admitiram em um relatório governamental já ter falsificado dados ou copiado resultados de outros pesquisadores. Em dezembro de 2009, um jornal científico britânico se viu obrigado a retirar mais de 70 documentos de suas publicações depois que seus editores descobriram conteúdos cuja veracidade era questionável.[9] Um aplicativo chamado CrossCheck, capaz de buscar e identificar plágios na Internet, localizou e marcou quase um terço dos documentos submetidos ao teste, classificando-os de altamente suspeitos. Em alguns casos, o *software* descobriu que 80% de alguns documentos haviam sido copiados de originais.[10]

Todavia, a necessidade de garantir a veracidade e a transparência nos processos, algo com o qual instituições de pesquisa científica ocidentais têm enorme zelo, está longe de afetar o comportamento dos líderes políticos encarregados de gerenciar organizações de pesquisa chinesas. Os dirigentes que comandam o dia a dia desses departamentos, todos indicados pelo PCC, compartilham orçamentos, moradia e reputação. O nepotismo predomina. **Na China, o partido é responsável por definir os significados de descoberta e invenção.**

O partido do clientelismo

As acusações públicas feitas contra o dr. Xiao Chuanguo, os ataques confessos contra seus acusadores e a sentença absolutamente branda aplicada pela justiça por conta dos crimes por ele cometidos apontam para uma falha fundamental nos planos da China para superar os Estados Unidos da América (EUA) como uma preeminente nação inovadora. O gigante asiático não dispõe dos freios e contrapesos necessários dentro de sua própria comunidade científica ou até mesmo de sua sociedade. A ciência se orgulha de utilizar métodos de repetição em que os resultados são rigorosamente testados e aprovados por um grupo de colegas profissionais. Como afirmou certa vez Thomas Kuhn em seu livro *Estrutura das Revoluções Científicas*,[A] um importante estudo sobre o trabalho dos cientistas, com grande frequência, alguns colegas com interesses pessoais velados se opõem a descobertas. Mesmo assim, no final a **comunidade** científica **se adapta** – em geral de maneiras não violentas – à medida que a descoberta se torna um fato que ajuda a expandir perspectivas anteriores. Os métodos científicos são usados para eliminar resultados incorretos ou enganosos; os pesquisadores contribuem para formar uma base comum de conhecimentos sobre a qual outros poderão continuar trabalhando. O sistema judiciário funciona de modo similar, uma vez que as decisões tomadas se baseiam em um corpo de evidências incontestáveis em termos de objetividade e exatidão. Em contrapartida, tanto a ciência quanto a sociedade na China se baseiam no **clientelismo**.

A - Editora Perspectiva, 2011. Título original: *The Structure of Scientific Revolutions*. (N.T.)

Os clientes são, tipicamente, indicados políticos com ligações com o PCC. Eles são chefes de departamento, diretores de escolas e responsáveis pelo gerenciamento de pesquisas. Com frequência, esses indivíduos indicados pelo partido têm pouca ou nenhuma experiência nas áreas para as quais foram designados. Por causa disso, os próprios indicados acabam distribuindo cargos de confiança e responsabilidade para cientistas, garantindo financiamento para projetos e até mesmo oferecendo acomodações para os familiares dos pesquisadores. Logo esses profissionais aprendem que, para progredir na carreira, não devem **"morder a mão de quem os alimenta."**

Os juízes nos tribunais também são apontados pelo governo, e demonstram ter pouco treinamento e pouca experiência nas complexidades inerentes a litígios e julgamentos. Como afirmou certa vez uma advogada de Pequim, ela praticava **"um falso direito"**. Segundo ela, na maioria dos casos, para ter alguma chance de vitória, ela precisava levar os juízes para jantar e tratá-los bem. Às vezes, para decidir o resultado de um caso a seu favor, ela se via obrigada a disputar com eles joguinhos envolvendo bebidas.

Ou seja, na China, os dois mais importantes sistemas de sustentação para a inovação em qualquer sociedade são lamentavelmente manipulados para atender às exigências e aos caprichos de seus patrocinadores do PCC. Essencialmente, empreendimentos e setores industriais chineses também estão presos a essa mesma dinâmica clientelista. De acordo com o jornalista e escritor australiano Richard McGregor em seu livro *The Party: The Secret World of China's Comunist Rulers*[B], quanto maior a empresa, e mais alinhada com as políticas industriais nacionais, menor sua liberdade em termos de: 1º) pesquisa e desenvolvimento (P&D) e 2º) viabilidade comercial – a primeira é direcionada pelo Estado; a segunda é decida por ele. Yigong Shi e Yi Rao, diretores dos departamentos de Biologia das universidades de Tsinghua e Pequim, respectivamente, afirmaram em um editorial na *Science Magazine*: "É público e notório que, na China, realizar boas pesquisas não é tão importante quanto tagarelar com os poderosos burocratas e seus especialistas favoritos. A atual cultura chinesa em termos de pesquisas... **desperdiça recursos**, **corrompe o espírito** e **frustra qualquer inovação**."[11]

B - Sem tradução em português. Em tradução livre: *O Partido: O Mundo Secreto dos Dirigentes Comunistas Chineses*. (N.T.)

A rede de clientelismo que rodeia os esforços chineses na área de P&D, afeta a **objetividade**, a **qualidade** e a **veracidade** das iniciativas de ampliar as fronteiras da ciência e sobrepujar alguns dos maiores desafios que a humanidade já enfrentou. Questões como 1ª) atender às crescentes demandas do planeta em termos energéticos; 2ª) lidar com os danos que a poluição tem causado aos ecossistemas; e 3ª) atentar para o consumo de recursos não renováveis como a terra e a água, exigem uma abordagem perspicaz e apolítica que assegure a habitabilidade do país. A instituição britânica National Endowment for Science, Technology and the Arts (Nesta)[C] sugeriu que o desenvolvimento econômico da China, assim como sua crescente importância geopolítica, tornam crucial a participação do país, ao lado de outras nações, na busca por soluções para as questões de sustentabilidade.[12]

O clientelismo chinês também afeta os esforços de organizações que tentam abrir novos caminhos que transformem esse embrutecido ambiente doméstico em um mundo repleto de ideias e aplicações. Áreas tais como a terceirização de serviços e a Internet correm sérios riscos de serem sufocadas pelo medo de que a delegação de energia criativa acabe desestabilizando o país. O poço gravitacional desse clientelismo também distorce e suga para baixo qualquer iniciativa genuína por parte de companhias chinesas no sentido de se tornarem competidores globais realmente inovadores, capazes de concorrer em pé de igualdade com verdadeiros titãs como a IBM, a General Electric (GE), a Procter & Gamble (P&G), e várias outras empresas desse porte. O fato é que, quaisquer que sejam os planos de um governo para se tornar uma potência global no campo das inovações, primeiro é preciso que ele consiga superar enormes desafios autoinfligidos. Alguns deles se baseiam em padrões históricos que acabaram por se tornar hábitos e ações da nação, mas que são contrários não apenas às normas internacionais de transparência e reportagem de fatos, mas ao próprio método científico. Outros obstáculos que o país precisa sobrepujar são de ordem sócio-política. As lideranças terão de aprender como equilibrar seu desejo pela sobrevivência e pela manutenção do controle sobre a sociedade e a economia com a criação de ambientes seguros nos quais a criatividade, a busca constante por respostas e o diálogo apaixonado possam fluir naturalmente. Com tantos conflitos de interesse dentro do governo, das

---

C - Trata-se de uma instituição beneficente britânica que busca arrecadar doações para promover desenvolvimento nas áreas científica, tecnológica e artística. (N.T.)

instituições educacionais e de pesquisas, em todo o território chinês, não surpreende o fato de que as **inovações no país** fiquem reduzidas ao **âmbito da irrelevância**.

Traga-me um grande "I"

Em novembro de 2010, o Departamento de Propriedade Intelectual da China publicou seu Plano Estratégico Nacional de Desenvolvimento de Patentes, que descrevia os objetivos do governo no sentido de garantir a ascendência global do país no quesito **inovação**. De acordo com as metas estabelecidas, até 2015 a China pretendia ser capaz de registrar cerca de **dois milhões de novas patentes por ano**. Dentro dessa perspectiva, em 2009, os supostos inventores chineses registraram **600 mil patentes** em seu escritório nacional – lembrando que, até setembro de 2010, os norte-americanos registraram somente **480 mil patentes** nos EUA.

Ainda de acordo com o plano, a China pretendia dobrar o número de inspetores de patente até 2015, chegando a 9 mil profissionais – no ano de 2010 os EUA contavam com apenas 6.300 inspetores.[13] O que permitiu que a China acelerasse tanto sua produção de patentes foi o aumento de seu orçamento em P&D (pesquisa e desenvolvimento) em relação ao Produto Interno Bruto (PIB) do país.

Os gastos da China em P&D aumentaram para 1,5% do PIB em 2010 – em comparação a apenas 1% investido em 2002 – e, de acordo com o governo chinês, o objetivo até 2020 seria conseguir direcionar 2,5% do PIB do país para esse setor. Em 2010, a fatia chinesa dos **investimentos globais** em P&D era pouco superior a 12%, enquanto a contribuição dos EUA era de cerca de 35%.[14]

Algumas das outras determinações (métricas) citadas no plano estratégico chinês incluem: 1º) "A quantidade de patentes para invenções (chinesas) para cada milhão de habitantes e a quantidade de registros de patentes em países estrangeiros irá quadruplicar;" e 2º) "A proporção de registros de patentes em setores industriais acima do tamanho designado chegará a 10%." O documento, entretanto, não estabelece o tamanho das referidas empresas. Todavia, o plano inclui a designação de 10 **"cidades modelo"** que funcionarão como *hubs* (centros de difusão) para avaliação de patentes.

O problema é que uma análise mais cuidadosa dos tipos de patentes que estão sendo encorajadas pela China revela uma distorção nos números. As metas de patentes se dividem em 1 milhão de registros para cada tipo de patente chinesa: a de **modelo de utilidade**, usada para aprimoramentos incrementais ou mudanças secundárias no produto; e a de **invenção**, em que novos produtos são realmente desenvolvidos.

Na época dessa determinação, esperava-se que a maioria das patentes registradas estivesse associada a setores essenciais, ou seja, áreas consideradas vitais pelo governo chinês tanto para a economia quanto para a estabilidade social do país. Segundo David J. Kappos, diretor do United States Patent and Trademark Office (USPTO), esses setores incluíam: energia solar e eólica; tecnologia de informação e telecomunicações; e tecnologias para o desenvolvimento de baterias e a fabricação de veículos.[15] John Kao, um consultor de inovações, descreveu o plano central do governo chinês como **"uma abordagem grosseira que, nesse momento, enfatiza a quantidade de inovações, não a qualidade"**.[16]

Pesquisas realizadas por Anil Gupta e Haiyan Wang sobre a complexidade das patentes na China revelaram que as instituições chinesas não eram assim tão criativas quando gostariam que o mundo acreditasse. Aliás, longe disso. Com base em mais de 95% das patentes registradas no próprio órgão de registros de patentes chinês, Gupta e Wang descobriram que a ampla maioria dessas solicitações se referia a **"pequenos ajustes"** a **desenvolvimentos** já existentes. O número de patentes chinesas registrado em três dos maiores órgãos de registro de patentes do mundo – dos EUA, do Japão e da União Europeia (UE) – nos conta uma história bastante interessante e reveladora. O padrão internacional "triádico" para registro de patentes exige a aprovação por parte de cada um desses escritórios. Em 2008, a Organização para a Cooperação e o Desenvolvimento Econômico (OCDE)[D] citou **apenas 473 patentes triádicas** por parte da China, contra **14.399** dos EUA; **14.525** da Europa e **13.446** do Japão.[17] Portanto, no que diz respeito ao atendimento dos padrões internacionais para o registro de patentes, os chineses ficaram bem atrás de outros países. Todavia, essas estatísticas não dissuadiram as lideranças chinesas de planejar inovações em seu país.

D - Organization for Economic Cooperation and Development (OECD). (N.T.)

Em seus esforços para se tornar a "oficina" do mundo, a China jamais permitiu que sua ênfase na quantidade sobre a qualidade a detivesse. Em 2010, Wang Yong, presidente da estatal Assets Supervision and Administration Commission of the State Council (SASAC), informou que o conselho pretendia desenvolver 50 **novas empresas estatais** (*stated-owned enterprises* ou **SOEs**) para que elas se tornassem organizações globais de primeira linha antes de 2015. A chave para que elas se firmassem em posições de destaque seria o aprimoramento de suas capacidades de inovação para enfrentar a competição internacional.[18] Essa ação ocorreu à medida que reguladores preconizaram o aprimoramento de capacidades de inovação justamente para fortalecer a competitividade das SOEs. Antes mesmo desse anúncio, 35 dessas empresas já haviam se comprometido a se transformar em gigantes industriais globais, donas de tecnologias avançadas em conformidade com os padrões internacionais.

Os tecnocratas que comandam o PCC parecem acreditar que a inovação é algo que pode ser simplesmente construído, como uma ponte, uma represa ou uma rodovia. De fato, a abordagem aqui é a mesma que foi utilizada quando as lideranças do país decidiram dilacerar o meio ambiente, favorecendo o crescimento econômico em detrimento da sustentabilidade do planeta. O governo chinês faz apologia a cidades espalhadas por todo o país, descrevendo-as como centros de inovação especializados na prestação de serviços terceirizados, na arte da animação, na pesquisa de tecnologias de informação, na indústria aeronáutica e por aí afora. Contudo, cidades inteiras do país também ostentam a triste reputação de funcionarem como pólos de produtos, *designs* e inovações falsificadas.

Qual o problema em um pequeno roubo de propriedade intelectual entre amigos?

Se há um aspecto da **"marca China"** que é bem conhecido pelos estrangeiros é o quanto as empresas chinesas se comportam de maneira **leviana** em relação à **propriedade intelectual**, seja de inventores ou de artistas. A falsificação de produtos norte-americanos pelos chineses custa às empresas dos EUA pelo menos US$ 60 bilhões.[19]

Em sua busca incessante por lucros, os comerciantes chineses já se envolveram em praticamente todas as áreas, de produtos de consumo a equipamentos industriais; de veículos a músicas; de filmes a outros tipos de arte. Um rápido passeio pelas lojas em qualquer cidade chinesa deixará os visitantes boquiabertos com a quantidade de produtos literalmente **copiados** dos **originais** e à venda por preços **inacreditavelmente baixos**. Muitos desses centros comerciais – sejam eles fechados ou a céu aberto – possuem pequenos estandes ou espaços separados para onde dinâmicos vendedores atraem os transeuntes para que estes tenham acesso às novidades. No verão, corredores internos abarrotados e desprovidos de ar-condicionado deixam os visitantes completamente desesperados por conta do calor e do barulho ensurdecedor. Já no inverno, essas mesmas passagens se tornam congelantes. Durante os períodos de chuva, a única proteção que os produtos expostos nas lojas externas têm em relação à água são os encerados sustentados por cordões.

As lojas vendem todos os tipos de marcas, em geral, de um mesmo setor industrial, como, por exemplo, produtos têxteis, calçados ou bolsas femininas. Uma visita ao Hongqiao Pearl Market, em Xangai, revelou galerias de lojas repletas de bolsas Louis Vuitton, camisetas Tommy Hilfiger, sapatos Gucci etc. Em alguns casos – tal como a camiseta pólo com o pequeno jacaré verde que possivelmente algum turista esteja investigando com o dedo neste momento –, é bem possível que o produto seja genuíno e tenha apenas **"caído do caminhão durante o transporte"** e ido parar no mercado chinês. Na verdade, o produto foi encomendado pela empresa dona da marca para ser produzido na China. Donos de fábricas fazem uma quantidade um pouco maior do produto, de acordo com as especificações definidas pelo comprador corporativo. Os empregados então despacham esse excedente diretamente para **intermediários** que buscam espaço nos expositores do varejo justamente nessas lojas, onde o produto será vendido por 20% a 50% de seu preço original de varejo.

Esse mesmo fenômeno atinge também os setores de componentes e equipamentos industriais. Um fabricante dinamarquês de peças para sistemas de aquecimento, ventilação e ar condicionado (AVAC) recebeu uma ligação enquanto almoçávamos em um restaurante próximo a sua fábrica no delta do rio Yangtzé (rio Azul). Era um cliente ocidental. A conversa girou em torno de como aquele cliente poderia ser de grande utilidade para esse meu novo amigo, se visitasse uma concorrente chinesa no setor de peças para sistemas AVAC e fotografasse as partes imitadas, transmitindo-lhe as imagens obtidas. A partir daí, meu amigo poderia pedir ao seu advogado na China que enviasse à parte responsável pela imitação um aviso sobre as providências que seriam tomadas caso o concorrente continuasse a copiar as peças.

De fato, eu mesmo tive a oportunidade de visitar fábricas chinesas ao lado de clientes ocidentais e ouvi-los cochichar: "Aqueles produtos nos *displays* são nossos!" De duas uma, ou 1º) esses fabricantes estavam absolutamente indiferentes em relação ao roubo de propriedade e se sentiam seguros o bastante para não precisarem se proteger de represálias, ou 2º) eles simplesmente se esqueceram de que haviam imitado as peças desenvolvidas por seus associados estrangeiros e as deixaram por engano em seus mostruários, para que todos as vissem. Cidades inteiras na China se devotam a copiar produtos de fabricantes estrangeiros e vendê-los nos **mercados cinzas**[E] ou até mesmo exportá-los para países em desenvolvimento, como produtos originais. A região de Putian, na província de Fujian, localizada na costa do país e de frente para Taiwan, é bem conhecida como a capital dos tênis falsificados. Dongguan, na província de Guangdong, é famosa pelas suas cópias de sapatos, tacos de golfe, móveis e que mais você estiver procurando (e pelo preço que quiser pagar).

Na verdade, a cultura da violação aos Direitos de Propriedade Intelectual (DPI), da falsificação aberta de produtos e da fabricação em massa de cópias tem suas origens na história da China e acabou se espalhando pelo século XXI, por meio pelos meandros do sistema educacional do país. A **cultura da cópia** é tão forte na sociedade chinesa moderna que a **obediência** a ela acaba provocando até mesmo a morte de cidadãos.

Educação

Jo Jo (um pseudômino) tinha apenas 11 anos quando tirou sua própria vida. Ao retornar para casa logo após o almoço em um gelado dia letivo

---

E - Diferentemente do que acontece no "mercado negro", onde ocorre a comercialização de produtos ilegais e/ou proibidos, no "mercado cinza" comercializa-se produtos originais e permitidos, mas por canais errados ou pagando pouco (ou até nenhum) imposto. (Exemplo: a venda de aparelhos eletrônicos não adquiridos diretamente do distribuidor do país de origem. Neste caso, o produto não é ilegal, mas se torna invisível para o fabricante e para o próprio governo.) (N.T.)

de janeiro, na província de Yunnan, a mãe do garoto descobriu seu corpo caído no chão. Segundo a história, um professor que estava prestes a se aposentar, mestre Tang, havia segurado Jo Jo depois da aula para que este copiasse à mão várias páginas de um livro didático com materiais para treinamento de linguagem. O mestre Tang tentava disciplinar o menino por algo que, no final das contas, ninguém soube responder exatamente do que se tratava. O fato é que, até o final do dia, Jo Jo teria de copiar quatro capítulos do livro, usando sua melhor caligrafia – um total de sete páginas repletas de caracteres chineses. Jo Jo explicou à mãe que estava preocupado, pois tinha certeza de que não terminaria aquela cópia até o final do período. Ela então disse ao filho que ele certamente o conseguiria, pois era um menino muito esperto. Em seguida, ele serviu ao jovem uma tigela de bolinhos de arroz recheados com pasta de gergelim preto – um prato muito apreciado pelas crianças chinesas. Então a mãe voltou para o trabalho e avisou que ligaria para lembrá-lo de retornar à escola uma hora antes do horário marcado. Porém, quando ela telefonou para casa ninguém respondeu. Seguindo a intuição típica dos pais, e preocupada que algo pudesse ter acontecido, ela resolveu voltar.

Jo Jo havia amarrado à maçaneta da porta o lenço vermelho que usava ao redor do pescoço – a marca registrada dos Jovens Pioneiros – e se enforcado.[F] Quando sua mãe chegou, deparou com o menino caído ao chão, já quase sem vida. O pequeno lenço vermelho, utilizado por centenas de milhões de crianças nas salas de aula durante o ano letivo, é um símbolo do sacrifício que todos os cidadãos têm de fazer para promover o bem-estar da população. Neste caso, o sacrifício de Jo Jo revelou para a sociedade a crueldade, a estreiteza de horizontes e o peso esmagador de sua abordagem conformista em relação à educação e à socialização. A mãe do garoto afirmou que o filho estava com vergonha porque sabia que não seria capaz de terminar o exercício de cópia exigido até o final do dia e não queria enfrentar mais punições. O professor Tang se internou em um hospital e se disse indisponível para tecer mais comentários sobre o caso. Antes disso, ele e a administração da escola informaram que Jo Jo havia permanecido na classe somente para receber ajuda extra na realização de suas lições. Porém, os pais e estudantes chineses sabem muito bem que não é assim que o sistema

---

F - Organização do PCC voltada para as crianças. (N.T.)

funciona. De um modo ou de outro, o fato é que esse sistema continuará a sobreviver a casos e sacrifícios como o de Jo Jo.

Ao deparar na Internet com uma discussão sobre a razão pela qual a China era incapaz de produzir indivíduos como Steve Jobs, Chen Zhiwu, professor de finanças na Universidade de Yale, decidiu tuitar sua própria interpretação. Segundo ele, nas escolas chinesas: "A primeira coisa que os professores fazem é se certificar de que nenhum aluno seja minimamente diferente dos demais."[20]

Na China, o sistema educacional moderno tem suas raízes no tipo de conhecimento exigido para que um candidato fosse aprovado nos exames imperiais e adentrasse o governo do país. Durante a dinastia Sui, no ano de 605 d.C., a nação se viu diante de um dilema: **havia gente demais e poucos caminhos rumo à prosperidade**. O nepotismo nas posições de governo era absolutamente comum. Contudo, o imperador exigia que seus administradores estabelecessem uma burocracia meritocrática. Neste sentido, eles desenvolveram um sistema de avaliação rígido capaz de filtrar somente os mais bem educados para ocupar posições no governo. A atitude de manter em funcionamento o sistema imperial por quase 1500 anos assegurou que os pensamentos, as filosofias, as iniciativas e os conhecimentos dos burocratas se tornassem bastante harmoniosos, independentemente do lugar de onde o indivíduo fosse oriundo. Desde então, os exames chineses, em todos os níveis educacionais, enfatizam a memorização em detrimento de demonstrações de criatividade, percepção pessoal e/ou experiência.

A China – ou, mais especificamente, Xangai – sentiu-se absolutamente orgulhosa em 2010 quando seus alunos obtiveram o primeiro lugar do mundo em uma olimpíada internacional de matemática, ficando à frente de Coreia do Sul, Cingapura e Hong Kong. A Finlândia também se saiu muito bem; os EUA terminaram na 25ª posição, entre 34 países. Muitos – inclusive os norte-americanos – acreditam que o sistema chinês, ou pelo menos a abordagem de Xangai para a educação, seja superior ao sistema adotado nos EUA. Essas pessoas também acreditam que, por conta disso, a China seja capaz de produzir **engenheiros** e **cientistas melhores**, capazes de registrar mais patentes e publicar mais trabalhos de pesquisa que os EUA. Essa linha de pensamento conclui que a China se tornará uma nação inovadora de primeira linha. Os chineses atribuem seu sucesso nas provas, e também nos negócios, aos **"valores confucianos."**[G]

A teoria confuciana promove basicamente a **harmonia** na **família**, na **comunidade** e na **sociedade** como um todo. A sociedade se manterá estável por meio do estudo constante e autorreferencial de fenômenos sociais e históricos, e também atendendo ao comando dos que exercem autoridade. De modo simplista, é a filosofia do **"siga o líder"**: a esposa segue o marido (e a mãe do marido); o marido segue o chefe; o chefe segue o governo local; e assim por diante, até chegar a liderança central em Pequim. Uma senhora de meia-idade, mãe de um garotinho de 10 anos, disse o seguinte: "Os chineses, em um nível individual, simplesmente não sabem o que querem da vida. Durante toda a vida outras pessoas lhes dizem o que pensar, o que fazer, o que desejar." Essa cultura de **"seguir"** e **"copiar"** torna extremamente difícil para empresas multinacionais com sede na China encontrarem profissionais **nativos qualificados** e **criativos** o suficiente para promover importantes descobertas. Em vez disso, essas organizações estrangeiras, assim como seus contratados locais, se veem obrigados a se adaptar a tecnologias já consagradas para o mercado doméstico.

Enxertando inovação

Foi durante um vôo entre Xangai e Chicago que percebi que, para a China, o estilo ocidental de inovação representava uma **espécie de transplante**, e não algo natural para o país (a despeito de toda a promoção por parte das lideranças chinesas do conceito de **"inovação nativa"**). Na ocasião, tive a oportunidade de me sentar ao lado de uma adorável engenheira chinesa que, durante a maior parte do tempo, se manteve totalmente concentrada em uma patente norte-americana para motores de corrente alternada da Electric Motors. As aplicações para tais motores incluem as indústrias de papel e de aço, nas quais folhas extremamente finas de material precisam ser manufaturadas em espessuras exatas, de maneira ininterrupta e em velocidade constante. Embora a princípio a jovem tecnóloga se mostrasse um pouco tímida em falar inglês, ela acabaria se animando a conversar comigo, já quase no final do longo vôo, depois que eu ofereci a ela (e ao marido) barrinhas de chiclete.

[G] - Referência ao conjunto de doutrinas éticas, sociais e religiosas pregado por Confúcio no século VI a.C. (N.T.)

No final acabei me dando conta de que ela era de fato uma **cientista espacial**, ou algo desse tipo; ela se especializara na pesquisa e *design* de motores elétricos eficientes e de funcionamento estável. Seu sobrenome era Wang, e ela trabalhava desde o ano 2000 para uma empresa norte-americana fabricante de produtos aeroespaciais. Na verdade, ela fora a primeira de três cientistas chineses contratados para trabalhar no centro de P&D da empresa em Xangai. Este, por sua vez, fora também o primeiro centro de P&D inaugurado por uma empresa na China. Wang tinha certeza de que, na época, somente a IBM, havia estabelecido um centro de P&D em território chinês.

Quando conversamos naquele avião, o centro em que ela trabalhava já possuía trinta pesquisadores, e era um dos pouco em todo o mundo que operava como um verdadeiro **"centro de operações"**; ou seja, a maior parte do trabalho de P&D ali realizado estava no nível de produto ou departamento. O centro de P&D de Xangai se reportava diretamente à sede nos EUA em seus projetos para clientes atuais importantes.

Comentei que considerava impressionante o fato de uma companhia norte-americana ter estabelecido um centro de P&D na China, considerando o fato de que as condições de mercado no país, assim como os pré-requisitos dos produtos poderiam ser bastante diferentes dos usados nos EUA. Utilizando-se de jargões de Ph.D. (acho que ela teria muita dificuldade em usar substantivos e adjetivos da língua inglesa com menos de três sílabas), a engenheira respondeu que a maior parte dos serviços realizados pelo centro de P&D de Xangai se destinava a clientes ocidentais, embora eles já estivessem recebendo mais projetos de companhias sediadas na China. Ela disse: "De fato, acabo de voltar de uma visita a um fabricante em Suzhou. Fui até lá para escutá-los." Suzhou é um *hub* de manufatura a pouco mais de uma hora de carro de Xangai. Com suas palavras, Wang quis dizer que ela fora até aquele cliente para compreender melhor o que exatamente eles precisavam dos motores por ela desenhados.

Em nossa conversa, ela também explicou que a empresa norte-americana fora extremamente conservadora ao estabelecer aquele centro de pesquisas em seus país oito anos atrás, e não apenas quanto ao número de pesquisadores que contrataram, mas também em relação ao tipo e tamanho dos projetos entregues ao grupo de Xangai. Ela disse:

"Eles nos observavam de perto para saber que tipo de trabalho estávamos realizando, o nível de qualidade e o modo como solucionávamos os problemas que enfrentávamos [...] No início tínhamos de dar ouvidos a tudo o que eles diziam. Parecia haver uma só maneira correta de se fazer as coisas [...] Mas a China é um país muito antigo e é capaz de contribuir com algumas sugestões muito interessantes. Atualmente eles nos ouvem e contam com nossa ajuda para resolver os problemas que surgem."

Na ocasião, preferi não abordar o possível desconforto em relação a questões de Direitos de Propriedade Intelectual (DPI) que a empresa norte-americana poderia ter considerado inicialmente; não havia necessidade de fazer com que aquela gentil e faladora engenheira se contorcesse no apertado assento da aeronave. De qualquer modo, as preocupações com DPI pareciam de fato deter investidores estrangeiros de estabelecer operações de P&D na China.

Contudo, por volta de 2010 a China já abrigava mais de mil centros de P&D de empresas estrangeiras. Entretanto, quase todos eles se concentravam em adaptar tecnologias desenvolvidas em outras nações para as condições de mercado chinesas. Então, a **cultura do plágio**, a aplicação falha das leis de direitos autorais e a política de Pequim de "inovação nativa" forçaram as multinacionais estrangeiras a manter suas principais tecnologias em países nos quais elas se sentiam mais protegidas. Anil Gupta e Haiyan Wang verificaram que 50% das dez mais importantes gigantes de tecnologia sediadas nos EUA, e donas do maior número de patentes aprovadas pela USPTO entre 2006 e 2010, não estavam realizando nenhum trabalho significativo de P&D na China. Aliás, durante esse mesmo período, a USPTO não forneceu sequer uma única patente para qualquer filial de cinco dessas grandes empresas sediadas na China. Em contrapartida, 9 entre 10 centros de P&D indianos tiveram suas patentes registradas pela USPTO. **Vale ressaltar que a Índia não tem nenhuma política de "inovação nativa", tampouco força as empresas de tecnologia estrangeiras a celebrar *joint ventures* com companhias locais com o único propósito de garantir a transferência de tecnologias para seu território.** Sete das 10 filiais indianas das grandes multinacionais estrangeiras tiveram suas patentes registradas pela USPTO, em comparação com os P&Ds chineses – os números são claros: **978 contra apenas 164**.[21]

Nas palavras de Gupta e Wang: "Ainda assim, Pequim parece estar agindo de maneira inconveniente, pois tem olhado o problema a partir de uma perspectiva equivocada. Em vez de tentar extrair tecnologia das empresas estrangeiras, ela deveria se preocupar em criar um ambiente favorável para que essas empresas possam desenvolver e treinar inovadores de qualidade."[22]

Em outras palavras, a probabilidade de a charmosa senhora Wang conseguir trabalhar em projetos de P&D realmente de vanguarda para algum laboratório estrangeiro na China é remota. Para isso, ela teria de se mudar para algum país que não forçasse os investidores a transferir suas tecnologias para companhias locais, nem as empresas locais a entregar o resultado de suas pilhagens ao governo.

Uma história admonitória

Para descobrir como o governo de um determinado país poderá tratar companhias estrangeiras — em especial, em tempos em tempos ruins — basta observar como as empresas nacionais estão sendo tratadas. Na verdade, as corporações multinacionais com operações de P&D na China têm muito com que se preocupar em face do processo judicial envolvendo a Cathay Industrial Biotech.

Utilizando-se de um processo de fermentação, a Cathay desenvolveu um elemento químico básico para a produção do *nylon* — um diácido. A empresa se tornou responsável por metade de todo o estoque mundial de diácidos com qualidade de polímero, tendo entre seus clientes a gigante DuPont. Vale lembrar que o *nylon* tem inúmeras aplicações: ele é usado como ingrediente na fabricação de lubrificantes e, no setor farmacêutico, é utilizado em medicamentos contra o diabetes.

Liu Xiucai, na época com 40 anos de idade, estabeleceu a Cathay em 1997, na província de Shangdong, próxima à península coreana.[23] Nascido e criado na China, ele foi vítima do processo de purgação ocorrido durante a Revolução Cultural nos anos 1970. De fato, ele estava entre os primeiros graduandos das universidades que somente reabriram em 1977, depois de uma década com as portas fechadas. Em 1989, depois de retornar dos EUA com seu diploma de Ph.D. em Química, ele decidiu buscar investidores chineses dispostos a apoiar projetos baseados em patentes obsoletas do Ocidente. Liu Xiucai se tornaria então o "queridinho" da Academia de Ciências do país, assim como da elite de Pequim, depois de ajudar a China a se tornar o maior fabricante/exportador de vitamina C industrial do mundo, com 80% do mercado global em 2010.

A Cathay deveria representar seu maior feito como inovador e empreendedor. Desde o início, com o intuito de garantir o sucesso da companhia, o governo central disponibilizou abundantes subsídios e garantiu cortes de impostos sobre os investimentos. Contudo, todas essas benesses chegaram ao fim quando os benfeitores encontraram outro requerente menos obstinado que Liu Xiucai.[24]

Em 2011, a Cathay abriu um processo de quebra de patente contra a Hilead Biotech, outra empresa privada chinesa na província de Shandong. Na ocasião, Liu Xiucai acusou seu antigo gerente de fábrica, Wang Zhizhou, de quebrar sua patente, roubar segredos comerciais de seu antigo empregador e estabelecer a Hilead, em 2009, juntamente com seis outros antigos empregados da Cathay. A Hilead recebeu assistência direta dos mais altos escalões do governo provincial de Shandong, onde a empresa estava sendo criada. O secretário do PCC em Shandong acelerou as aprovações e o financiamento para o projeto. A Academia de Ciências chinesa também fez sua parte no sentido de patrocinar e promover a companhia e suas tecnologias como prioridades nacionais. O Banco de Desenvolvimento da China, dirigido pelo Estado, forneceu à Hilead um empréstimo de US$ 300 milhões para que esta iniciasse suas operações. Apenas um ano depois de sua abertura, a Hilead já controlava um décimo de mercado global para componentes de *nylon*. A ironia por trás do feroz concorrente que a própria Cathay havia originado não passou despercebida de Liu Xiucai.[25]

Ele utilizou seus próprios protetores nos níveis locais e nacionais do governo para restringir as ações da Hilead. Entretanto, Liu Xiucai havia feito alguns inimigos durante sua jornada rumo à glória nacional. Por vários anos ele revelara esquemas de corrupção, nepotismo e fraudes em instituições governamentais. Xiucai também havia reclamado bastante da interferência oficial no setor privado, o que, segundo ele, atrofiava consideravelmente a competitividade de empresas nacionais que poderiam se tornar bem-sucedidas. Tais acusações haviam enfraquecido as bases políticas de Liu Xiucai.[26]

Em contrapartida, a proteção de Wang Zhizhou só havia se tornado mais forte e poderosa desde que ele saíra da Cathay. O governo central listou os diácidos da Hilead como itens de interesse para a segurança nacional do país. Neste sentido, nem concorrentes estrangeiros nem os doméstico teriam condições de impedir o sucesso econômico da Hilead sem causar severas repercussões. Pequim retirou uma das principais patentes da Cathay quando a empresa iniciou seu processo contra a Hilead. A Hilead, por sua vez, abriu um processo contra a Cathay alegando que esta teria roubado patentes da Academia Chinesa de Ciências. Mais uma vez, Liu Xiucai tomou a ofensiva.[27]

O pesquisador que havia sido treinado nos EUA convenceu uma corte local de Shandong a enviar oficiais à divisão operacional da Hilead, localizado a cerca de 400 km de onde estavam. O objetivo seria documentar o fato de que a Hilead estava utilizando as mesmas tecnologias e os mesmos processos de fermentação usados pela Cathay na produção de diácidos. Os guardas da Hilead não permitiram a entrada dos oficiais, alegando que o governo de Pequim havia designado a Hilead como uma empresa de segurança nacional. Isso significava que qualquer tentativa de entrada na fábrica poderia ser considerada como **espionagem**. De maneira indireta, Pequim poderia considerar as acusações contínuas de quebra de patente contra a Hilead como traição.[28]

Sem se deixar desanimar, Liu Xiucai disse ao *The New York Times*: "Pessoalmente, não abrirei mão desse sonho. Sou chinês, vocês entendem, então o governo de meu país deveria querer que eu contribuísse com a minha nação. Somos pioneiros. Se o governo da China não permitir que eu faça o quer tenho de fazer, encontrarei outro lugar que me apoie."[29] Sentimentos como esses por parte de pessoas que estão abrindo os caminhos para o país somente tornam mais difícil para a nação realizar grandes desenvolvimentos históricos em termos de descobertas científicas e importantes invenções.

A glória que nos pertencia

A China impôs sobre si mesma inúmeras limitações que impedem o surgimento de inovações: a **cultura da imitação** e da **falsificação**, a **corrupção** e o **roubo de propriedade intelectual** (PI) e um **sistema educacional** que busca sufocar a **iniciativa** e a **criatividade** dos alunos, e de modo intencional. A despeito de tudo isso, as lideranças chinesas parecem convencidas de que retomarão a era das grandes invenções que dominou o período entre 1500 a.C. a 1500 d.C. Os chineses se sentem legitimamente orgulhosos de suas contribuições para o mundo, que incluem o **papel**, a **imprensa**, a **pólvora**, a **bússola**, a **porcelana**, o **relógio** e vários outros itens. Na verdade, as invenções chegaram a um hiato no Império do Centro (ou do Meio), em meados dos anos 1400, depois das viagens de Zheng He, o eunuco muçulmano que, em várias ocasiões, cruzou os oceanos que banhavam desde o sudeste da Ásia até a Índia e a África levando consigo grandes armadas de navios. No final do século XV, rivalidades no palácio imperial resultaram na destruição dos navios, na "perda" dos registros das fantásticas descobertas que as armadas devem ter feito e no afastamento da China do restante do mundo. O gigante asiático se sentia satisfeito e feliz com sua supremacia econômica, militar e tecnológica em relação ao mundo.

O trono não percebeu na época que sua sociedade havia chegado a um limite. Para quebrar as barreiras em busca de mais desenvolvimento social, a China precisaria de inovações radicais da mesma ordem que uma Revolução Industrial. Com enorme entusiasmo, os europeus começaram a utilizar as novas máquinas e fontes de energia que a Revolução Industrial lhes disponibilizara, o que lhes permitiu alcançar o desenvolvimento social e ultrapassar a China. O gigante asiático passaria os próximos **500 anos** em **declínio**, periodicamente convulsionado por **guerras** e **inundações**, **pragas** e **escassez de alimentos**. A China – assim como a maioria dos chineses – acreditava ter uma espécie de "direito adquirido" como sociedade mais tecnologicamente desenvolvida e socialmente avançada do planeta, uma vez que o país já havia empunhado esse cetro várias vezes ao longo da história mundial. De fato, muitas nações abrigam em seu íntimo o desejo de restaurar suas glórias do passado – e o admitem de maneira mais ou menos pública. Testemunhamos no decorrer da história a glória de Roma; a gloria da Grécia; a glória do Império Britânico, e assim por diante. Cidadãos e políticos que enaltecem seus países por conta de seus feitos do passado ignoram as críticas tendências tecnológicas e demográficas, impostos pela geografia.

Em seu livro *Armas, Germes e Aço*,[H] Jared Diamond ilustra como a China foi abençoada com duas riquíssimas planícies aluviais e uma geografia que lhe permitiram o tipo de unificação de Estados com

---

H – Record, 2001. (N.T.)

a qual a fratricida e peninsular Europa somente conseguia sonhar. O ato de conectar as economias e os gêneros alimentícios das planícies do norte e do sul permitiu que ambas as populações crescessem e se espalhassem. A inovação se tornou indispensável, pois, sem ela essas novas sociedades retornariam à condição de Estados simples – o que, aliás, aconteceu ao final de várias dinastias. Porém, a tecnologia torna a geografia cada vez menos importante, em especial em um mundo interligado pela Internet. Sociedades de consumo estão firmemente ligadas por cadeias globais de abastecimento e entrelaçadas por mercados financeiros internacionais. Com as vantagens geográficas ao alcance das mãos, e já quase totalmente exploradas, e o modelo de Revolução Industrial levando os recursos da terra e os ecossistemas globais praticamente ao colapso, a recuperação de glórias passadas parece pouco relevante. Em vez disso, é no **mundo virtual das comunicações** digitais que os próximos impérios se firmarão – e as **antigas glórias se tornarão insignificantes**.

Observação importante - Nesse livro usaremos para o dinheiro chinês a palavra renminbi (RMB) cujo o símbolo monetário é ¥ e significa "moeda do povo", sendo a moeda da República Popular da China e é distribuída pelo Banco Popular da China.

As unidades de moeda são *yuan* que é igual a 10 *jiao* e a 100 *fen*.

De forma alguma se deve confundir o símbolo ¥ com a moeda japonesa *iene* (ou *yen*), que é o mesmo, porém nenhuma referência ao dinheiro japonês é feito nesse livro.

Capítulo 2

A *Web* fragmentada

Utilizando-se do apelido Smm Miao em seu programa de microblogue na Weibo, uma jovem tuitou a seguinte mensagem na noite de 23 de julho de 2011: "Com toda essa ventania e tempestade, o que será que está acontecendo com o trem de alta velocidade? Está mais lento que uma lesma. Espero que nada aconteça com ele." Minutos mais tarde, durante uma chuva torrencial marcada por trovões e relâmpagos, aquela garota do campo testemunharia um terrível acidente em que outro trem bala abalroaria a traseira da locomotiva parada, matando 40 passageiros e ferindo centenas de outros. A mensagem postada por aquela jovem foi a primeira de cerca de 26 milhões de outras que seriam enviadas e ecoariam pela Internet chinesa. A maioria delas criticava duramente o governo, a qualidade da infraestrutura das ferrovias e o modo como todos estavam lidando com a tragédia. Mensagens significativas incluíram:

➡ *"Temos o direito de saber a verdade. É nosso direito fundamental!"*
➡ *"Aos olhos das autoridades, pessoas comuns sempre serão apenas criancinhas ingênuas de 3 anos de idade."*

➡ *"Quando um país é corrupto ao ponto de que um simples raio ser capaz de causar um acidente de trem; de a passagem de um caminhão conseguir derrubar uma ponte e o consumo de certa quantidade de leite causar pedras nos rins, ninguém está a salvo."*

➡ *"Eles (o PCC) pensam: 'Construímos isso, construímos aquilo. Vocês não precisam saber o que acontece ao longo do caminho ou quem se beneficia, desde que possam usar as novas implementações.'"* Han Han, um famoso blogueiro da China, escreveu: *"Por que vocês não estão gratos? Por que todas essas indagações?"*

O acidente envolvendo o trem-bala, assim como as fatalidades dele resultantes, acabaram se tornando um **ponto de virada no acelerado processo de modernização da China**. O contrato entre os cidadãos, as lideranças do país e os interesses comerciais domésticos na Internet estava se desfazendo.

A última vez em que um acordo tácito entre o governo e os habitantes da nação esteve sob tamanha pressão por conta de uma tragédia foi na primavera de 2008, durante os pequenos tremores que se seguiram ao terremoto de Sichuan, ocorrido bem próximo da capital da província, Chengdu. **Mais de 90 mil pessoas morreram** em questão de minutos. Na ocasião, blogueiros e mídia culparam a corrupção existente tanto nas agências governamentais locais quanto nas construtoras pela péssima qualidade dos prédios que eram usados para abrigar escolas e apartamentos. Consequentemente, eles acusaram diretamente essas entidade pela morte de um número tão grande de pessoas. Enquanto isso, operadores comerciais da Internet chinesa, como o mecanismo de pesquisas Baidu.com, e portais de notícias e entretenimento, como a Sina.com e a Netease.com, logo se alinharam ao governo e passaram a transmitir somente histórias de heroísmo diante do terrível desastre natural.

O acidente do trem bala ocorrido quase três anos depois do terremoto de Sichuan foi um marco significativo na história moderna chinesa, uma vez que tanto os cidadãos quanto os profissionais da mídia simplesmente ignoraram as diretivas governamentais no sentido de evitar investigações e comentários não oficiais sobre o incidente. A tragédia também se revelou importante no que diz respeito à inesperada e surpreendente condescendência com a qual o governo tratou os veículos midiáticos – em especial na Internet. Por fim, o incidente expôs até que ponto as fortunas do PCC haviam sido dedicadas a inovações inspiradas pelo Ocidente, algo sobre o que o comércio eletrônico chinês se baseia. No início de 2001, havia menos de 10 milhões de usuários de Internet na China; na época, simplesmente inexistiam negócios entre vendedores e compradores por meio desse canal de mídia.[1]

Em 2008, de acordo com o China Internet Network Information Center (CNNIC), os interesses comerciais da China já se revelavam, porém, de maneira discreta, totalizando apenas US$ 7 bilhões. Na época, o número de usuários chineses era de 200 milhões. Porém, em 2011, eles já se aproximavam de meio bilhão de indivíduos, sendo que as receitas oriundas do comércio eletrônico estavam prestes a alcançar a marca de US$ 80 bilhões, crescendo 87% em comparação aos anos anteriores. A International Data Corporation (IDC), uma empresa de pesquisa de mercado especializada em TI, reportou que, no início de 2011, o número de vendedores chineses na Internet havia chegado a 50 milhões. A expectativa desses especialistas é de que o número de comerciantes *on-line* alcance 100 milhões em 2012.[2]

O setor de comércio eletrônico chinês testemunhou ganhos de US$ 80 bilhões em 2010 e cresceu 87% em relação ao ano anterior.[3] Segundo as projeções do Deutsche Bank, em vez de reduzir o comércio físico de venda a varejo, o comércio virtual chinês de fato aumentou as vendas em varejo em mais de ¥ 1,5 trilhão (cerca de US$ 100 bilhões) em 2014, ou, mais ou menos, 7% de toda a venda a varejo doméstica.[4] Em 2010, os usuários de Internet chineses investiram um bilhão de horas por dia *on-line*. De um total de 420 milhões de usuários na época, 185 milhões fizeram pelo menos uma compra *on-line*. O Boston Consulting Group (BCG) espera que esse volume cresça quatro vezes até 2015.[5] Com base nessas informações, quase que da noite para o dia, o equilíbrio de forças entre o PCC e os internautas chineses parecia pender a favor dos consumidores.

Após o desastre de trem ocorrido em 2011, o governo chinês se viu obrigado a trafegar pelos canais virtuais com delicadeza e cuidado, já que as enormes riquezas que derivavam da Internet chinesa estavam em risco – afinal, milhares de companhias geravam milhões de empregos para chineses cujas vidas estavam atreladas à *World Wide Web* (*Web*): *designers*, desenvolvedores de jogos, operadores de serviços ao consumidor, especialistas em *marketing*, administradores, profissionais de vendas, executivos, investidores, empresas estatais chinesas (SOEs), compradores *on-line*, entre vários outros. Enquanto isso, sem a autorização do PCC, o comércio pela Internet havia se tornado um **direito** – não um **privilégio** – para centenas de milhões de internautas chineses. A inovação em prol de ganhos comerciais na Internet havia sobrepujado a habilidade do PCC de controlar essa mídia tão firmemente como no passado. Os desenvolvimentos na área de tecnologia de informação não haviam deixado ao PCC outra opção a não ser controlar as inovações no ciberespaço chinês para atender suas próprias atividades políticas e, ao mesmo tempo, motivar as lideranças estatais no sentido de cultivar seus próprios líderes no mercado digital. Nesse meio tempo, o PCC notificou as empresas privadas de Internet de que suas implementações de inovações com características ocidentais haviam começado a operar de maneira contrária aos interesses nacionais, do modo como estes eram definidos pelo próprio PCC.

O dedo no botão

A empresa privada cujo destino foi mais afetado pelo governo central depois do desastre ferroviário de 2011 foi a Sina.com, plataforma que apoiava o serviço Weibo. A palavra Weibo significa **"microblogue"** em chinês – trata-se da resposta chinesa ao Twitter, que passou a ser censurado na China após os protestos tibetanos de 2008. Assim como no Twitter, o serviço também restringe as mensagens dos usuários a 140 caracteres. Todavia, diferentemente do que ocorre no inglês ou no português, cada caractere chinês pode abrigar múltiplos significados – até mesmo trocadilhos –, assim como centenas de anos em conteúdo e valor histórico. Tudo em uma única expressão.

Por exemplo, durante as celebrações do 90º aniversário do PCC em Pequim, o ex-presidente da China, Jiang Zemin, não apareceu no palanque ao lado de outros líderes governamentais. Imediatamente, milhões de usuários do Weibo começaram a conjecturar se ele estaria gravemente doente ou se até havia morrido. A mordaça colocada na mídia sobre a condição do antigo líder apenas serviu para aumentar a agitação e o barulho no ciberespaço chinês. Censores começaram a filtrar quaisquer comunicações que incluíam o nome de Jiang Zemin e deletavam postagens de blogues que discutiam o estado de saúde do alto oficial. Sem se deixar acuar, os usuários da Weibo simplesmente adotaram o antigo caractere chinês para "rio"– *jiiang* – para representar o sobrenome do ex-presidente, embora este caractere fosse diferente do que seria usado para escrever o sobrenome. Os censores logo perceberam a tramoia e passaram a filtrar **todos** os caracteres do chinês que poderiam significar "rio," independentemente de elas soarem ou não como o sobrenome do ex-presidente.[6]

Com milhões de usuários conectados à plataforma da Sina.com – e ao vibrante serviço de microtexto QQ, apoiado pela empresa chinesa Tencent – o enorme volume de textos e caracteres utilizados nas discussões sobre o ex-presidente teria se revelado humanamente impossível de controlar pelos censores em tempo real. A única solução teria sido desconectar o serviço completamente. Na época do acidente de trem, a Sina.com atendia a 140 milhões de usuários, enquanto a Tencent registrava 200 milhões de clientes. Entre os dois serviços, os internautas acabaram gerando um número impressionante de mensagens sobre a tragédia – 26 milhões.[7] Sendo assim, o PCC teria potencialmente alienado quase um quinto de todos os cidadãos chineses se tivesse optado por tirar do ar um serviço oriundo do próprio país. Porém, uma atitude tão imprudente e irrefletida teria certamente sinalizado para a comunidade internacional que, com um simples **toque de botão**, o governo chinês poderia destruir empresas e serviços que julgasse inconvenientes dentro do seu modo de pensar. Tal ação teria funcionado como uma forte onda de ventos árticos deslizando da Sibéria e atirando uma das mais promissoras fronteiras comerciais do mundo – a Internet – em uma nova era glacial. Empreendedores e investidores naturalmente iriam recuar em seus projetos de aplicar bilhões de dólares em negócios no ciberespaço chinês. Contudo, esta não seria a primeira vez em que o governo central chinês teria considerado o uso de técnicas de controle absoluto como um expediente mais palatável que a aceitação de uma vibrante ecologia de inovação.

Em 2009, o governo central tentou fazer com que todos os computadores fabricados na China, ou exportados para o país, tivessem um *software* de censura instalado em seu disco rígido. O programa era denominado Green Dam Youth Escort (Barreira Verde de Proteção à Juventude) e visava bloquear o acesso dos usuários a materiais considerados pornográficos ou politicamente incorretos pelos censores oficiais. O fato é que tal dispositivo colocaria um ponto eletrônico de vigilância em todos os computadores do país. Milhões de usuários se manifestaram na Internet para impedir a implementação de tal iniciativa. *Hackers* chineses até ameaçaram invadir os servidores do próprio governo central caso as autoridades insistissem na instalação do programa nos computadores. Então, um dia antes de a iniciativa de controle ser colocada em prática, no último dia de junho de 2009, as lideranças do governo voltaram atrás. Todavia, a não efetivação da **"barreira verde"** não impediu que os censores chineses realizassem exclusões mais específicas de *sites* e serviços *on-line* considerados politicamente ofensivos – ou que de algum modo ameaçassem a lucratividade de empresas *on-line* nacionais.

Filtrando informações em busca de lucros

Em 2008, o governo central chinês bloqueou o Facebook, o YouTube e o Twitter, assim como várias plataformas internacionais na *Web*. Pequim não queria que manifestantes no Tibete ou em Xinjiang imitassem as atitudes dos dissidentes no Oriente Médio, que haviam ameaçado os regimes em vigor. No início de 2010 testemunhamos o Google abandonar o campo de batalha contra as autoridades chinesas no momento em que a empresa descobriu que o governo havia permitido a invasão nas contas de seus usuários Gmail. Os ataques tinham como alvo jornalistas e indivíduos considerados dissidentes pelas autoridades. Na ocasião, o Google também condenou publicamente as lideranças chinesas por censurarem *links* que apareciam nos resultados de pesquisas e levavam a fontes *on-line* tidas pelo governo chinês como ilegais. Já em 2008, inspetores responsáveis por supervisionar a Internet na China costumavam interromper os serviços do Google com tanta frequência que se tornou muito difícil para os usuários dentro do país desenvolverem o bom relacionamento com produtos veiculados *on-line* esperado por seus fabricantes/anunciantes. O Google Docs era um desses alvos. Mensagens de indisponibilidade do serviço faziam com que o uso de ferramentas como processamento de textos, planilhas e apresentações se transformasse em um exercício frustrante para os usuários. O programa de edição de fotografias Picasa também foi bloqueado. Talvez o governo imaginasse que o compartilhamento de fotos fosse um meio conveniente para postar imagens que estivessem em desacordo com o modo como o próprio PCC desejava que os cidadãos do país o vissem. Agindo de modo unilateral, o Google desativou seus servidores na China continental e se mudou para Hong

Kong – em princípio a China respeita os direitos, a liberdade de expressão e as leis vigentes nesse território.

O Baidu.com, portal similar ao Google, se beneficiou diretamente dessa interferência do governo sobre a empresa multinacional norte-americana. A saída do Google da China continental também deu ao Baidu a possibilidade de lucrar com as taxas oriundas de propagandas que, de outro modo, teriam ido parar nas mãos da norte-americana. Em 2008, o Baidu detinha apenas 30% do mercado de buscadores na China, comparados aos 50% do Google. No final de 2010, a empresa chinesa já controlava 80% do mercado de mecanismos de pesquisas. No final da década, o percentual de utilização global do Baidu flutuava em torno de 3%, mas a empresa já dominava completamente o mercado chinês, sendo responsável por 75% das pesquisas *on-line* no país.[8] O portal Google, operando a partir de Hong Kong com seu endereço ★.hk, ainda resistia na segunda posição na China, com cerca de 15% das pesquisas. O portal Bing – uma disponibilização da Microsoft – cuja participação no mercado global é de 4%, ultrapassou o Yahoo! em março de 2011, se tornando o segundo mecanismo de pesquisa mais utilizado no mundo. Todavia, na mesma época, a fatia de mercado do BING na China era de menos de 1%.[9] No primeiro trimestre de 2011, o Google detinha 19% das pesquisas realizadas na China.[10]

Quase na mesma época da disputa entre o governo chinês e os usuários/vendedores de PCs, as autoridades também tentavam demonstrar todo o seu poder em cima do Google.cn, a subsidiária chinesa do Google. No ápice de toda a agitação envolvendo o *software* Barreira Verde, os censores da Internet chinesa ordenaram que o portal Google.cn parasse de postar *links* de *sites* pornográficos. Porém, o maior concorrente desse portal no mercado chinês – o Baidu.com, que, como mencionado, já controlava mais de 70% do mercado de buscadores (em comparação aos 26% do Google.cn) – não recebeu qualquer aviso nesse sentido.[11] Ou seja, as autoridades não censuraram o Baidu.com por conta dessa questão, tampouco os *links* pornográficos foram deletados pela companhia ou pela Baidu.com. Tal atitude demonstrava claro protecionismo do governo em relação ao mercado chinês. Entretanto, segundo algumas pessoas de dentro do setor, a relação entre as empresas de Internet chinesas e os líderes do PCC era bastante ambígua.

Sob a condição de total anonimato, uma fonte chinesa revelou o seguinte:"Os *technochiks* também nos atormentam bastante." *Technochiks* são oficiais do PCC que comandam profissionais especializados e colocam em prática políticas e filtros que asseguram que informações consideradas politicamente incorretas não vazem para os chineses. E ela continuou: "Estou plenamente convencido de que nós representamos mais uma fonte de aborrecimentos para esses mestres do governo que uma fonte de apoio que paga para conseguir a proteção necessária para permanecer no negócio. O fato é que desde que os fundos cheguem às mãos dos oficiais responsáveis pela censura e também pela aprovação de uma grande variedade de negócios, as empresas de Internet chinesas poderão continuar a operar. Há uma constante troca de envelopes acontecendo aqui." Essa troca é uma alusão aos subornos que muitas empresas domésticas têm de pagar ao governo para continuar a operar no país. E a fonte foi ainda mais longe: "Admiro bastante o Google por ela simplesmente não se deixar acuar por esses censores; mas infelizmente não podemos nos dar ao luxo de fazer o mesmo." Um dos setores mais vibrantes da China, que depende de um mercado de comércio eletrônico protegido da concorrência internacional, é o **negócio de cibercafés**.

Só Internet por favor, sem café

Ao visitar um cibercafé em Suzhou, uma cidade próxima de Xangai, dei uma rápida olhada nos monitores mais próximos para ver o que as pessoas estavam fazendo. Muitas delas tinham a janela do QQ Instant Messaging aberta e estavam digitando e lendo as mensagens enviadas por seus amigos. Os usuários desse aplicativo parecem se orgulhar do modo como são capazes de customizar a janela longa e estreita que revela sua lista de contatos – convidados e não convidados. Porém, a decisão mais importante a ser tomada pelo utilizador diz respeito aos vários avatares disponibilizados pelo QQ, ou seja, à definição de quais usuários poderão conversar uns com os outros no espaço-QQ: belos guerreiros, encantadoras princesas, adoráveis pandas, entre outros.

No Ocidente, quando acessamos a Internet, em geral verificamos primeiramente nossas atualizações no Facebook e nossos *e-mails*. Em contrapartida, quando um usuário chinês vai a um cibercafé, a primeira coisa que ele faz é se conectar no Instant Messaging, onde amigos já conversam por meio de uma grande variedade de canais de texto, áudio e vídeo. O sistema de mensagens mais popular dos EUA é o AIM, que, no final de 2011, contava com 53 milhões de usuários. Na China, o sistema mais popular é o QQ, que, em setembro de 2011, possuía impressionantes 700 milhões de contas ativas. Os usuários chineses se registram utilizando várias identidades. Henry Jenkins, do Instituto de Tecnologia de Massachusetts (MIT), revelou em uma de suas pesquisas que o número de chineses que possuem contas falsas paralelas no ciberespaço é quase cinco vezes maior que o de norte-americanos.

Como já mencionado, nos países ocidentais, após verificarem sua página no Facebook e os *e-mails*, os usuários conferem as últimas notícias e os resultados esportivos. Já os internautas chineses, depois de checarem o QQ, irão diretamente para seu portal favorito. De acordo com um relatório do China Internet Network Information Center (CNNIC), de 2008, a distribuição do uso da Internet pelos chineses ocorria da seguinte maneira: *download* de músicas geralmente piratas (86,6%); Messaging (81,4%); visualização de filmes *on-line* (76,9%); leitura de notícias *on-line* (73,6%); uso de mecanismos de busca (72,4%); disputa de jogos *on-line* (59,3%); e então os *e-mails* (56,5%). A maioria dos usuários tem menos de 30 anos de idade; 75% deles têm o segundo grau completo ou menos. Não é incomum ver um mesmo usuário disputando um jogo *on-line* de um lado da tela e assistindo a um filme (pirata) do outro, tudo isso enquanto conversa com seus amigos pelo QQ sobre assuntos triviais. Pelo que tudo indica, quando o assunto é navegar pelo ciberespaço os chineses são realmente indivíduos multitarefas. Em 2005, o QQ conseguiu alavancar seu sistema de mensagens instantâneas (IM) e transformá-lo no portal mais popular da China, o QQ.com.

Adentrar um portal chinês pode nos ajudar a compreender um pouquinho o quão frenética é a vida de um indivíduo comum na China. As páginas são repletas de fotos de atores e cantores famosos; de janelas com listas contendo as últimas fofocas; de anúncios nas mais variadas formas – quadrados, redondos, triangulares, ovais – apresentando valiosos imóveis; de balões de patrocinadores flutuando pelas páginas em busca do cursor do usuário – como peixes famintos em busca de insetos que pousam desatentos sobre a água. "Há sempre alguma coisa de interesse para alguém (no QQ.com)", disse uma internauta de vinte e poucos anos que encontrei em um desses cafés, "sejam eles jovens ou idosos; e todos podemos compartilhar uns com os outros!"

Entrando na briga

Companhias ocidentais como a Yahoo! Que tentaram entrar no mercado chinês com uma cópia de seu próprio modelo de negócios (Copy-2-China), não alcançaram o sucesso imaginado. Os usuários chineses consideram o estilo dos *sites* ocidentais entediante. Os *sites* do Ocidente erram por serem demasiadamente simples em sua aparência e em suas mensagens; já os *sites* chineses são absolutamente satisfatórios, pois sufocam os usuários com uma mistura de funções que mais parece um banquete de iguarias chinesas. O Baidu.com segue na contramão dessa aparência entulhada adotada pela maioria dos *sites* locais visando unicamente o consumo por parte dos chineses. A interface Baidu é tão simplista quanto a usada pelo Google: uma tela branca com o mínimo de caracteres chineses que informam o que fazer para buscar palavras-chave e outras funções escondidas.

Em 2006, a Yahoo! China falhou em derrubar a Baidu, sendo logo adquirida pelo grupo Alibaba, dono do portfólio B2B do setor produto-fornecedor da Alibaba.com. O grupo Alibaba lidera o setor de varejo *on-line* no que diz respeito ao número de transações efetuadas na China. O grupo se utiliza do seguinte *slogan* para divulgar seus principais produtos: "Alibaba.com, o maior portal *on-line* do mundo, conectando compradores em potencial com fornecedores do mundo todo." Os usuários somente precisam digitar na caixa de pesquisas do *site* o nome do produto que necessitam que seja fabricado. Eles também devem identificar o país – em geral, a China – e, talvez, até mesmo a província em que gostariam que a pesquisa se concentrasse. O aplicativo apresenta uma lista de produtos que se encaixam nas palavras-chave digitadas pelo interessado. Cabe ao usuário decidir se quer ou não examinar a lista de fotos e descrições para encontrar possíveis fornecedores. A responsabilidade de escolher os melhores contatos em termos de qualidade e fidelidade é, portanto, do potencial comprador. De acordo com a Comscore,[A] o Alibaba foi o terceiro *site* de comércio eletrônico mais visitado de 2011, depois do primeiro, Amazon.com, e do segundo, eBay. A Alibaba ganha dinheiro atraindo e cadastrando novos fornecedores como membros em seu portal. A receita da empresa em 2010 foi de US$ 845 milhões.

A - Empresa norte-americana especializada na análise de dados e no fornecimento de informações de *marketing* a grandes empresas e agências globais. (N.T.)

A imensa maioria de compradores *on-line* na China usa um sistema chamado Alipay para realizar suas transações na Internet. Todavia, cerca de um terço dos pagamentos ainda é efetuado em dinheiro, diretamente na entrega do produto. A Alibaba estabeleceu o uso da Alipay em 2004 para atender às compras realizadas em sua outra companhia, a Taobao, que na época era um concorrente direto da eBay. A Alipay lança os pagamentos eletronicamente em uma conta de depósito de garantia que é liberada pelo comprador quando ela aceita os produtos solicitados. Até o final de 2010, mais de 8,5 milhões de transações foram efetuadas por intermédio da Alipay, sendo que o volume anual dessas negociações foi de US$ 140 bilhões. Nesse mesmo período, o volume registrado pela PayPal foi de US$ 92 bilhões.

Em 2011, Jack Ma, presidente do grupo Alibaba, transferiu os ativos da Alipay para uma companhia de sua propriedade na China, a despeito do fato de a Yahoo! ser a maior acionista da Alibaba. Ma explicou que as regulamentações do governo chinês proibindo a posse estrangeira de pagamentos *on-line* o forçaram a realizar essa transferência.[12] A transação causou grande embaraço para a Yahoo!, que já estava perdendo participação no mercado global e ostentava pouca presença independente na China. Esse incidente ilustra de maneira clara até que ponto os negócios na China, de modo geral – e, em especial, o mercado de alto risco na Internet –, representavam uma perigosa fronteira a ser sobrepujada, uma vez que as regras (e mudadas...) eram criadas ao longo do processo.

Em 2010, o grupo Alibaba administrou quase ¥ 400 bilhões (US$ 62,5 bilhões) em transações *on-line*. Na época, Jack Ma previu que em 2012 a companhia iria gerir ¥ 1 trilhão (US$ 156 bilhões) em seus *sites*.[13] Foi a mais recente integrante do grupo Alibaba, a Taobao, que conseguiu ultrapassar a eBay, em uma competição por participação de mercado altamente divulgada na imprensa. O Taobao é um *site* que oferece uma grande variedade de produtos que nada têm a ver uns com os outros.

Em 2003, a eBay se vangloriou bastante por ter adquirido o EachNet, um *site* de comércio eletrônico chinês, pela quantia de US$ 180 milhões. A eBay exportou para a China seu modelo de geração de receita, que envolvia a cobrança de taxas para transações, catalogação de produtos e outros serviços. Em 2004, a eBay e sua parceira chinesa EachNet controlavam 90% das compras *on-line*. Porém, compreendendo as dificuldades dos compradores chineses em relação aos preços, a Taobao oferecia seus serviços de graça, e ganhava dinheiro por meio de anúncios *on-line*. A Taobao aniquilou a eBay. Em 2006 a eBay deixou a China continental e se estabeleceu em Hong Kong. Em seguida ela incluiu os investimentos feitos na EachNet em uma *joint venture* com o Tom Group Ltd., mantendo assim sua presença na Grande China.[B 14]

Em 2010, a Taobao controlava mais de 80% do comércio eletrônico na China. O prestígio da empresa também se estendia ao mercado de trabalho. Em 2009, a Taobao informou que seu *site* ajudara a criar meio milhão de novos empregos, a maioria para indivíduos jovens que abriam novas lojas *on-line*. Todavia, o crescimento desorganizado da Taobao forçou a empresa a se transformar em uma entidade mais ágil e administrável conforme novos rivais começaram a aparecer.

Em 2011, a companhia se dividiu em três partes: eTao, Taobao Mall e a Taobao Marketplace. O eTao é um ferramenta de busca focada em encontrar mercadorias. O serviço de pesquisa ajudaria a direcionar clientes para a Taobao Mall e a Taobao Marketplane. Analistas consideraram a eTao como uma ameaça direta para a Baidu – o lucro de ambas estava atrelado aos anúncios divulgados nos portais. A Mall funcionava mais como uma vitrine de marcas para 70 mil empresas, chinesas e estrangeiras, enquanto a Marketplace se voltava mais para pequenos comerciantes. Porém, embora essa última também utilizasse o modelo de receita via anúncio usado por suas "irmãs", o *site* era gratuito para os vendedores.[15] Entretanto, o modelo de negócios do grupo Taobao apresentava algumas falhas que, a partir de 2009, passariam a ser exploradas por empresas iniciantes.

Desde o início de suas operações, a Taobao começou a ganhar reputação por **apoiar a venda de artigos falsificados**. Aquilo até funcionava bem para um seguimento da população que não tinha condições de adquirir produtos originais, mas ansiava pela oportunidade de sentir a experiência de possuí-los e ostentá-los. O que importava para essas pessoas era o toque de classe que aqueles artigos lhes proporcionariam, independentemente de ser uma bolsa, um aparelho celular ou um vestido. Então, o escritório da United Stated Trade Representatives (USTR), apresentou uma queixa contra a Taobao, alegando que a empresa apoiava a venda de milhares de produtos falsificados que traziam etiquetas de *designers* famosos e custavam a empresas norte-americanas bilhões de dólares em vendas não realizadas. Em 2011,

---

B - Esse termo se refere à junção da China continental com Hong Kong, Macau e Taiwan, e é utilizado principalmente em contextos econômicos. (N.T.)

o porta-voz da Taobao Marketplace informou que, em 2010, a Taobao já havia deletado quase seis milhões de ofertas que infringiam direitos de patente. A empresa contou com a cooperação de proprietários de seis mil marcas de todo o mundo para identificar as ofertas transgressoras. Na primeira metade de 2011, a Taobao Marketplace retirou do ar outros 47 milhões de ofertas que também violavam os direitos de patente.[16] Porém, a Taobao apresentava outra vulnerabilidade que irritava milhares de compradores chineses todos os dias.

Em média, o prazo de entrega dos produtos adquiridos no Taobao era de dois a cinco dias, o que, como qualquer cliente do tipo "preciso desse item imediatamente" sabe muito bem, é tempo demais. Além disso, às vezes os pacotes nos quais os produtos eram entregues chegavam amassados e/ou danificados. Um item específico adquirido por minha esposa demorou quatro dias para ser entregue – um prazo acordado entre as partes, porém insatisfatório. Ela me disse que o produto estava sendo enviado de Xangai para nossa residência em Suzhou, no oeste, uma distância de 150 km. O pacote foi entregue por um homem moreno de meia idade que provavelmente só havia realizado trabalhos braçais ao longo de sua vida. Ele cheirava a cigarros e suor, mas se mostrou bastante solícito e amistoso ao abrir o pacote no *hall* de entrada do apartamento. Um truque importante na China e sempre abrir a caixa no momento do recebimento, antes de aceitar a entrega. Essa verificação pode ser superficial e se restringir à abertura do pacote, só para atestar que o que foi solicitado é o que de fato foi enviado. Todavia, eu e minha esposa decidimos ir um pouco além desse procedimento e realmente conectar o produto à tomada e ver se ele funcionava como anunciado. Vale lembrar que, pelo sistema da Taobao, uma vez que o comprador aceita o pacote o negócio é considerado concluído.

Outro grande desafio do comércio eletrônico na China é o método de pagamento. A maioria dos chineses não possui cartões de crédito, mas dispõe de cartão bancário. Até 2009, os fornecedores da Taobao aceitavam pagamentos em dinheiro na entrega dos produtos. Contudo, conforme a empresa se tornou mais proeminente ela implementou o sistema Alipay. A maioria dos usuários da Taobao somente abre uma conta bancária para realizar suas compras no *site*. Essas pessoas não apreciam a ideia de compartilhar seus dados bancários com o mundo. Quando os consumidores dizem ao funcionário do banco que a nova conta é para utilizar a Taobao, este sabe exatamente o que o cliente quer dizer. Embora a conta seja genérica, o cliente recebe do banco um *token* digital para ser plugado na porta USB de seu computador. Quando os compradores *on-line* realizam uma transação na Taobao e desejam efetuar o pagamento, eles inserem o *token* no computador para completar o que deveria ser uma operação segura.

A partir da implementação do Alipay os usuários do *site* já não precisavam mais entregar quantias em dinheiro nas mãos de indivíduos suspeitos e cheirando a tabaco. A facilidade com a qual os usuários podiam comprar e pagar por seus produtos levou ao surgimento de usuários de Internet aos quais os chineses chamam de Taobao Heads (Cabeças Taobao). Todos os dias esses indivíduos investem horas verificando itens para comprar. Certo dia eu estava conversando com um jovem que me contou o seguinte sobre as compras de sua esposa chinesa: "Temos muitas coisas que não usamos em casa e que foram compradas no *site* da Taobao. É tão barato comprar por lá! Muitos desses produtos nunca foram usados, então nós os estamos dando para outras pessoas para abrir espaço para novas compras." A fervescente atividade comercial na Internet chinesa deixou bem claro para o governo central que este somente poderia se mostrar mais enérgico quando de fato quisesse impor medidas mais drásticas, filtrar e/ou bloquear canais de comunicação e comércio. Em 2011, especialistas do PCC perceberam que todos teriam de entrar nesse jogo, ou arriscar ver o poder do governo completamente marginalizado.

Se não consegue destruí-los...

Desde de 2008 o PCC tem conseguido tirar do ar todas as comunicações digitais de cidadãos no Tibete e em Xinjiang. Embora essas medidas extremas de segurança não tenham impactado significativamente a taxa de crescimento econômico do país, esses territórios permanecem como regiões pobres e agrárias, com pouca atividade comercial e uma população com pouquíssimo acesso à Internet. Todavia, o impacto dessas medidas sobre a economia chinesa e o comércio internacional seria consideravelmente mais dramático se as autoridades chinesas impusessem esse tipo de medida em Xangai. Centenas de multinacionais e milhares de empresas chinesas dependem da Internet para transmitir informações e realizar operações financeiras de maneira segura. Além disso, centenas de milhares – ou de milhões – de trabalhadores ficariam sem emprego. Os donos de negócios testemunhariam a falência de seus empreendimentos da noite para o dia. As lideranças do país veriam várias gerações de trabalho retrocederem pelo menos 20 anos. O grau de intensidade com o qual medidas impensadas afetariam o posicionamento e a credibilidade da China, em suas ações no sentido de manter um ambiente seguro e estável que permitisse a realização de negócios, seria equivalente ao do incidente ocorrido na praça da Paz Celestial[C] no ano de 1989. Vale lembrar que, após o fatídico incidente e toda a brutalidade com a qual as autoridades abafaram as manifestações, demorou quase três anos para que empresas internacionais considerassem a possibilidade de voltar a entrar no mercado chinês. As lideranças chinesas estão plenamente conscientes de que não podem se dar ao luxo de repetir sua atuação diante do descontentamento das massas, como ocorrido na praça da Paz Celestial.

Neste sentido, em 2011 o PCC decidiu expandir sua presença na Internet indo além do âmbito da censura e se lançando na esfera comercial. O PCC sancionou a criação da China Central Television (CCTV), a imagem do PCC na TV, e iniciou seu próprio mecanismo de buscas *on-line*. Porém, para incrementar a presença *on-line* da CCTV, o PCC teria de fazer com que a Baidu descesse alguns degraus.

De modo sistemático, os repórteres da CCTV passaram a **acusar** a Baidu – que no passado fora sancionada pelo próprio governo e recebera tratamento especial por ter derrubado o Google no país – de 1º) ser monopolista;[17] 2º) difamar um respeitado professor em seus relatórios;[18] e 3º) ignorar usuários descontentes com o serviço oferecido.[19] Grupos de pensadores até se envolveram nas discussões sobre o assunto: Jing Linbo e Wang Xuefeng, da Academia Chinesa de Ciências Sociais, escreveram um artigo para a *Study Times*, uma publicação da Communist Party School (Faculdade do Partido Comunista), em que diziam: "A combinação entre capital e Internet é uma força poderosa de controle. A Internet é um setor crucial – uma vez controlado pelo capital estrangeiro, o impacto pode ser severo."[20] Eles se referiam à presença da Baidu no Índice NASDAQ. Segundo eles: "Se julgarmos que

---

C - Referência à praça localizada no centro da cidade de Pequim, que serviu de cenário para uma série de manifestações lideradas por estudantes chineses. O protesto se tornou ainda mais conhecido por conta do jovem que enfrentou sozinho um tanque de guerra, fazendo-o parar. O rapaz, cuja identidade ainda é ignorada, ficou conhecido como **"o rebelde desconhecido"** ou o **"homem dos tanques"** e foi eleito pela revista *Time* como uma das pessoas mais influentes do século XX. (N.T.)

uma participação de 20% representa um nível de controle relativo, mas que outra de 50% já deve ser considerada como controle majoritário, então, a maioria das empresas de Internet chinesas listadas nas bolsas do exterior são controladas por capital internacional. Neste sentido o capital internacional controla nosso setor de Internet."[21] Os especialistas encerraram o artigo alertando para o fato de que a combinação entre capital e Internet poderia causar um grande impacto sobre a política e o governo nacionais. Eles também acrescentaram que a China deveria aumentar sua supervisão não apenas sobre a estrutura de capital das empresas de Internet, mas também sobre suas operações comerciais, incluindo suas negociações com firmas associadas.[22] Embora o PCC não pretendesse aniquilar os livres empreendimentos ou as inovações na Internet, ele estava plenamente disposto a sufocá-los para manter o controle da nação.

As disputas chinesas

A despeito do quão popular possa parecer para o Ocidente a crença de que o governo chinês irá cada vez mais controlar o uso da Internet de maneira tão completa quanto qualquer Estado em que prevaleça o antigo estilo de política soviético, a realidade do equilíbrio entre poder e comércio na China é bem mais intricada. Praticamente todos os dias em que caminho pelas ruas desse dinâmico país, fico absolutamente admirado (às vezes embaraçado e outras até incomodado) com o modo como praticamente todas as interações na China ocorrem na forma de negociação, estejam os envolvidos atravessando uma rua movimentada, competindo por espaço em uma ciclovia ou comprando legumes de um vendedor de rua. E quanto mais **incontrolável** a questão, mais essas negociações se transformam em **conflitos**. Por exemplo, uma disputa no rúgbi, um esporte em que praticamente tudo é permitido, implica nos membros das equipes adversárias se atirarem uns contra os outros para conseguir jogar a bola de volta para um jogador do seu time. Do lado de fora, essas disputas violentas parecem um verdadeiro caos. Contudo, mesmo naquela pilha de corpos de onde quase se pode ouvir as clavículas se partindo, ainda há uma espécie de negociação. Ambos os lados estão simplesmente tentando resgatar a bola e atirá-la de volta para algum jogador que consiga marcar o gol para suas equipes.

A questão é que na Internet chinesa, há sempre mais de um time jogando. E por causa da amplitude da arena virtual, e das restrições à livre expressão no mundo físico, muitos conflitos acabam ocorrendo de modo simultâneo entre blocos distintos: usuários do comércio eletrônico, empresas privadas controladas pelo governo, censores e membros de comitês de vigilância.

O fato é que os conflitos na China como forma de negociar plataformas, domínios, direitos, limitações e penalidades no ambiente virtual têm criado um espaço na *Web* bem distinto daquele que é conhecido e cultivado pelo Ocidente como *World Wide Web (WWW)*. Essa *Web* fragmentada – modo como o deslocamento de uma porção da rede de alcance mundial é denominado por Andrew Hupert – é a nova realidade. Quando conversamos, Hupert era professor de negociações comerciais internacionais pela Universidade de Nova York, no *campus* de Xangai. Sentados em um moderno café da cidade durante uma tarde abafada, logo após as manifestações ocorridas em Xinjiang no verão de 2009, ele disse: "Ninguém aqui se importa com o fato de o governo chinês ter bloqueado o Twitter, o Facebook ou o YouTube. Os chineses não ligam a mínima para isso. Afinal, eles já possuem os equivalentes chineses para esses *sites* de relacionamento. Além disso, as empresas chinesas estão muito felizes com o fato de a concorrência internacional ter deixado de perturbá-las." Em outras palavras, isso significa que, muitas vezes, a política e os negócios na China se encontram do mesmo lado; seus interesses estão alinhados. Naquele mesmo outono, fazendo uma referência ao bloqueio de serviços da Internet como o YouTube, o Twitter, o Facebook e o Google, Hupert escreveria em seu blogue, *China Solved (China Resolvida)*: "Habitualmente, políticas industriais e de segurança nacional se encontram em lados opostos. Neste caso, porém, elas estão perfeitamente harmonizadas. Isso deve ter sido óbvio para Pequim. Eles conseguiram suprimir vozes potencialmente disruptivas e proteger setores industriais cruciais para o país – tudo de uma só tacada. Todos, desde a liderança do PCC até a comunidade empresarial, aprovam a ideia." Todavia, as alianças entre os negócios na Internet e o governo central também apresentam suas desvantagens.

Em médio e longo prazos, os usuários da Internet na China continental e a futura economia chinesa no setor de alta tecnologia sofrerão as consequências. Gerentes e empresas encontrarão dificuldades para compreender como entrar no mercado internacional e negociar dentro dele. Em contrapartida, tecnólogos se perceberão isolados e presos a sistemas considerados inaplicáveis dentro das normas e padrões internacionais. Hupert chama a esse espaço de mercado insular de Chinese Friendship Net (Rede de Amizade Chinesa), um nome inspirado nas Lojas da Amizade operadas pelo governo há 20 anos. Somente estrangeiros e *apparatchiks*[D] de alto nível podiam comprar nas Lojas da Amizade; o resto da população tinha de esperar em longas filas e retirar suas "rações" nos postos do governo. "Por enquanto, a Rede de Amizade Chinesa está oferecendo os mesmos serviços e produtos disponibilizados pela Internet internacional — e em alguns casos, até mais. Entretanto, conforme esses dois sistemas se desenvolverem e se tornarem diferentes, retornaremos a uma situação em que o comércio da China se mostrará separado, porém, desigual. Aqueles que estiverem do lado errado da fronteira digital não terão acesso a novas mídias ou tecnologias — enquanto apenas uma elite digital chinesa terá entrada VIP na rede global."

Porém, os esforços dos *technochiks* no sentido de proteger a Internet chinesa do resto do mundo não deixarão de enfrentar desafios. Centenas de milhões de internautas chineses se mostrarão refratários a ações que restrinjam ou controlem **todas** as suas atividades na Internet, como no caso do *software* Barreira Verde. Os conflitos mais dramáticos na *Web* chinesa são — e continuarão sendo — os que envolvem os limites entre a política e o comércio, área em que os *technochiks* estabeleceram os contornos de seu domínio de poder. Qualquer um que cruzar as fronteiras e adentrar o mundo externo estará se arriscando a ser filtrado e atirado para fora do ciberespaço. A tensão entre o acesso irrestrito e a censura tem crescido rapidamente no universo da Internet chinesa. O grande número de novos usuários que estão se cadastrando pela primeira vez e se apaixonando pela enorme variedade de serviços e oportunidades de expressão, continuará a crescer nos anos 2020. Considerando que até 2011 menos de um terço da população chinesa usava regularmente a Internet, a China ainda tem um longo caminho pela frente antes de alcançar a mesma densidade de usuários que nos EUA. Vale lembrar que a penetração da Internet entre os norte-americanos era de 75% em 2009.

D - Termo usado na antiga União Soviética para oficiais, burocratas ou membros da organização administrativa do Partido Comunista Soviético. (N.T.)

Além disso, os 700 milhões de cidadãos que ainda habitavam regiões do interior no final da primeira década do novo século tinham poucos recursos contra oficiais corruptos do governo, construtores inescrupulosos e fábricas poluentes. O acesso mais amplo a canais de comunicação via Internet tornarão os acontecimentos locais mais transparentes para o mundo, quase na velocidade da luz. De fato, uma das maneiras pelas quais o PCC tem conseguido administrar o descontentamento nas regiões do interior é justamente restringindo o fluxo de informações.

Vinte quatro anos depois do incidente na praça da Paz Celestial, os cidadãos chineses estão bem mais interessados em equilibrar as oportunidades econômicas e de expressão pessoal que na ideia de democracia propriamente dita. Para os chineses, a democracia – representada pela noção ocidental de "votar e dar um chute no traseiro dos políticos ruins" caso eles não atendam às expectativas do povo e também para manter uma separação de forças – somente será válida caso se revele um meio eficiente de permitir a eles se desenvolverem economicamente como desejam, com o mínimo de "injustiça" possível na vida de um ser humano.

Como escreveu Rebecca McKinnon:

*"[...] É preciso que se tenha em mente que, quando o assunto é liberdade pessoal, as pessoas que escrevem em blogues on-line são as mais inclinadas a observar seu copo como estando meio-cheio, em vez de meio-vazio: elas formam a elite urbana dos chineses mais bem educados do país; mais que qualquer outro seguimento da população, esses indivíduos são os que mais se beneficiaram ao longo dos últimos 20 anos de reformas econômicas. Teria de ocorrer uma crise **off-line** bem mais profunda e aguda para que este grupo de pessoas considerasse a ideia de arriscar as liberdades **on-line** e **off-line** que eles já conseguiram em troca de uma perspectiva um tanto incerta de que eventualmente poderiam obter mais. Isso se aplica ainda mais pelo fato de nenhum verdadeiro líder de pensamentos ter surgido no ambiente on-line dentro do atual sistema de controle usado no país – tampouco existe qualquer alternativa para o PCC no ambiente **off-line**."*[23]

O fato é que a vasta abrangência da Internet, as atuais recompensas comerciais e as surpreendentes riquezas que se revelam ao alcance das pessoas, acabaram complicando a perfeita equação de controle e restrição de informações acerca da sociedade chinesa e do restante do mundo. Entretanto, para as autoridades governamentais chinesas o mais importante é a maneira como o resto do globo percebe a China, já que a parcela menos viajada da velha guarda ainda mantém uma enorme insegurança em relação a navegar em águas verdadeiramente internacionais. Para os propagandistas chineses, a Internet se tornou uma floresta densa e escura onde indivíduos subversivos da Internet chinesa se escondem e se aninham como pardais.

Combinada ao número atual de chineses usuários da Internet (e os futuros usuários em potencial) com os quais os censores do governo têm de lidar diariamente está a perspectiva do surgimento de **tecnologias disruptivas** que, embora possam tornar o fardo de socialização entre usuários mais leve, complicam os planos do governo de controlar e "manipular" as informações. Enquanto no Ocidente milhões de adolescentes usam o Facebook e o Twitter para: 1º) discutir se aquela linda garota da classe realmente gosta de um colega; 2º) debater sobre qual seria a melhor banda do momento; ou 3º) confabular se a antiga namorada de um deles ainda continua bonita e sensual, na China, essas plataformas estão simplesmente bloqueadas neste momento — por conta dos violentos protestos de uigures, em Xinjiang, ou mesmo das investigações sobre corrupção que se desenrolam no PCC. Na verdade, esses programas são considerados ferramentas para subversivos, portanto, em vez de liberá-los, o Partido criou versões chinesas desses aplicativos. A expectativa é de que os controles da censura do país irão funcionar diante de quaisquer impulsos políticos que os usuários possam sentir. O PCC também vê a Internet como uma nova e lucrativa fronteira por meio da qual suas agências poderão ser capazes de enriquecer ainda mais.

O fato é que os conflitos entre o regime chinês e seus aspirantes a mestres tendem somente a aumentar no ciberespaço. Os números absolutos de usuários que se apressam em acessar a Internet e de tecnologias disruptivas que continuam a desestabilizar o ecossistema virtual têm se revelado áreas difíceis de ser controladas pelos planejadores centrais. Quando as autoridades chinesas considerarem um evento que envolva todo o território chinês como ameaçador para sua hegemonia, eles poderão comprometer sua imagem e também seu controle do ambiente virtual e simplesmente suspender **todo** o acesso à Internet. Nesta ocasião, assim como descobriram os residentes de Xinjiang em 2008, consumidores espalhados por toda a China talvez não consigam ficar *on-line* com seus computadores; é possível que eles também não tenham condições de fazer ligações através de suas linhas convencionais fixas ou mesmo de enviar/receber mensagens de textos com seus aparelhos celulares. Nesse momento a China adentrará uma nova era glacial em termos de inovações digitais e comerciais, o que certamente **destruirá** quaisquer iniciativas que o país já tenha feito no sentido de se tornar uma **nação inovadora**. Isso também afetará dramaticamente seus esforços de se tornar o maior provedor mundial de serviços terceirizados, um setor que o próprio governo central identificou como de importância estratégica para os interesses econômicos do país – uma área irrevogavelmente dependente de tecnologias de comunicação digital.

Capítulo 3

Os campos de silício da China

Durante minha visita de um dia ao Parque Científico Internacional, que integra o Parque Industrial de Suzhou (SIP, na sigla em inglês), minha anfitriã foi uma jovem oficial do governo chinês, uma mulher pequena e bem articulada, de óculos, chamada Daisy Gao. A senhora Gao dirigia o setor de transações promocionais do parque científico, que, aliás, funciona como um imã para empresas de TI, de terceirização de processos de negócios (BPO) e de pesquisa e desenvolvimento (P&D). Suzhou fica a 25 min a oeste de Xangai, via trem-bala. Os chineses a chamam de Veneza chinesa, uma vez que a região é cortada por canais que cruzam a cidade e a conectam ao oceano Pacífico e ao lago Taihu, o terceiro maior lago de água doce da China. Daisy Gao representava a última geração de autoridades do governo chinês. Quando nos encontramos, ela estava quase na faixa dos trinta anos e era recém-casada. Seu inglês era fluente e ela se sentia bastante a vontade ao lado de ocidentais, mostrando-se bastante profissional. Porém, este não fora nosso primeiro encontro. De fato nós já havíamos nos conhecido quatro anos antes, quando visitei o país representando um fabricante norte-americano em busca de *sites* para possíveis investimentos na China. Agora, assim como o próprio SIP, percebi que ela também mudara seu foco para o setor de serviços, em especial para as áreas de informação e gestão de conhecimento. Ela disse: "Sabemos que o setor de manufatura é muito importante para o desenvolvimento da China, mas ele não é suficiente para empregar todos que precisam de trabalho. Temos que nos empenhar para desenvolver o setor de serviços também."

Em 2007, a consultoria de crescimento global Frost & Sullivan estimou que o mercado mundial de serviços terceirizados valia, no ano de 2006, US$ 930 bilhões. O grupo também previu que a **terceirização** nos campos de TI, BPO e P&D, juntos, cresceria a uma taxa conjunta anual de 15% e alcançaria um tamanho de mercado de quase US$ 1,5 trilhão até o final de 2009. Por volta de 2020, a previsão é de que o mercado global de serviços terceirizados possa chegar a US$ 6 trilhões.

A terceirização no setor de TI envolve a organização externa de engenheiros de *software* e *hardware* e também de gerentes de projeto capazes de oferecer suporte a sistemas informatizados para as empresas – tipicamente aqueles utilizados em departamentos administrativos, como os de contabilidade, folha de pagamento e recursos humanos. Outras empresas terceirizadas de TI criam programas denominados **"sistemas integrados"**, que são encontrados em praticamente tudo, de jogos de computadores a automóveis e equipamentos para fabricação de produtos. A área de negócios terceiriza tarefas repetitivas como as realizadas por operadores de centrais de atendimento *(call centers)*, processamento de folha de pagamento, registros médicos, processamento de pagamentos e coisas desse tipo. No caso do processamento de contas a pagar, por exemplo, o serviço provedor chinês recebe uma imagem escaneada da fatura que deve ser paga pelo cliente norte-americano. Informações relevantes como a data da fatura, a data do vencimento, o número da ordem de compra, a data de entrega, o código do produto e por aí afora, são inseridas manualmente em um sistema na China. Então a empresa asiática carrega os dados no programa de *software* do cliente, que em seguida passa a contar com as informações em seu próprio sistema e consegue rastrear não apenas o produto, mas também seu pagamento junto ao fornecedor. Os setores que terceirizam a maioria dos serviços administrativos e de operações de apoio em TI são o bancário, o de serviços financeiros e o de seguros. Estes são seguidos pelos setores de alta tecnologia e saúde, que, primariamente, terceiriza suas despesas em P&D.[1]

Tanto as autoridades do governo chinês quanto os empreendedores privados percebem que o bolo de serviços compartilhados está crescendo, e ambos querem uma fatia. Os empresários lutam por glória e riqueza; o governo chinês está atrás dos inúmeros empregos que o setor de serviços terceirizados é capaz de oferecer. Empregos são extremamente importantes para o governo, uma vez que **cidadãos desempregados** são vistos como uma **fonte de desestabilização** para a **sociedade**. Para aqueles que estão no poder na China, estabilidade social com progresso econômico é a chave para prolongar seus direitos de comandar o país.

A China – principalmente no que diz respeito às cidades da costa leste, como Xangai e Suzhou – está concentrada no setor de serviços, ou seja, no setor terciário, que, em 2006, foi responsável por 67,4% dos investimentos internacionais diretos realizados no país, de acordo com a Conferência das Nações Unidas sobre Comércio e Desenvolvimento. Fontes oficiais chinesas revelaram que nos primeiros três trimestres de 2005, o setor de serviços em 16 grandes cidades do delta do rio Yangtzé (rio Azul), foi responsável por 39,2% do total do PIB dessas regiões. Já o total do setor terciário chinês representou apenas 32,3% de toda a economia do país, e está crescendo a uma taxa anual de cerca de 8%. De acordo como fontes oficiais chinesas, a taxa média no mundo industrializado é de 64%, portanto, a China ainda tem um longo caminho a percorrer rumo à maturação de seu setor terciário.

O governo chinês tem várias razões para promover o setor terciário no país: criação de empregos, geração de riqueza e melhoria do meio ambiente. Pequim sabe que a indústria leve – que envolve a manufatura de tênis, brinquedos, isqueiros e outros produtos cuja fabricação é impulsionada por matérias-primas e depende de intensa mão de obra – empregará somente certa proporção da população em idade de trabalho. Questões como uso de terras, intensidade na utilização de recursos, treinamento técnico e experiência limitam a capacidade de industrialização do país. De modo mais específico, ao longo dos últimos dois anos, o uso de terras para a construção de fábricas se tornou altamente restrito e zonas de desenvolvimento econômico na China já não podem expandir o tamanho das áreas disponíveis para investimento. O custo dos materiais também aumentou, uma vez que, para atender às cotas de produção dentro e fora do país, as fábricas chinesas absorveram quantidades crescentes de metais, plásticos, madeira e de outros recursos. O fato é que o caos provocado ao meio ambiente por uma indústria leve altamente desregulada levará décadas para ser revertido. Em algumas regiões da China, o **ar**, a **água** e o **solo** já estão tão envenenados por elementos poluentes que a **cadeia alimentar do país já foi afetada**.

O governo chinês vê os empregos terceirizados nas áreas de viagens e lazer, serviços financeiros e bancários, logística e até mesmo artes e entretenimento como uma verdadeira válvula de escape para o excesso de mão de obra no país. Vale lembrar que, a cada ano, universidades chinesas formam centenas de milhares de profissionais que, a **despeito do diploma**, estão ficando **desempregados** ou **subempregados**. Além disso, com o aumento do PIB *per capita* nas regiões do interior, consideradas mais pobres, um número cada vez maior de estudantes tem conseguido ir além dos nove anos de ensino compulsórios e completar o ensino médio. Neste sentido, o governo chinês terá ainda a responsabilidade adicional de criar empregos para os milhões de indivíduos que não cursarão uma faculdade, mas certamente se revelarão mais bem educados (em termos acadêmicos) que as gerações anteriores. O setor terciário oferece uma saída justamente para essa mão de obra, que não pode ser utilizada na indústria leve.

A face *high-tech* da China

O SIP representa a maior e mais bem-sucedida *joint venture* negociada entre os governos da China e de Cingapura. Originalmente, quando Cingapura era o acionista majoritário, o empreendimento se chamava Parque Industrial Cingapura (Singapore Industrial Park). Porém, ao longo da última década, o lado chinês do investimento – administrado pelo governo local de Suzhou – passou a controlar 60% das ações, enquanto o governo de Cingapura e vários grupos privados detêm os 40% restantes. Entretanto, chamar o SIP de parque industrial pode levar a conclusões equivocadas. O local pode ser descrito como uma nova cidade; uma incorporação de quatro distritos dentro de um terreno de 350 quilômetros quadrados no delta do rio, conectado ao centro de Suzhou por meio de uma rodovia que separa a velha Suzhou do novo parque industrial. O governo de Suzhou está empenhado em ver todos os novos desenvolvimentos industriais e de alta tecnologia estabelecidos no SIP. O contraste pode ser claramente observado comparando-se a silhueta da velha Suzhou, recoberta por estruturas caiadas tradicionais, com os contornos da região ocupada pelo SIP, repleta de modernos arranha-céus.

Na década de 1990, o SIP – assim como o novo distrito de Suzhou (SND[A]), seu "primo" no lado oeste de Suzhou – começou a cortejar investimentos diretos do exterior para viabilizar suas fábricas. Quase 50% dos investimentos estrangeiros no SIP são oriundos do Ocidente; o restante vem de empresas taiwanesas, japonesas sul-coreanas e até mesmo de empresas chinesas que estabeleceram entidades fora do país e então reinvestiram na China como firmas internacionais. (Lembrando que, até 2008, empresas estrangeiras conseguiam garantir vantagens fiscais que não eram oferecidas a companhias nacionais.) O SIP tem se mostrado bastante bem-sucedido em atrair empresas ocidentais – em especial nos setores de alta tecnologia e conhecimento. Seu sucesso pode ser atribuído à utilização do modelo de administração cingapuriano. Em comparação a outras áreas de investimento externo da China, a administração do SIP conta não apenas com um número maior de falantes da língua inglesa, mas também com um senso de propriedade e estrutura que foi herdado por Cingapura diretamente dos britânicos. Estimular um ambiente de negócios ao estilo cingapuriano ajudou a atrair e reter investidores ocidentais que, em geral, consideram problemático o estabelecimento de operações em outras partes da China.

Desde 2006, o SIP e o SND têm excluído companhias que poluem e/ou produzem produtos de baixo valor. Essas zonas dão preferência a empresas de alta tecnologia, P&D e TI, e também BPOs, para enobrecer a cidade e elevar as receitas obtidas por meio de impostos.

Para encorajar ainda mais as empresas de P&D e gestão de informação, o SIP criou o Parque Científico Internacional, que, aliás, é bastante diferente do restante do SIP. Trata-se de um amplo complexo dominado por arquitetura pós-moderna, localizado em uma área total de 690.000 metros quadrados. A construção do Parque Científico se deu em quatro

---

A - Sigla para Suzhou New District. (N.T.)

fases, sendo que a última delas foi completada em meados de fevereiro de 2007. A primeira etapa foi a criação de uma incubadora para jovens empresas de TI que desenvolviam *softwares* e ofereciam serviços de terceirização no setor de animação. A construção parecia ter sido transportada do século XXII – seu formato lembra uma rosquinha alongada dividida por uma fileira de escritórios, erguida defronte a um lago pequeno. A segunda fase foi destinada a empresas de P&D. A terceira, à construção de um prédio alto para empresas de terceirização nas áreas de P&D e TI. Já a quarta etapa foi a construção de outros dois prédios altos, sendo o primeiro destinado a apartamentos mobiliados e o outro utilizado como um complexo de P&D. Este último projeto como um todo fazia lembrar um gigantesco magnétron vertical, cercado por duas construções curvilíneas erigidas de modo a parecer estarem "girando" em torno uma da outra, em direções opostas. Jovens chineses, cujas feições pareciam irradiar segurança e conhecimento, enchiam os corredores e passadiços, enquanto o interior do *campus* se mantinha no mais absoluto silêncio. A etapa quatro também incluía um enorme painel eletrônico de anúncios.

"Criar empregos para as pessoas que estão nas faixas de vinte e trinta anos é uma das questões principais que a China precisa resolver," esclareceu Daisy Gao. "Chamamos a isso de **'desafio 20/30'**." Depois da turnê pelo parque científico, nós nos sentamos para conversar em um restaurante do *campus*, de frente para o lago do Galo Dourado, onde apreciamos porções individuais de carnes e vegetais. Daisy Gao explicou que solucionar o "desafio 20/30" é fundamental para o sucesso das reformas econômicas e sociais que a China desejava implementar em sua trajetória até 2020. O desenvolvimento da sociedade chinesa poderia ficar comprometido pelo tipo de agitação que outras nações já tiveram de enfrentar quando grande parte de suas populações não dispunha de empregos.

De fato, o governo central chinês sempre esteve plenamente cônscio da falta de trabalho suficiente para o seu povo. Em 2006, o então ministro do Trabalho e Previdência Social da China, Tian Chengping, disse:

"Embora a oferta de empregos seja uma questão complicada para qualquer país, o problema é ainda mais crítico na China, devido a sua gigantesca força de trabalho. A combinação entre a enorme população chinesa e a fraca base econômica do país colocará a China sob forte pressão em termos de empregos,

e por um longo período. Nos próximos anos, a disponibilização de mão de obra nos centros urbanos se manterá acima de 24 milhões, em caráter anual. Porém, haverá somente 11 milhões de empregos disponíveis por conta de crescimento econômico e aposentadoria. Isso significa que 13 milhões de indivíduos ficarão desempregados. Essa dificuldade é ainda mais dramática nas regiões do centro e do oeste do país, cidades nas quais os recursos já se esgotaram e/ou que abrigam antigas bases industriais. Nas zonas rurais, a força de trabalho chega a 497 milhões de habitantes, dos quais cerca de 200 milhões já abandonaram as atividades não agrícolas, mas outros 180 milhões permanecem no setor. Em termos de mão de obra, há um excedente de 100 milhões no país. As tarefas de criar e disponibilizar empregos, e oferecer treinamento profissional para essa força de trabalho rural é extremamente árdua."[2]

A chave para colocar em funcionamento o setor de serviços, uma área de uso intensivo de tecnologia — segundo acreditava o governo central —, era justamente atrair de volta para casa os chineses que já possuíssem experiência e treinamento internacional.

Se você construir, eles terceirizarão

Juliet Zhu, uma funcionária do governo que atua no departamento promocional da outra zona de desenvolvimento econômico de Suzhou, o SND, contou-me que o governo central não apenas transformou as áreas de TI e BPO em "setores de estímulo", mas também ofereceu carta branca às cidades chinesas para que estas atraíssem investidores estrangeiros por meio de vários incentivos. Com tal finalidade, em 2006, o governo chinês designou dez centros do país como *hubs* para o desenvolvimento dos setores de TI, BPO e P&D. Tais centros tinham por objetivo equipar o país como tudo o que ele precisava para se abrir para setores de conhecimento intensivo avaliados em US$ 100 bilhões até 2020.

No final de 2006, o governo central chinês atribuiu a certas cidades o rótulo de *kejibu*, cujo sentido literal é **"divisão tecnológica"**. São elas: Pequim, Shenzhen, Xangai, Nanquim, Hangzhou, Chengdu, Dalian, Xian, Whuhan e Suzhou. De acordo com fontes do governo, o plano envolvia: 1º) persuadir 100 empresas multinacionais a transferir parte de seus negócios terceirizados para a China, e 2º) criar mil companhias internacionais de terceirização de serviços de grande escala até 2010. O governo chinês pretendia canalizar para essas cidades centenas de milhões de dólares ao longo de vários anos e oferecer não apenas benefícios tributários e subsídios para profissionais de TI bem treinados, mas também apoio para seus familiares nas cidades *kejibu*. Cada uma delas receberia quase US$ 8 milhões anualmente, que seriam subdivididos entre as zonas de desenvolvimento econômico locais para serem investidos em infraestrutura e incentivos que atraíssem investidores e equipes de trabalho.

Juliet Zhu informou que os centros de tecnologia locais providenciavam permissões de moradia – *hukou* – para profissionais e seus familiares. Um *hukou* da cidade representava muitos benefícios para as famílias oriundas de zonas rurais, que poderiam ter acessos a um bom sistema educacional, a centros médicos e a assistência social. Os benefícios oferecidos nas cidades eram mais generosos que aqueles em regiões mais pobres do país. Antes de o sistema *hukou* ser abrandado, residentes de áreas específicas do país não tinham permissão para se mudar para outras regiões. Aquele fora um meio encontrado por Mao Tsé-tung para controlar o inevitável influxo de indivíduos do campo para cidades mais prósperas da costa leste do país. Todavia, o planejamento central de Pequim não conseguiu lidar de maneira satisfatória com a distribuição de recursos para locais nos quais as populações estavam em fluxo.

Centros tecnológicos se tornaram atraentes para profissionais talentosos no campo da alta tecnologia, ao oferecer apartamentos por ¥ 600 por mês (pouco mais de US$ 100). Em alguns casos, gerentes e especialistas recebiam grandes descontos na compra de imóveis para moradia. O mesmo se aplicava a estrangeiros que, em áreas de maior valor, também tinham acesso ao direito de residência de longo prazo ou até permanente no país.

Esses centros atraiam chineses que possuíam mestrado de volta para trabalhar na China. Se eles se mostrassem qualificados para exercer funções no setor de alta tecnologia, eles poderiam ser aprovados para receber subsídios que variavam entre ¥ 50 mil a ¥ 100 mil (cerca de US$ 7,5 mil a US$ 15 mil) para comprar uma casa em uma cidade *kejibu*. Para empresas de alta tecnologia que se estabelecessem nos centros tecnológicos, haveria subsídios em parcela única de ¥ 200 mil a ¥ 500 mil (cerca de US$ 30 mil a US$ 60 mil). Além disso, as empresas não teriam de pagar pelo primeiro e talvez até o segundo ano de aluguel. Elas também contariam com impostos preferenciais diferenciados pelos primeiros anos de operação. Centros de P&D também poderiam importar seus equipamentos para a China sem pagar impostos.

Outra *kejibu* cujos pontos de atração foram cuidadosamente definidos para que se tornasse um polo de serviços de alta tecnologia foi Nanquim (capital da província de Jiangsu), localizada a **três horas** de automóvel a oeste de Xangai. Em 2003, a zona de desenvolvimento econômico do distrito possuía apenas um centro administrativo elegante, cercado por montanhas arborizadas, projetos de construção em ritmo acelerado e uma enorme e moderna escultura de metal que mais tarde acabaria se tornando o ponto central da primeira fase do parque industrial. No passado, havia poucas fábricas na região. Com o desenvolvimento do projeto, o distrito de Jiangning (em Nanquim) passaria a contar com instalações pós-modernas que seriam utilizadas para abrigar incubadoras de alta tecnologia. Durante uma turnê pelo parque, o então diretor do projeto não parava de gesticular e apontar para os diferentes locais que seriam destinados a residências e aos complexos industriais. Foi difícil para mim visualizar as construções. O plano envolvia o desenvolvimento de várias fábricas de diversos setores, como o automotivo, o de sistemas eletrônicos de informação e o de sistemas elétricos para veículos. Jiangning também se tornaria um *hub* de P&D e desenvolvimento de *softwares*. De fato, a inauguração do **iHub** em 2008 foi um verdadeiro marco na trajetória do distrito rumo aos seus objetivos de se tornar um centro de terceirização de serviços.

A área total do iHub era de quase 20 mil metros quadrados. Lá foram erguidos cinco prédios de escritórios com vários andares, um centro de exposições e um estacionamento. O local era perfeitamente identificável a partir da estrada por conta da gigantesca esfera parcialmente submersa que ancorava o complexo. Dentro da esfera havia um *hall* de exposições aberto e decorado de maneira flexível, além de uma área adjacente para recepções. Dependuradas ao longo dos corredores abertos que permeiam o segundo e o terceiros andares, e posicionadas de frente para o átrio do edifício, encontram-se estruturas pintadas em cores primárias que fazem lembrar o logotipo do Microsoft Windows: amarelo, azul, laranja e branco. Outras armações presas ao chão dão boas vindas aos visitantes que chegam ao prédio administrativo de cinco andares conectado à esfera. Foi a partir do *hall* de exposições erguido pela construtora cingapuriana responsável pelo projeto que os poderosos representantes do governo e da iniciativa privada de Cingapura e da província de Jiangsu declaram o iHub oficialmente aberto para os negócios.

Coube à senhora Pan Yin Yin, uma pequena e agitada nativa de Jiangning, acompanhar-me em uma visita ao complexo. Vestidos em uniformes militares pretos e botas de cano alto, equipes de segurança patrulhavam a área em busca de indivíduos mal intencionados, ignorando totalmente nosso passeio. Tipicamente, a segurança na China é feita por jovens oficiais vestidos em uniformes cinza-verde, maiores que eles, e quepes militares, que ocupam cabines de segurança ao lado dos portões e observam os visitantes a partir de suas cadeiras. Acredito que os construtores cingapurianos queriam dar a impressão de que o complexo não apenas testemunharia um movimento ascendente na cadeia de valores do setor para garantir investimentos na área, mas também uma nova visão de seriedade em termos de segurança.

Segundo Pan Yin Yin, o iHub ficava próximo de supermercados, hospitais, hotéis e até mesmo de um campo de golfe. Durante nossa visita, ela apontou para a entrada de um grande *lobby* e explicou que o iHub abrigava um centro de negócios para empresas iniciantes, além de um correio, restaurantes, cafés, uma agência de viagens e vários bancos. A instalação deveria ser tão independente quanto possível – diferentemente do que acontecia no Parque Científico Internacional de Suzhou, no iHub só faltavam residências. Dentro de poucos anos o *campus* teria várias BPOs e TIs, companhias de desenvolvimento de *softwares* e centros de P&D. No início, porém, poucas companhias do complexo seriam chinesas, o que significa que a China ainda dependeria dos serviços de terceirização indianos para demonstrar como atender aos padrões multinacionais exigidos globalmente.

O dragão prestes a atacar, o elefante pronto para saltar

A China deu início ao seu ousado projeto de sobrepujar os gigantes indianos no mercado global de TI e BPO ainda em 2005, ao perceber as dezenas de bilhões de dólares que poderia ganhar e os milhões de empregos que teria condições de criar nesses setores. Por volta de 2010, grandes empresas indianas como a Infosys, a Tata e a Mahindra Satyam já empregavam milhares de chineses. Os terceirizadores de serviços locais teriam uma longa batalha pela frente para tentar resgatar essas pessoas e trazê-las para companhias chinesas.

Em 2011, a terceirização representava um negócio de US$ 70 bilhões por ano para as empresas indianas. Enquanto isso, na China, esse mesmo setor estava avaliado em cerca de apenas US$ 20 bilhões.[3] A CLSA, empresa de investimentos, avaliou que em 2014 esse mercado alcançaria US$ 30 bilhões na China.[4] Porém, no setor de TI, o gigante asiático pretendia quebrar a hegemonia indiana já em 2020. É óbvio que, para atingir tal objetivo, o governo chinês teria uma longa jornada pela frente.

Os esforços de reengenharia de *software* do Ano 2000 (ou Y2K[B], como o setor de TI o apelidou no passado) foram um verdadeiro presente para os indianos. O Ocidente possuía milhões de linhas de programação que precisavam ser revistas e reconfiguradas para levar em conta a mudança de 1999 para 2000. A alteração do século faria com que os computadores "registrassem" o ano como "00", em vez de "2000". A partir daí, os cálculos realizados pelas máquinas já não seriam exatos. Executivos, governos e público ocidental em geral (encorajados pela mídia), passaram a **esperar pelo pior**: faturas sairiam incorretas, os pagamentos em desacordo com a realidade, aviões cairiam e o **mundo** como nós o conhecíamos encontraria o **seu fim**. Pode-se, portanto, argumentar que a Índia salvou o Ocidente; ou melhor, seus exércitos de engenheiros de *software* atualizaram os programas que rodavam os registros financeiros dos países ocidentais.

Nessa ocasião, a Índia também aprendeu sobre os sistemas de computação do Ocidente, suas metodologias de desenvolvimentos e seus processos administrativos internos. Os executivos do Ocidente concluíram que se os indianos foram capazes de resolver tão satisfatoriamente a crise Y2K, eles também conseguiriam solucionar outras questões inerentes ao setor. Foi assim que nasceu o setor indiano de terceirização em TI (ITO), como o conhecemos nos dias de hoje.

Com a China as coisas foram bem diferentes. O país não contou com o Y2K para financiar ou mesmo para educar seus exércitos de jovens programadores em relação às intrincadas realidades dos

---

B - Termo usado em referência ao "*bug* do milênio". Lembrando que, na expressão Y2K, o Y significa *year* (ano, em inglês); o 2 faz referência ao ano; e o K, representação de *kilo* (quilo), em notação científica significa 1000. (N.T.)

processos operacionais ou das práticas comerciais do Ocidente. A crise Y2K garantiu aos indianos a oportunidade de ficarem expostos e serem treinados nos processos comerciais de empresas do Ocidente, fossem elas companhias multinacionais (MNCs) ou não. Ao contrário da Índia, a China não conta com exércitos de profissionais empreendedores e dinâmicos, falantes da língua inglesa e totalmente focados nas necessidades dos clientes, que lhe permitam simplesmente deslanchar um setor inteiro. Em vez disso, o gigante asiático terá de se utilizar de iniciativas de autopromoção e autodesenvolvimento para se tornar uma potência nos setores de terceirização em TI e em **processos de negócios** (**BPOs**).

É certo que o governo chinês está firme em seu propósito e em suas intenções de desenvolver os serviços de terceirização no país. Novas zonas de desenvolvimento econômico foram inauguradas por todo o território chinês e receberam financiamentos em 2010; elas já estão investindo pesadamente em tropas de engenheiros e em infraestruturas de alta tecnologia. Os chineses já alcançaram sucesso no processamento e na inserção de dados em formulários, tarefas consideradas repetitivas e que demandam grande atenção a detalhes. Até o final da primeira década, as áreas mais acessíveis para operações de BPO na China foram o processamento de pedidos de indenização de seguros e de faturas, e a inserção de informações pessoais e registros de pacientes. Embora esteja mudando de maneira paulatina, ao longo de milhares de anos o sistema educacional chinês enfatizou o aprendizado por memorização *(rote learning)* e a pura regurgitação de fatos e datas. Por conta disso, os chineses tendem a se mostrar mais detalhistas e concentrados em seu trabalho que os indianos, porém, menos inovadores ou inventivos.

Já o sistema educacional indiano, que prioriza o aprendizado da língua inglesa, também encorajou o crescimento da terceirização no setor de TI e facilitou a entrada da Índia no espaço BPO. O processamento de faturas de cartão de crédito e de pedidos de indenização e os *call centers*, entre outros, revelaram-se extensões naturais da base de conhecimentos e da experiência que os indianos estavam ganhando através de suas analises comerciais e implementações em TI.

A capacidade dos chineses em termos do uso do inglês como linguagem instrumental está bastante defasado em relação aos indianos. A Índia teve a vantagem – a partir de uma perspectiva de industrialização – de contar com 350 anos de colonialismo britânico. O idioma inglês se tornou parte integral da sociedade indiana. O inglês também é a língua nativa ou secundária dos países mais ricos do mundo, cujas economias se baseiam, primariamente, em serviços. Na última década, essas nações têm reduzido os custos desses serviços terceirizando funções na Índia. A língua inglesa – assim como o desejo de se adaptar e refinar sua pronúncia para atender às necessidades dos clientes – tem se mostrado um fator fundamental para o sucesso das empresas indianas. Um norte-americano de Ohio ou um britânico de Birmingham conseguem pegar o telefone e discutir as necessidades de um cliente diretamente com alguém em Bangalore. Porém, isso é praticamente impossível em Xian ou Xangai. Nesse sentido, a China ainda ostenta grandes **dificuldades** no que diz respeito à **terceirização**.

Os chineses têm pouca credibilidade junto aos ocidentais quando o assunto é compreender e articular os tipos de aplicações administrativas que são importantes para empresas ocidentais impulsionadas pelo conhecimento. A maioria das empresas chinesas de TI atende clientes domésticos; aliás, a vasta maioria de empresas de terceirização de TI presta serviços a companhias japonesas e coreanas cujos projetos de programação envolvem dispositivos eletrônicos de consumo. Esses clientes asiáticos disponibilizam aos programadores chineses especificações altamente detalhadas, deixando pouquíssimo espaço para erros. Para os analistas chineses, há poucas oportunidades de acesso a processos corporativos fora da China, todavia, esses profissionais precisam desse tipo de acesso para poderem desenvolver a *expertise* e garantir a credibilidade exigidas por companhias ocidentais que terceirizam suas funções administrativas para quaisquer fornecedores.

Na última parte da década atual, antes de 2020, a China passará por uma fase de fusões e aquisições (F&A) jamais enfrentada pela Índia. O desenvolvimento indiano no setor de BPO ocorreu diretamente a partir do próprio setor de terceirização em TI. O fenômeno do Y2K forçou os terceirizadores indianos a, desde cedo, desenvolverem economias de escala. Na virada do século, os provedores de serviços indianos precisaram oferecer suporte não apenas a milhares de programadores, mas aos seus equipamentos (*hardware*) e às infraestruturas de comunicação. Os indianos foram então capazes de se utilizar tanto dessa economia de escala quanto do acesso que haviam conseguido a funções administrativas ocidentais para migrarem diretamente para o BPO. A China nunca teve essa oportunidade, tampouco uma base financeira sobre a qual pudesse desenvolver economias de escala capazes de sustentar sólidas operações na área de BPO – algo que, aliás, se baseia fundamentalmente em **mobilidade** e **escalabilidade**: mover operações administrativas de uma empresa para outro país.

Assim como em tantos setores na China, o de BPO também se encontra fragmentado, com mais de 90% das operações sendo distribuídas nas mãos de pequenos grupos com apenas algumas centenas de funcionários. Com frequência, os provedores de serviços de BPO indianos disponibilizam dezenas de milhares de profissionais para o atendimento de multinacionais do Ocidente. Em contrapartida, a enorme maioria das empresas de terceirização de serviços na China não dispõe nem do capital nem do número de trabalhadores qualificados e experientes necessário para dar conta dos projetos de grande porte oferecidos pelos ocidentais, principalmente com o nível de sofisticação exigido pelos estrangeiros. O mercado de terceirização de serviços chinês terá de passar por uma fase de F&A para ser capaz de construir empresas que tenham em sua retaguarda as economias de escala demandadas pelos projetos de BPO. Os processos de fusão e aquisição no setor ajudarão companhias domésticas a alcançar o nível de credibilidade de que precisam para convencer as multinacionais de suas capacidades. Entretanto, o setor de terceirização de serviços chinês terá primeiramente de abandonar o terrível legado deixado pelo seu **"primo"** – o **setor de manufatura**: a desenfreada imitação de *designs* dos seus clientes.

Um dos maiores desafios que enfrenta o embrionário setor de terceirização em TI na China é justamente a preocupação por parte de empresas ocidentais quanto ao tratamento que as companhias locais darão aos **Direitos de Propriedade Intelectual** (DPIs). O fato é que empresas chinesas de vários nichos – em especial no setor de manufatura – têm sido alvos de muita publicidade negativa e, ao mesmo tempo, demonstrado enorme má vontade junto às colegas ocidentais. Inúmeras companhias do Ocidente consideram o roubo de projetos/*designs*, a fabricação e a comercialização de produtos falsificados como parte da estratégia corporativa praticada pelas empresas chinesas. Neste sentido, o setor de terceirização de TI na China tem sido bastante prejudicado pelos terríveis acontecimentos do setor de manufatura, algo que jamais ocorreu na Índia. De modo geral, empresas do Ocidente têm se mostrado historicamente cautelosas em compartilhar informações mais sensíveis ou de caráter proprietário com vendedores terceirizados, mesmo que para simples processamento – e isso se aplica até mesmo a parceiros domésticos. Caberá, portanto, às companhias chinesas provarem para potenciais clientes do setor de terceirização de serviços de TI que elas são plenamente capazes de impedir o vazamento de informações para finalidades ilícitas.

Os chineses que oferecem serviços de BPO têm trabalhado predominantemente em parceria com empresas sul-coreanas e japonesas, e é bem provável que isso continue a ocorrer no futuro, por conta dos laços culturais e da afinidade existentes entre essas nações. O mesmo, entretanto, não ocorre em relação aos indianos, que, embora tenham aprendido o suficiente sobre as tendências ocidentais – por conta da longa ocupação britânica de seu território – sentem enorme dificuldade para adentrar os mercados do leste asiático, e têm poucas oportunidades de fazê-lo.

Entretanto, a despeito de os chineses continuarem a oferecer apoio a companhias sul-coreanas e japonesas, empresas indianas como a Tata e a Mahindra Satyam, que contam com dezenas de milhares de empregados em todo o mundo, estão bastante cientes do enorme potencial dos mercados do leste asiático em termos de BPO e já estão estabelecendo importantes posições em território chinês – e de maneira agressiva –, o que deverá acelerar a expansão da fatia indiana desse mercado. Em contrapartida, os provedores chineses também estão conscientes da ameaça que se apresenta de baixo do seu nariz, como ficou claramente demonstrado em minhas visitas a centros de BPO indianos e chineses.

A história de dois terceirizadores

A Mahindra Satyam, uma empresa indiana de terceirização que se encontra entre as chamadas **"quatro grandes"** do país, está localizada nos arredores de Xangai, dentro do Zhangjiang Science and Technology Park. Já a Shanghai SAFE, de origem chinesa, está sediada na região central de Xangai. Os executivos de ambos os lados se mostraram bastante cordiais durante as visitas e investiram muitas horas para explicar o funcionamento de suas operações e seus planos de desenvolvimento para o mercado asiático. Eles me levaram para conhecer vários departamentos e me apresentaram gerentes e programadores. Por meio dessas breves turnês, logo percebi que o setor de TI na China é o novo polo explorador de mão de obra – só que, dessa vez, os profissionais "escravizados" são da área administrativa.

Os espaços usados na terceirização de serviços na China são como verdadeiras cidades subdivididas em cubículos. Paredes móveis são usadas para separar **"jovens brilhantes"** que, de cabeça baixa, se concentram única e exclusivamente na tela de seus computadores. Se alguém visitar um desses locais durante o almoço, também testemunhará as mesmas cabeças abaixadas diante dos monitores, só que dessa vez os funcionários estarão cochilando. Os espaços de terceirização em TI são organizados por equipes espalhadas em diferentes salas. Cada time se ocupa de um projeto específico para um determinado cliente. Durante ambas as visitas, tive de passar por várias portas que separam os departamentos, todas trancadas e controladas por chaves eletrônicas *(keycards)* para limitar o acesso a pessoas não autorizadas.

Quando cheguei à sede da Mahindra Satyam, já estava sendo aguardado pelo gerente de *marketing* para operações na China, Michael Su, um afável cingapuriano vestido com uma camisa branca, gravata e calças pretas. Rapidamente fui guiado até a principal sala de conferências da companhia, onde fiquei aguardando. Alguns minutos depois Su retornou com seu chefe, Sushil Asar, chefe da divisão de Inteligência Comercial e Armazenamento de Informações para a China continental. Asar pessoalmente tratou de apresentar as práticas globais da companhia, assim como os planos de desenvolvimento para a China. Essa apresentação foi seguida por outra sobre os projetos da Mahindra para **centros de desenvolvimento no exterior** (ODCs na sigla em inglês, ou seja, *offshore development centers*), realizada por um gerente de engenharia chinês.

Devo dizer que a Mahindra Satyam me impressionou bastante como uma verdadeira empresa internacional. Durante minha breve visita, em momento algum tive a sensação de estar em uma companhia especificamente indiana. Algo que apreciei bastante na abordagem da Mahindra para o atendimento das necessidades de seus clientes foi o fato de a secretaria estabelecida para o país se preocupar em extrair o máximo de experiências relevantes das operações realizadas na Ásia. Neste sentido, Asar forneceu-me um bom exemplo sobre um cliente automotivo no Japão: a Mahindra Satyam utilizou especialistas do setor, tanto na Índia quanto no Japão, para desenvolver os requisitos do negócio e, ao mesmo tempo, contou com gerentes de projeto e programadores na cidade de Dalian para implementá-lo – todos fluentes em japonês.

A Mahindra Satyam sabia perfeitamente sobre a elevação dos custos trabalhistas e a alta rotatividade dos funcionários na região de Xangai. Por isso ela investiu bastante em um *campus* na Nanjiing High and New Technology Development Area. O espaço tinha 70 mil metros quadrados e era plenamente capaz de acomodar um contingente de 2.500 profissionais. Aquele seria o maior instalação da Mahindra Satyam fora da Índia. Em contrapartida, companhias chinesas privadas de serviços de terceirização pareciam percorrer um trajeto bem diferente em sua busca por expandir suas operações.

Minha anfitriã durante a visita à SAFE foi a senhora Cai Jieru. Vestida com *jeans* e uma blusa branca de mangas curtas, a jovem de vinte e poucos anos já estava me aguardando no *lobby* da sede da empresa, no centro de Xangai. Na época, a SAFE era claramente uma empresa chinesa bem-sucedida, com cerca de 1.200 funcionários. Porém, ao entrar nas salas de conferências e nos escritórios da companhia me senti exatamente como se estivesse adentrando uma agência do governo: um labirinto de corredores mal-iluminados por luzes fracas e bruxuleantes que forçam as pessoas a apertarem os olhos para tentar enxergar melhor; paredes encardidas pelo tempo e mesas de conferência deselegantes de madeira escura. Esperando por mim estava a senhora Liu Jia Liang, diretora de desenvolvimento para o mercado norte-americano, e Huang Shaobo, o gerente geral assistente do SAFE Group. Liu Jia Liang fez então uma apresentação de uma hora sobre a empresa. Cerca de 90% de todos os clientes eram nipônicos. Sua principal acionista era a NEC, uma corporação japonesa. Acredito que possuir um acionista majoritário desse tipo é, ao mesmo tempo, uma **bênção** e uma **maldição**: a partir de uma perspectiva de fluxo de caixa nos mercados regionais aquilo era maravilhoso; porém, no sentido de tentar desenvolver uma presença realmente global, principalmente no Ocidente, aquilo poderia ser bastante complicado. A SAFE desejava entrar no mercado norte-americano, mas não sabia exatamente como deveria proceder nesse sentido, nem em termos táticos nem estratégicos. Embora eles tivessem seu próprio pessoal de programação em Xangai, eles também **"terceirizavam"** muitos de seus próprios projetos em regiões mais baratas do país, onde a rotatividade era um problema menos sério que em Xangai.

A SAFE parecia mais com uma sala de estudos típica de faculdade, com longas fileiras de mesas nas quais homens e mulheres chineses brincavam em seus computadores. Era hora do almoço na empresa, portanto, a atmosfera estava um pouco mais leve; porém, minha visita à Mahindra também ocorrera na hora do almoço. O fato é que, ao entrar nas respectivas alas de segurança, a diferença entre ambas em termos de cultura era enorme. O ambiente corporativo da Satyam tinha um ar de IBM.

A despeito de ser um investidor "estrangeiro" na China, a Mahindra Satyam tinha uma clara vantagem na exploração do mercado chinês, em termos de mão de obra, de sua posição geográfica em relação ao mercado do nordeste asiático e até dos negócios de outras multinacionais investidos na China. Em contrapartida, embora a SAFE seja uma companhia chinesa, por conta da participação majoritária japonesa na empresa é plenamente seguro dizer que, de certo modo, ela também é um investidor estrangeiro.

Tendo isso em mente, o que definia as trajetórias de ambas as companhias em território chinês eram as intenções de seus investidores: ao chegar à China, a Mahindra Satyam já tinha operações estabelecidas por todo o sudeste asiático e pelo Ocidente; a empresa desejava utilizar o gigante asiático como uma plataforma para aumentar ainda mais sua abrangência no mercado internacional. Por outro lado, a NEC observava a SAFE como uma mera unidade de produção sob encomenda. Seu objetivo era atender especificamente o mercado japonês. Neste sentido, os próprios investimentos da NEC tornariam difícil para a empresa chinesa ir além da órbita do leste asiático e estabelecer cabeças de praia tanto na América do Norte quanto na Europa. A manutenção dos japoneses era cara, tanto em termos tecnológicos quanto culturais, portanto exigiria recursos e um nível de comprometimento que uma companhia iniciante que tivesse outro tipo de investidor poderia utilizar em mercados em desenvolvimento fora de sua vizinhança imediata. Isso sem mencionar que a SAFE não poderia desenvolver negócios em outros países; isso, aliás, seria ainda bem mais difícil do que se eles não tivessem projetos e investimentos tão grandes junto aos japoneses.

A SAFE exemplifica muito bem as inúmeras empresas domésticas de terceirização em TI que não iniciaram suas operações como competidores globais – justamente o contrário do que ocorreu com a Mahindra Satyam. Os mercados no nordeste asiático eram muito próximos, tanto em termos geográficos quanto culturais e históricos. Por causa disso, foi bem mais fácil para empresas iniciantes (*start-up*)chinesas atenderem clientes regionais do que tentarem alcançar novos consumidores no mercado norte-americano. A proximidade com o Japão e a Coreia do Sul, assim como o tamanho do mercado doméstico chinês, em termos potenciais, atrofiou a expansão da China no Ocidente. As condições das empresas domésticas também reforçavam a percepção de que as companhias chinesas jamais seriam competidores globais, com exceção daquelas que haviam adquirido ativos no Ocidente. Porém, mesmos estas organizações ainda teriam dificuldades em convencer os ocidentais quanto à sua credibilidade para gerenciar tais ativos dentro dos padrões internacionais.

O fato é que mesmo no mercado chinês, empresas como a Mahindra Satyam ainda gozam de mais credibilidade ao trabalhar junto das companhias ocidentais estabelecidas na China que as próprias firmas chinesas. É provável que a Mahindra Satyam, e outras como ela, estejam fechando negócios com multinacionais ocidentais que desejam investir na China por intermédio de seus próprios centros estabelecidos na Índia. A questão é que a Mahindra Satyam estava mais disposta que a SAFE a falar a linguagem do Ocidente (processual-comercial e corporativo-cultural), mesmo dentro do território chinês. Porém, na contramão de todas as expectativas, as operações de BPO nas cidades do interior da China poderão ultrapassar as de suas "primas" na costa leste do país, tanto no que diz respeito à sua fatia do mercado ocidental quanto à sofisticação de suas operações.

Em busca de BPO nas áreas mais remotas da China

Chengdu é uma cidade grande e esparramada com mais de cinco milhões de habitantes vivendo sob um perpétuo nevoeiro e uma constante nuvem de poluição, bem ao estilo de Los Angeles, nos EUA. Sendo a capital da província de Sichuan, a cidade é conhecida por sua comida apimentada e seus moradores amistosos. Ela é também a cidade mais próxima do Tibete. Por volta de 2010, o local também ganhou reputação – tanto internamente como junto a multinacionais ocidentais – como um *hub* de terceirização de serviços que funcionava dentro dos padrões internacionais. Na primavera de 2011, tive a oportunidade de visitar a Chengdu Tianfu Software Park Co, Ltd., onde encontrei Cara Long, funcionária do departamento de desenvolvimento de negócios do parque industrial. Cara Long era uma jovem reservada e moderada com cabelos na altura do queixo. Depois de uma apresentação formal da empresa, feita em inglês fluente, ela me acompanhou em uma turnê pelas instalações.

O local mais se parecia com o *campus* de uma universidade que com um parque industrial. A despeito da garoa gelada, o pessoal da limpeza e manutenção circulava pelos jardins, aparando arbustos e esvaziando latas de lixo. Poucos empregados, escondidos por trás de janelas escuras, estavam fora de suas mesas durante o horário de trabalho. Fiquei surpreso com a queda da temperatura enquanto passeávamos pelo *campus* em um carrinho de seis lugares do tipo usado nos campos de golfe. Talvez o frio explicasse a pressa do motorista, que quase me impediu de assimilar a arquitetura do local, provavelmente o *design* mais inovador entre todos que eu havia observado. Mesmo com toda a velocidade, consegui visualizar alguns nomes e identificar alguns logos de multinacionais que haviam estabelecido suas operações no parque: IBM, Accenture, Maersk, Amazon, Siemens, entre outras. Logo Cara Long me explicaria como uma cidade tão remota como Chengdu conseguira atrair investimentos de empresas de marcas tão famosas.

A chave para o sucesso de Chengdu está no fato de as cidades litorâneas do leste que possuem zonas especializadas em BPO terem se tornado vítimas de seu próprio sucesso. Cidades como Xangai, Suzhou e Dalian – próximas da Coreia do Norte e da Coreia do Sul – estavam rapidamente se tornando muito caras, conforme os salários aumentavam para refletir a escassez de profissionais talentosos e experientes na área. As economias locais também estavam se tornando mais caras, na medida em que investidores locais e estrangeiros provocavam a elevação nos preços dos imóveis. Os terceirizadores de serviços foram alguns dos primeiros a estabelecer operações em Chengdu, com o intuito de reduzir seus custos. Em meados de 2000, Chengdu apresentou um superávit no número de formandos que cursaram as faculdades construídas nos anos 1950. Na época, Mao Tsé-tung movera grande parte de seu complexo militar-industrial para aquela região remota do país. O objetivo era camuflar mais facilmente o setor e protegê-lo de um possível ataque nuclear por parte dos soviéticos. E para reforçar ainda mais a capacidade militar do país, os militares também estabeleceram universidades e centros de P&D em Chengdu e em outras regiões das províncias de Sichuan e Hunan. Sendo assim, a cidade de Chengdu já contava com uma base tecnológica sobre a qual poderia construir no momento em que terceirizadores de serviços de alto custo das regiões costeiras do leste precisassem repassar parte de seus próprios projetos.

Os requisitos tecnológicos das empresas domésticas de terceirização acabaram se tornando o modelo para o tipo de infraestrutura que as multinacionais também precisariam para sustentar suas operações remotas. A maioria das empresas multinacionais – das quais 40% eram ocidentais – usaram Chengdu como uma plataforma para *backups* (cópias de segurança) dos dados utilizados nas transações em seus próprios países.

A corporação estatal que gerenciava o parque também possuía seus próprios recursos para desenvolvimento de *softwares* de terceirização, com os quais ela oferecia suporte aos seus clientes no parque. Cara Long, que durante a turnê se comportou de forma um pouco mais tranquila, mostrou-me os escritórios de dois grupos: um deles era um departamento de desenvolvimento de aplicativos; o outro, uma equipe de sistemas integrados denominada Android Lab. O primeiro time contava com cerca de 40 programadores, trabalhando quase que ombro a ombro em mesas separadas por divisórias baixas. Diante deles havia somente monitores de tela plana e teclados. Noventa por cento daqueles engenheiros eram rapazes jovens, sendo que alguns deles dividiam o pequeno espaço e o serviço com um colega. A gerência do parque havia colocado o grupo Android em um espaço mais amplo e simples, com piso de mármore. Essa equipe contava com cerca de 20 funcionários, no máximo. Os projetistas do espaço organizaram as mesas de modo que o número de funcionários pudesse ser expandido, até quadruplicado, quando fosse necessário. Isso significa que a rápida expansão dos recursos de engenharia parecia perfeitamente possível dentro do regime estabelecido pela gerência do parque.

Diferentemente do que testemunhei nas dezenas de zonas de desenvolvimento econômico que tive a oportunidade de visitar na China, a Tianfu Park Corporation era a única a oferecer pacotes de treinamento para empresas estabelecidas no parque. Os cursos abrangiam várias linguagens de programação, inglês comercial e outras disciplinas. A Tianfu também contava com espaços específicos para incubadoras de negócios, oferecendo subsídios para empreendimentos iniciantes, assim como ocorria em Suzhou. O parque possuía 100 empresas iniciantes em sua incubadora, cada qual com grupos de três a cinco funcionários, a maioria recém-formados. Porém, levaria anos – senão décadas –, até que a Tianfu e outras empresas de terceirização de serviços do país pudessem causar um impacto substancial em termos da contratação dos milhões de universitários que se formavam no país – o **"desafio de um preço 20/30"**.

Um problema bastante significativo com o qual a China se deparava ao promover o setor de terceirização de serviços foi o de compatibilizar profissionais e vagas. Encontrar candidatos com bom nível de inglês foi um dos maiores desafios para as empresas de terceirização estabelecidas na China. Outro obstáculo foi achar indivíduos com uma mentalidade hospitaleira. Embora os funcionários nessa área não tenham necessariamente de tratar diretamente com o público, como ocorre com o pessoal dos setores hoteleiro ou de restaurantes, eles precisam ser educados e atenciosos em relação às necessidades alheias. A dinâmica sociedade chinesa não enfatiza esse tipo de educação em casa. A maioria dos pais deseja que seus filhos se sobressaiam rapidamente ganhando altos salários, e quanto antes melhor. Por outro lado, a maior parte dos currículos universitários está voltada para as áreas de **engenharia** e **ciências**. De modo geral, os pais, os filhos e a sociedade chinesa como um todo não valorizam o estudo das **particularidades** da **psicologia**, das **interações humanas** ou da **solução de problemas**.

O sistema educacional está mais preocupado em harmonizar as iniciativas individuais com o comportamento de grupo. Os professores, sejam eles do ensino fundamental, médio ou universitário, ensinam seus alunos a identificar os indivíduos que ocupam posições de autoridade para resolver de maneira proativa questões potencialmente controversas. A própria sociedade encoraja os cidadãos a adotarem uma **abordagem passiva/agressiva** na solução de conflitos e, em alguns casos, esse tipo de atitude logo se transforma em comportamento explosivo. Contudo, nenhum desses enfoques é adequado para resolver o problema de um consumidor, seja no contato direto no balcão, ao telefone ou fuso horário. Cada vez mais as empresas de terceirização de serviços da China precisam treinar suas equipes e instilar nelas muitas das habilidades interpessoais que os fornecedores de serviços ocidentais e indianos já consideram intrínsecos ao ser humano. O falho sistema educacional chinês e a falta de orientação por parte dos pais estão criando uma verdadeira escassez de talentos justamente em um setor no qual o governo do país está apostando alto para garantir milhões de empregos.

Por volta de 2010, a falta de pessoal qualificado e experiente no setor de serviços de alta tecnologia provocou um grande atraso no desenvolvimento das áreas de terceirização de serviços de TI e processos de negócio. A elevação dos níveis salariais combinada à verdadeira "caça" por profissionais competentes entre empresas, ameaçavam interromper o crescimento do setor. Com a crise financeira global de 2008-2009 dizimando milhões de empregos relacionados a TI no Ocidente, os salários desses profissionais começaram a se normalizar no mercado global. As remunerações para empregados do setor de TI e outros serviços caíram bastante, quase alcançando os níveis praticados na China. Isso destruiu as vantagens de custos existentes na comparação entre trabalhadores de ambas as regiões. O custo quase inexistente de se trabalhar via Internet também acelerou ainda mais esse fenômeno depois de 2010. O fato é que os serviços chineses podem se tornar caros demais no mercado internacional antes mesmo de conseguirem eclipsar os concorrentes indianos.

Entretanto, no que diz respeito a **empregos**, Pequim **não colocou todos os seus ovos em uma única cesta**. As lideranças do governo pretendem continuar investindo no setor de metais pesados. O governo acredita firmemente que esse campo poderá não apenas garantir milhões de empregos na próxima década, mas atender à demanda industrial do mercado interno e ainda oferecer os produtos de alto investimento que conquistarão os mercados em outros países.

Capítulo 4

Metal pesado

Liu Zhijun, de 56 anos de idade, foi preso pelas autoridades chinesas em 11 de fevereiro de 2011, por conta de uma "séria violação disciplinar"– código do Partido Comunista Chinês (PCC) para **"corrupção"**.[1] Liu Zhijun foi acusado de apropriação indébita, fraude e recebimento de ¥ 187 milhões (US$ 28,5 milhões) em subornos na construção do trecho Pequim-Xangai do projeto do trem-bala chinês, considerado pelo governo um marco importante para o país. Além disso, durante o mandato de Liu Zhijun, o Ministro teria acumulado dívidas no montante de ¥ 1.980 bilhões (US$ 307 bilhões).[2] Só para se ter uma ideia, em termos comparativos, o Congresso dos EUA aprovou em 2009 um pacote de estímulos econômicos de quase US$ 800 bilhões para evitar, pelo menos temporariamente, uma recessão em **toda** a economia norte-americana. O pesquisador da Beijing Jiaotong University, Zhao Jian, comentou na época que "a dívida havia se tornado grande demais para que o governo conseguisse controlá-la."[3] Os dirigentes do PCC substituíram Liu Zhijun por Sheng Guangzu, de

62 anos, chefe da administração geral da alfândega. O fato é que a combinação entre excesso de confiança, arrogância, corrupção e inépcia foi responsável por um dos piores acidentes de trem na história da China.

Quando o trem-bala que fazia sua viagem inaugural na linha Hangzhou-Wenzhou colidiu a uma velocidade de quase 400 km/h, apenas cinco meses depois da prisão de Liu Zhijun,[4] o ambicioso plano da China de comercializar os trens de alta velocidade (TAVs) fabricados no país encontrou o mesmo destino de várias outras vítimas do acidente – a **morte**. Essa tragédia expôs de maneira clara as falhas na iniciativa do gigante asiático de adotar tecnologias sofisticadas de outros países e adaptá-las tanto para uso doméstico como para o mercado de exportação – a chamada **"inovação nativa"**. O acidente também tornou evidente a enorme desconfiança internacional em relação ao modelo industrial chinês, levando-se em conta o modo leniente como o governo aplica e fiscaliza as leis de propriedade intelectual no país. De fato, essa diretriz de "inovação nativa" apenas contribuiu para retardar os esforço da China no sentido de adquirir as tecnologias de ponta necessárias para ganhar credibilidade nos mercados internacionais de TAVs, automóveis, navios, entre outros.[5] Os mercados globais também já descobriram que a ênfase excessiva do setor industrial chinês no estabelecimento de uma maior fatia do mercado, em detrimento dos lucros, cria pressões deflacionárias tanto no ambiente doméstico quando internacional para produtos supostamente de alto valor. Um conjunto raro de condições dentro da própria sociedade chinesa sobrepujou princípios econômicos e definiu a trajetória para seu problemático modelo de exportação de metais pesados.

O maior patrimônio econômico da China na época em que suas lideranças políticas aprovaram a abertura do país para o mundo em 1980 era sua população, relativamente jovem e gigantesca – aliás, a maior do mundo. Embora de origem majoritariamente campesina, os jovens da China ofereciam às fábricas internacionais uma força de trabalho pronta, relativamente dócil e faminta por trabalho, além de um potencial exército de consumidores. Mobilizada para utilizar equipamentos sofisticados na fabricação de produtos de baixo custo, a China conseguiu empurrar sua economia para a modernidade. Porém, pressões inflacionárias, exigências energéticas e danos ambientais tornaram os empreendimentos de mão de obra intensiva cada vez mais difíceis de serem mantidos no país. Pequim começou a mudar as políticas nacionais em meados da década de 2000, visando enfatizar o desenvolvimento de setores de capital intensivo. Todavia, para se tornarem concorrentes viáveis no mercado internacional, essas áreas demandavam tecnologias cada vez mais sofisticadas. Mais uma vez, a chave para a estratégia foi o enorme contingente de trabalhadores chineses, que também representavam o maior conjunto de consumidores do planeta.

Desde há muito tempo o governo da China já sabia que multinacionais de todo o mundo trariam para o país seus bilhões de dólares em investimentos e propriedades intelectuais, simplesmente para poderem construir e explorar o mercado doméstico chinês. Aliás, a possibilidade de atingir um mercado de quase 1,4 bilhão de consumidores em potencial estimularia os líderes de organizações internacionais a fecharem praticamente qualquer tipo de acordo para terem o direito de comercializar seus produtos na China.

Quase todas as tecnologias que a China tem utilizado desde que abriu sua economia para o mundo em 1980 são **importadas**; as que o país já tinha em mãos antes dessa época eram remanescentes dos anos 1950, ou seja, da era de planejamento central ao melhor estilo soviético – tudo se baseava em máquinas enormes, desajeitadas e deselegantes, usadas em sua maioria na indústria pesada. Para resgatar a nação do purgatório em que se encontrava, o governo chinês precisava dos *designs* mais eficientes que o Ocidente e o Japão tinham a lhe oferecer. Depois de ter ignorado a Revolução Industrial ocorrida há 300 anos, a China jamais seria capaz de alcançar o resto do mundo em termos tecnológicos sem a rápida adoção das tecnologias estrangeiras. Então, atraídos pela promessa de riquezas "inimagináveis," e já vislumbrando o quanto lucrariam durante a explosão de crescimento econômico do gigante asiático, os fabricantes internacionais concordaram em colaborar para essa transferência tecnológica. Investidores estrangeiros já sabiam de antemão que o plano do setor industrial chinês era ajustar as tecnologias somente o suficiente para adaptá-las às necessidades domésticas, e então se tornar concorrente das mesmas empresas que ajudaram as companhias chinesas a se tornarem bem-sucedidas.

Para dar inicio ao processo de ascendência econômica, a China começou com produtos **low-end** (populares e baratos) e de baixo valor: brinquedos, têxteis, calçados e outros artigos desse tipo. Daí o país se concentrou em produtos de capital intensivo, como os navios cargueiros, cuja fabricação demandava um alto nível de financiamento, mas relativamente pouco em termos de alta tecnologia. Iniciar a indústria automotiva também se revelou uma iniciativa bastante cara. Além disso, em comparação com a indústria marítima, o setor era bem mais exigente no que diz respeito à sofisticação tecnológica e aos padrões de qualidade e segurança já estabelecidos. Já em se tratando da capacidade de qualquer sociedade moderna para mobilizar não apenas capital, mas também algumas das mais sofisticadas tecnologias disponíveis no mundo, nada se compara aos TAVs. O fato é que, para a China, a indústria marítima acabaria se revelando a mais crucial para os interesses estratégicos do país, a despeito de relativamente *low-tech*.

Navios a vista!

O estaleiro da Daoda Heavy Industries é bem fácil de **localizar** – desde que você esteja na estrada correta. Ele é o único que ostenta uma turbina eólica. A Daoda está localizada no rio Yangtze, essencialmente na boca do grande canal que transporta a água oriunda das geleiras do Himalaia. Fica a mais ou menos 20 min de carro de uma pequena cidade chamada Qidong, no município de Nantong, que, por sua vez, está localizado a uma hora de automóvel a noroeste de Xangai. Qidong me pareceu bastante incomum, tanto pelo elevado número de motocicletas que trafegava pela estrada quanto pela alta proporção de motoristas usando capacetes de segurança. Na verdade, qualquer tipo de proteção para motociclistas é incomum na China. Havia poucas árvores na região, e todas pareciam ter sido açoitadas pelo vento forte. A despeito da grande quantidade de arbustos, o terreno parecia estéril, árido. Minha visita ocorreu em meados de novembro, no ano de 2010. O clima estava frio e o ventava bastante.

Embora meu maior objetivo ao visitar a Daoda fosse compreender como a empresa estava percorrendo a curva de aprendizado que conectava a construção de navios à fabricação de bases para turbinas eólicas de alto mar, devo confessar que, assim que minha surpresa inicial ao ver aquela única turbina passou, senti-me fortemente atraído pelos enormes navios que ocupavam as docas secas e internas, fotografando-os durante o processo de construção. De modo surpreendente, o complexo estava mais vazio do que eu esperava. O percurso do portão principal até o setor administrativo levou vários minutos. Enormes hangares em aço corrugado e pintados de branco estavam espalhados pelo estaleiro. Já estava no fim da manhã, e inúmeros trabalhadores usando capacetes de segurança azuis e uniformes verdes com o logo da empresa no peito moviam-se em grupos pequenos, de um lado para outro.

Uma das docas secas ao longo da margem de concreto abrigava a carcaça de um navio em construção, completamente aberta. O casco duplo estava cortado transversalmente. O casco principal era um gigantesco retângulo negro; as paredes de suas câmaras internas ostentavam a mesma cor vermelha utilizada nos desajeitados guindastes retangulares que, presos sobre trilhos, ladeavam a estrutura inacabada. Como os espinhos de um peixe de água doce, andaimes tubulares prateados mantinham as câmaras no lugar certo.

A Daoda era uma típica história de sucesso comercial chinês, do tipo que o PCC adora **divulgar para seus cidadãos** – e **para o mundo**. Apenas 10 anos antes, um construtor de pontes chinês, chamado Li Aidong adquirira um terreno na margem do rio Yangtze – propriedade que posteriormente seria vendida com grande lucro. Ele iniciou o estaleiro em 2007, durante o maior *boom* na história do setor marítimo – e de construção naval –desde o surgimento dos primeiros registros sobre o assunto, em 1774. O novo construtor de navios logo conseguiu clientes estrangeiros, entre os quais a companhia alemã Intersee Schiffahrts-Gesellschaft GmbH & Co (ISG). O pedido da ISG – batizado de Pacific Tramp[A] – estava quase pronto quando visitei o local naquele dia frio de inverno. O píer onde o navio estava atracado parecia uma colmeia em plena atividade. Trabalhadores circulavam sem parar, indo daquela embarcação até outra que se encontrava do outro lado do mesmo embarcadouro, enquanto empilhadeiras se moviam pelos passadiços, erguendo todo tipo de equipamentos. Nove meses depois de iniciada a construção, o navio deslizaria pelo mar do Sul da China, totalmente carregado, a caminho do porto de Ho Chi Minh, no Vietnã.

Pelos padrões das empresas estatais chinesas (SOEs), que se empenhavam para colocar em prática o plano do governo de transformar a China **no maior construtor de navios do mundo**, a Daoda era apenas um pequeno estaleiro. O fato é que as primeiras fabricantes do país – a China State Shipbuilding Corporation (CSSC) e a China Shipbuilding Industry Corporation (CSIC) – tornaram a Daoda, uma empresa privada, insignificante em termos de tamanho. As SOEs do

---

A - Em linguagem marítima, *tramp* significa "navio mercante sem rota regular". (N.T.)

setor de construção naval empregam centenas de milhares de trabalhadores, cuja tarefa é construir embarcações tanto para uso comercial quanto militar, produzindo navios com até 300 mil DWT *(dead weight tons)*. O DWT mede o peso total útil da embarcação (carga, combustível, água potável, água de lastro, provisões, passageiros e tripulação). Quando visitei a Daoda, a empresa somente tinha permissão do governo para construir navios com até 35 mil DWT – pouco mais de um décimo da capacidade das embarcações produzidas pelas SOEs. Na verdade, as duas SOEs juntas controlavam 70% de toda a capacidade de construção naval chinesa. E segundo um gerente da Daoda, o governo não tinha a intenção de alterar aquela situação. Regulamentações impostas pelo comando central do país impediam que a Daoda expandisse sua presença ao longo da costa do Yangtze com o intuito de aumentar sua produção. Todavia, a empresa tinha a expectativa de que em um futuro próximo ela conseguiria produzir navios com 200 mil DWT. O fato é que companhias como a Daoda permaneceriam sempre como coadjuvantes dentro do plano do governo chinês de controlar pelo menos 50% de todos os navios que transportavam petróleo para o país.

A China era o segundo maior importador de petróleo do mundo em 2009, superando o Japão durante a crise econômica de 2008-2009. Em 2013, a China tornou-se o primeiro importador de petróleo do mundo, necessitando 6,3 milhões de barris por dia. Somente nesse ano (2009), o gigante asiático importou 204 milhões de toneladas do produto. Em 2011, a China era o segundo maior consumidor desse combustível, tendo mais de 50% do petróleo bruto utilizado no país importados. Por volta de 2020, é provável que a China importe cerca de 65% de todo o petróleo bruto de que precisa.[6] Essa extrema dependência do país em termos de petróleo é um acontecimento recente, provocado pelo forte e agressivo impulso da sociedade chinesa rumo à modernidade.

Nos anos 1940, o PCC fez da rejeição a todos os estrangeiros e a todas as influências de fora, inclusive os avanços tecnológicos, a mais importante demonstração da legitimidade de sua plataforma política. Porém, tal isolamento se revelou danoso para o desenvolvimento econômico do país. Na época em que Mao Tsé-tung faleceu, em 1976, a nação estava basicamente falida, sem qualquer moeda própria que pudesse ser convertida e utilizada no comércio com outros países.

Então, com a política de abertura econômica estabelecida pelo primeiro-ministro Deng Xiao Ping em 1980, as indústrias nacionais passaram a precisar de petróleo para operar seus equipamentos. Em meados da década de 1990, a China estabeleceu relações com países produtores de petróleo com os quais não estava alinhada nem em termos políticos nem religiosos (o PCC apresenta a China como um país abertamente ateísta). O **petróleo** e o **dinheiro** – e não suas ideologias – representariam os pontos comuns desses países em sua visão do mundo. As fontes de fornecimento de petróleo para o gigante asiático logo se tornaram diversas, sendo que a maior parte do produto chegava pelo mar.

Por volta de 2010, a China recebia do Oriente Médio quase metade de todo o petróleo que utilizava. Mais de um quinto desse total vinha somente da Arábia Saudita. O Irã vinha em segundo lugar, com 15% de todo o petróleo extraído no país sendo exportado para a China. Os demais exportadores da região incluíam Omã, Kuwait, Emirados Árabes e Iêmen.[7] Em 2011, a China também recebia cerca de 30% do seu petróleo da África. Com base em interesses comuns, os chineses também desenvolveram boas relações com a irritadiça Venezuela. O fato é que, com o passar do tempo, a China se tornou dependente do resto do mundo em relação a uma de suas mais importantes fontes de energia. Tal vulnerabilidade preocupou e irritou o PCC, que costumava se orgulhar de sua independência.

Em 2004, as lideranças chinesas também perceberam que o país estava se tornando cada vez mais vulnerável aos caprichos das políticas internacionais e da globalização, uma vez que todo o seu petróleo era transportado para seu território por navios que pertenciam a outros países. A partir daí, o governo proclamou uma série de decretos que transformava a construção naval em uma **indústria-chave para o país** – esse tipo de medida ocorre quando o PCC passa a considerar um determinado setor como estratégico tanto para a economia quanto para a defesa da nação. O país adquiriu então alguns navios fabricados no exterior, copiou os projetos e construiu suas próprias embarcações. Entre os objetivos das lideranças chinesas para 2015 estava o de transportar 50% de todo o petróleo adquirido no exterior em navios construídos pelo próprio país.[8] A China também planejava se tornar o maior construtor naval do mundo dentro desse mesmo prazo. Um ano após a implementação dessa nova política, a frota chinesa já transportava 20% de todo o petróleo bruto importado pelo país – lembrando que no ano de 2000, os navios chineses só carregavam 6% do total.⁹ Todavia, a crise econômica global de 2008 ameaçou estagnar a indústria naval chinesa. A forte recessão da época praticamente interrompeu o fluxo marítimo no comércio internacional.

Como parte dos quase US$ 600 bilhões que a China se comprometeu a investir em sua própria economia para manter suas indústrias em funcionamento durante a crise, o governo coagiu suas SOEs a adquirirem navios das construtoras navais chinesas. O objetivo era manter o setor vivo. Quando o setor naval finalmente se reequilibrou em 2010, o mundo descobriu que a China se tornara o maior construtor de navios do planeta. O gigante asiático havia superado os sul coreanos e os japoneses, transformando-se no principal fabricante de navios de grande porte do mundo – de comprimento equivalente à altura da torre Eiffel. Transportadoras gregas e alemãs faziam fila nos estaleiros chineses para adquirir navios cuja construção estaria terminada em uma fração do tempo que seria necessário em outras nações fabricantes – e por uma fração dos preços praticados por elas. Porém, a falta de consideração da China pelos princípios econômicos fundamentais de oferta e demanda acabaria custando caro para as empresas transportadoras.

No final de 2011, o próprio mercado descobriu que a China havia fabricado um número de navios excessivo em relação à quantidade necessária. Mais uma vez, os fretes despencaram. Li Shenglin, o ministro dos Transportes chinês, disse: "Elas (as construtoras chinesas) levaram o setor naval a uma situação ainda pior que a de 2008. E tal situação poderá persistir por um longo tempo."¹⁰ E o planejamento central também levaria a indústria automotiva chinesa ao mesmo beco sem saída.

Carro veloz

A fábrica automotiva da Chery se revelou tão moderna quanto qualquer outra que tive a oportunidade de visitar na China: um espaço amplo e novinho em folho, repleto de equipamentos recém-adquiridos e praticamente intocados pelas mãos humanas. Pilhas de folhas de aço inoxidável serpenteavam pelo chão e se erguiam até o teto, de onde, aliás, pendiam chassis semi-acabados. Mais de cem trabalhadores – todos do sexo masculino e vestindo calças verdes que combinavam perfeitamente com jaquetas leves fechadas até o pescoço – permaneciam diante de suas estações de trabalho. A linha de montagem era esparsa, mas, ainda assim, impressionante. O chefe de operações – um engenheiro de meia idade cujo cartão de visita ostentava ao lado do sobrenome o título de Ph.D. – mostrava-se claramente orgulhoso com as instalações. Estávamos no outono de 2004 e a fábrica era uma das mais novas e sofisticadas daquele tipo no país.

Também era uma das poucas que não estavam amarradas a algum fabricante estrangeiro, como a Shanghai Automotive Industry Corporation (SAIC) em relação à Volkswagen e a General Motors; ou a Changan – situada em Chongqing, no interior da China – com a Ford.

Em 2004 eu integrava um grupo de meia dúzia de representantes de uma fornecedora automotiva norte-americana *Tier-1*[B], que fora convidada a visitar a sede da Chery em Wuhu, na província de Anhui. A cidade de Wuhu fica a mais ou menos uma hora de carro de Nanquin, capital da província de Jiangsu, e a mais de 3 h de automóvel de Xangai. Na época, a cidade de Anhui era bastante atrasada e sequer possuía prédios mais altos. Sempre que a visitava tinha a nítida impressão de que, diferentemente do que ocorria nas cidades mais costeiras, o local não era bem cuidado. Aliás, o centro era o único lugar do país em que as construções – com no máximo cinco andares – pareciam imitar os centros de Detroit e Filadélfia, nos EUA, e manter suas janelas fechadas com placas de madeira e as portas de vidro dos prédios vazios recobertas com folhas de jornal que impediam que os transeuntes investigassem seu interior. Vale lembrar que, quando voltei ao local em 2008, deparei com uma enorme escavação próxima da estranha região central. Ali seria erguido não apenas um parque de Dinossauros, mas também uma enorme espaçonave dentro da qual crianças e adultos poderiam entrar e se divertir com sons, luzes e até passeios especiais.

Mais tarde, conversando com oficiais do governo da agência de promoção para a zona de desenvolvimento econômico que apoiava a Chery, descobri que o próprio governo municipal era um investidor do mercado de automóveis. Aliás, os governos da província de Anhui e central também possuíam ações da empresa. Na verdade, embora menor que a SAIC e a Changan, a Chery era uma das principais companhias chinesas e se revelava fundamental para os esforços da China de promover o desenvolvimento do setor automotivo e sua transformação

---

B - O termo *Tier-1* é usado para definir fornecedores que não vendem para consumidores finais, somente para empresas que montam produtos e os disponibilizam no mercado (Exemplo: indústria automotiva). (N.T.)

em um dos pilares econômicos do país. De fato, as lideranças chinesas previam que, assim como já ocorrera como as montadoras japonesas e sul-coreanas, a Chery e outras fábricas da China também se tornariam grandes exportadoras no mercado mundial.

Para tanto, a Chery havia fechado um ótimo acordo com o governo local: o terreno onde a fábrica foi montada saiu quase de graça. Além disso, a empresa também ficou livre de impostos, uma vez que era vista como um investimento de grande interesse para o governo. O fato é que assim como a maioria dos taxis alemães eram da marca Mercedes-Benz, todos os taxis e a maioria dos demais veículos em circulação em Wuhu eram da marca Chery. Em 2004, a Chery já era a **marca mais popular** da China, talvez pelas mesmas razões que posteriormente causariam vergonha para a empresa: os **subcompactos** por ela produzidos tinham **péssima qualidade** e exibiam **carcaças extremamente finas**. Todavia, em meados dos anos 2000 esse automóvel era acessível para as famílias chinesas. Ele servia como o primeiro veículo para indivíduos que queriam abandonar as **bicicletas comuns** ou **elétricas** como principal forma de transporte.

A Chery convidara o fabricante de peças automotivas *Tier-1* com o qual eu trabalhava na época, para tentar atraí-lo e, assim, firmar bons relacionamentos comerciais com o mercado automotivo. Os fornecedores *Tier-1* abastecem diretamente as fábricas da Ford, da GM e da Chrysler, cabendo a elas apenas a montagem final dos veículos. Meu cliente mantinha longos relacionamentos com cada uma das três principais fabricantes norte-americanas. Na metade da década de 2000, os fabricantes chineses buscavam desenvolver o mesmo tipo de acordo com os fornecedores *Tier-1*, pois estavam enfrentando grandes dificuldades para percorrer sozinhos a curva de aprendizado para a fabricação de produtos de qualidade. As empresas fabricantes e seus gestores do governo desejavam o seguinte: 1º) que os fornecedores estrangeiros ensinassem aos seus pares locais os processos de manufatura que as fábricas do exterior já utilizavam para reduzir custos, perdas e o tempo de entrega dos automóveis; e 2º) que as próprias revendedoras do Ocidente lhes transferissem suas tecnologias. Com tal propósito, a Chery e o governo de Wuhu escolheram uma empresa doméstica com a qual já estavam trabalhando, embora com resultados ambíguos.

Encontramos pela primeira vez nossos parceiros em potencial no aeroporto de Nanquim: dois irmãos oriundos da província de Zhejiang, que já forneciam peças (componentes) para a Chery há um ano. Ambos eram homens altos cuja pele parecia escurecida pelo fumo contínuo, e se pareciam com tantos outros chineses do campo que haviam enriquecido por todo o país. Os dois vestiam calças e camisetas pólo pretas e calçavam sapatos pretos de couro baratos. Sua empresa estava aberta havia poucos anos. Eles sabiam que a Chery era uma grande oportunidade de crescimento – e eles também sabiam que poderiam perder essa conta a qualquer momento. Se a empresa e o governo locais decidissem que precisariam trabalhar diretamente com companhias estrangeiras para garantir seu sucesso, os sócios teriam de sorrir e acatar a decisão.

A visita à fábrica da Chery naquela tarde de fato confirmaria que os produtos que estavam sendo fornecidos pelos irmãos realmente precisavam de ajuda. Um dos executivos que participou da empreitada foi um corpulento sul-coreano que retornara para seu país após uma estada nos EUA. Mostrando-se absolutamente franco e direto, ele abriu a porta de um automóvel QQ^C que acabara de sair da linha de montagem, passou a mão sobre o forro de borracha que a recobria, tocou o vidro da janela e fechou-a novamente, dizendo: **"Não está bom!"** Um ano mais tarde a Chery seria acusada de se utilizar de atalhos para aprimorar suas tecnologias.

Em 2005, a divisão sul-coreana da General Motors (GM) processou a Chery pela cópia substancial de seu modelo *Matiz*, da linha Daewoo. Sem grandes dificuldades, a GM conseguiu provar que todas as partes do veículo – desde a estrutura até o próprio motor e o *design* do chassi – eram exatamente iguais as do modelo que a SAIC e a GM estavam fabricando sob a marca GM para o mercado chinês. O vice-ministro do Comércio e o vice-diretor do State Intellectual Property (IP) Office defenderam publicamente a Chery dizendo que a GM não havia registrado patente de sua tecnologia para o *Matiz*. No final as empresas chegaram a um acordo na disputa. A infração sobre os direitos de propriedade não alterou os planos de expansão da Chery no exterior. Afinal, o prêmio era uma fatia em um mercado de exportação de veículos de US$ 553 bilhões.[11]

Em 2007, o empresário norte-americano Malcolm Bricklin anunciou com grande estardalhaço que havia assinado um acordo para distribuir o modelo subcompacto QQ nos EUA. Porém, os consumidores

---

C - Esta veículo, cujo nome se pronuncia Que-Quê e significa "fofo e delicado", já é comercializado no Brasil. (N.T.)

norte-americanos não aprovaram o veículo. Bricklin logo se retirou do mercado de automóveis nos EUA. A despeito disso, as empresas chinesas não desistiram de criar parcerias com grupos ocidentais como forma de adentrar nos tão ambicionados mercados internacionais.[12]

De acordo com a European Automobile Manufacturers' Association, durante os nove primeiros meses de 2009, os cinco principais fabricantes de automóveis chineses venderam um total de apenas 745 veículos para a UE. O fato é que, ao disponibilizarem no mercado europeu produtos considerados apenas "suficientemente bons" para o emergente mercado chinês, mas que estavam em desacordo tanto com as expectativas dos reguladores quanto dos consumidores do velho continente – uma vez que não atendiam aos padrões mínimos de segurança nem às exigências estabelecidas em relação à emissão de dióxido de carbono – a Brilliance Auto, a Chang'an, a Great Wall Motors, a Landwind e a Lifan Group depararam com uma enorme muralha no mercado ocidental.[13] Os testes de impacto realizados nos carros vendidos pela Brilliance e a Landwind terminaram em catástrofe na Alemanha: ao serem acionados contra paredes específicas para testes de colisão os veículos se transformaram em **latas de sardinha retorcidas**. A mídia alemã declarou que as marcas chinesas apresentavam **"qualidade ruim"**, o que manchou a imagem de todos os exportadores de veículos chineses na UE.

Embora no final de 2010 a China tivesse superado os EUA como maior mercado mundial de automóveis, o número de exportações de veículos chineses permaneceu irrisório. Em um mesmo período, enquanto vendiam no mercado interno cerca de 10 milhões de veículos, os fabricantes chineses exportaram apenas meio milhão de automóveis.[14] Com um valor de exportação de aproximadamente US$ 7 bilhões, em torno de 60% das exportações de veículos da China envolviam países emergentes. Mercados populares para os automóveis chineses incluíam Brasil, Venezuela, Indonésia, Mianmar, Tailândia e Oriente Médio.

Foi então que os fabricantes de automóveis chineses se viram afetados pelo mesmo tipo de pressão que prejudicara a indústria naval no país: as empresas haviam produzido uma quantidade de veículos que excedia a capacidade de absorção do mercado em níveis lucrativos. Em 2011, a fatia de mercado doméstico dos carros fabricados por empresas locais encolheu de 45% para 40%, ano após ano.[15] A percepção por parte dos próprios chineses da péssima qualidade do automóveis fabricados no país impediu que essas pessoas investissem em veículos nacionais. Nessa mesma época, os subsídios do governo que incentivavam os chineses a adquirir carros nacionais chegaram ao fim. Em cidades maiores como Pequim e Xangai, um decreto governamental tornou a posse de automóvel **proibitivamente cara** para uma nova classe média. Ao mesmo tempo, taxas de inflação mais elevadas que o normal diminuíram o poder de compra de famílias com renda média. Os fabricantes domésticos responderam à situação dando continuidade à produção de grandes quantidades veículos e aumentando seus esforços no sentido de ampliar os mercados de exportação. O terrível acidente envolvendo os dois TAVs no verão de 2011 no sul da China apenas confirmou para os consumidores domésticos e estrangeiros o que todos aparentemente já sabiam sobre os produtos chineses: eles eram **inseguros**, independentemente do preço cobrado.

Uma passagem para seguir em frente

Apenas três semanas antes da tragédia do verão de 2011, a imprensa mundial insistia em noticiar as efervescentes discussões entre a China e o Japão sobre a transferência de tecnologia de TAVs que o gigante asiático teria celebrado junto a seus parceiros estrangeiros. O porta-voz do Ministério das Ferrovias, Wang Yongping, enfatizou: "Os sistemas de alta velocidade utilizados nos projetos do *Shinkansen* japonês e do trem-bala de Pequim-Xangai sequer devem ser mencionados em um mesmo discurso, já que vários dos indicadores tecnológicos usados nas ferrovias chinesas são muito superiores aos implantados no *Shinkansen*."[16] *Shinkansen* é o nome do trem-bala inaugurado no Japão em 1964. Ao longo de toda a sua existência, o *Shinkansen* somente reportou um **único acidente** – no ano de 1985 um passageiro ficou com o braço preso em uma das portas. O fato é que os japoneses nunca se cansaram de avisar os vizinhos chineses de que os novos trens-balas do país estariam operando em velocidades excessivamente elevadas.

"A diferença entre a China e o Japão é que, no Japão, se um passageiro se machuca ou morre, os custos para a empresa são proibitivamente altos", disse Yoshiyuki Kasai ao *Financial Times*. Yoshiyuki Kasai era o presidente da Central Japan Railway (sistema ferroviário japonês). "Esta é uma situação muito séria. A China é um país em que 10 mil passageiros poderiam morrer a cada ano e ninguém iria reclamar sobre o fato", acrescentou o executivo.[17] Os japoneses, em contrapartida, estavam compreensivamente angustiados pelo fato de os oficiais chineses estarem forçando os trens a operarem acima da velocidade limítrofe estabelecida pelos próprio donos da tecnologia. Enquanto isso, os japoneses operavam seus trens-bala a uma velocidade 20% inferior ao limite preestabelecido, e não queriam que, posteriormente, os chineses questionassem o talento dos fabricantes nipônicos ou os responsabilizassem pelo excesso de confiança dos próprios chineses.

Vale ressaltar que os japoneses não teriam ficado tão preocupados com o número de óbitos em tragédias envolvendo trens-bala chineses não fosse pelo inconveniente fato de os chineses terem copiado e/ou incorporado tecnologia japonesa em suas reluzentes composições. No caso da linha Hangzhou-Wenzhou – cenário da tragédia de 2011 – a Hollysys Automation Technologies Ltd, com sede em Pequim, havia adaptado o sistema de sinalização que a japonesa Hitachi fizera sob encomenda para outra linha ferroviária da China. A Hollysys também havia ampliado o uso desse mesmo equipamento, instalando-o em vários outros locais do país, sem o conhecimento nem a permissão da fabricante original. Porém, de acordo com a política da empresa, a Hitachi havia codificado parte da tecnologia. Esse tipo de medida visara dificultar a compreensão e a imitação do *design* do produto pelos compradores. Um executivo sênior da Hitachi comentou: "Ainda é um mistério como a Hollysys conseguiu integrar nosso equipamento a um sistema de segurança/sinalização tão amplo sem ter conhecimento profundo de nosso *know-how*."[18] Interesses comerciais também provocaram tensões nas relações entre os ministros das Ferrovias de ambos os países.

De acordo com os japoneses, por vários anos os chineses exportaram tecnologias relacionadas aos TAVs de empresas estrangeiras que se viam forçadas a participar de *joint ventures* e a concordar em transferir tecnologias para companhias estatais do país. Yuriko Koike, ex-ministro da Defesa japonês, consultor de Segurança Nacional e presidente do Conselho Executivo do Partido Liberal Democrático do país, escreveu: "Imediatamente antes da construção da ferrovia Pequim-Xangai ser construída, o ministro de Ferrovias chinês iniciou um processo de reivindicação de patente da tecnologia usada no CRH280A. Acredita-se que a China já tenha registrado 21 patentes de acordo com o Tratado de Cooperação em Matéria de Patentes (PCT[D]), com o objetivo de adquirir patentes no Japão, nos EUA, no Brasil, na Europa e na Rússia."[19] Ela prosseguiu dizendo: "Desde 2003, a China já solicitou o registro de 1.902 patentes relacionadas aos TAVs, sendo que 1.421 desses pedidos já foram aprovados e 481 deles estão sendo examinados. Mas os 21 pedidos recentes são os primeiros baseados na tecnologia do *Shinkansen* japonês."[20] A estatal chinesa CSR Qingdao Sifang Co. cooptou sua tecnologia da empresa japonesa Kawasaki Heavy Industries Ltd., e já se preparava para concorrer com a própria Kawasaki em projetos de ferrovias no exterior. Porém, a Kawasaki não foi a única **"noiva traída"**.

As SOEs chinesas na área de ferrovias também formaram *joint ventures* com a alemã Siemens, a francesa Alstom, a canadense Bombardier, somente para se tornarem mais tarde **concorrentes diretas** dessas empresas no **exterior**. Ma Yunshuang, gerente geral assistente da CSR Qingdao Sifang, disse: "Nossas tecnologias podem se originar de outros países, mas isso não significa que o que temos agora lhes pertence."[21] As tecnologias que a China obteve junto a outros países se tornaram instrumentais para o desenvolvimento da maior rede ferroviária do mundo em 2011. Por volta de 2020, essa malha se estenderá em 16.000 km (cerca de 10 mil milhas), a um custo total estimado de mais de US$ 300 bilhões.[22] Já em 2011 o sistema ferroviário chinês transportava um quarto de todo o tráfego de carga e passageiros, em uma malha que correspondia a **6%** de **todas as linhas do planeta**.[23]

Entre as maiores empresas chinesas relacionadas ao setor ferroviário que se beneficiaram diretamente de transferências tecnológicas de países estrangeiros, estão: a China Railway Construction Co., Ltd., a China Railway Construction (número 384 na lista *Fortune 500*, em 2006); a MTR Corporation (número 832 na lista *Forbes Global 2000*), e a Daqin Railway (número 1209 na lista *Forbes Global 2000*, em 2006).

Uma das mais conhecidas tentativas por parte da China de se reintroduzir no mercado internacional como fornecedora legítima de tecnologias envolvendo metais pesados foi sua participação na concorrência para a construção do sistema ferroviário de alta velocidade em São Francisco e Los Angeles, na Califórnia. Em 2010, a China assinou um tratado de cooperação com o Estado da Califórnia e a General

---

D – Sigla em inglês para Patent Cooperation Treaty. (N.T.)

Electric (GE) para construir a rota do trem-bala. Outros países como Japão, Alemanha, Coreia do Sul, Espanha, França e Itália também estão interessados em conquistar um pouco do "ouro californiano". Os chineses se ofereceram para financiar parte do projeto de US$ 43 bilhões, o que interessou o **"Estado dourado"**, que há décadas vem sofrendo com o enorme peso de suas dívidas.[24] O possível acordo entre a China e a Califórnia foi uma das principais razões para a visita do então governador do Estado Arnold Schwarzenegger à China, em 2010 – só para acrescentar um pouquinho de *glamour* ao selo de aprovação de sua gestão. O forte apelo de um projeto desenvolvido por chineses na Califórnia se resumiu a uma questão matemática: uma milha (cerca de 1,6 km) de infraestrutura ferroviária na China custa cerca de US$ 15 milhões; nos EUA, os custos para o mesmo trecho variam entre US$ 40 milhões e US$ 80 milhões.[25] Entretanto, a Califórnia não foi a primeira parada da China em sua viagem internacional em busca de contratos.

Autoridades chinesas do setor ferroviário também tinham em seu portfólio outros projetos nos quais já estavam trabalhando em países como a Turquia, a Venezuela e a Arábia Saudita. A bem da verdade, o projeto saudita foi lançado e concluído mais como um gesto político para um dos maiores fornecedores de petróleo da China do que como um projeto de infraestrutura que visasse melhorar a vida dos cidadãos e a economia do país. Em novembro de 2010, a estatal China Railway Construction Company Ltd. completou em 16 meses o projeto de 20 km, permitindo que 75 mil peregrinos viajassem de Meca a Medina durante a *Haj*.[E] Anualmente, milhões de muçulmanos viajam entre essas duas cidades para reforçar sua devoção e fé. A companhia de construção, que estava listada nas bolsas de Xangai e Hong Kong, perdeu US$ 600 milhões neste acordo de US$ 1,2 bilhão. A revista *Economic Observer* – uma publicação financeira chinesa que ostenta uma **leve tendência** à **independência** – declarou que o projeto saudita teria provocado a pior perda financeira de uma empresa chinesa no exterior.[26] Em um único dia, investidores de Hong Kong derrubaram a cotação da China Railway em 14%, depois que a companhia anunciou o estouro no orçamento.

E – Nome da peregrinação anual realizada pelos muçulmanos à cidade de Meca. A viagem é obrigatória, pelo menos uma vez na vida de todo muçulmano adulto, desde que este tenha condições físicas e meios econômicos para realizá-la. (N.T.)

Entretanto, as perdas não preocupavam muito as SOEs chinesas. Elas eram grandes demais para cair: as companhias comandavam setores que as lideranças consideravam estratégicos — áreas-chave para a sobrevivência da nação e posição de domínio no mundo. O **papel** das SOEs nos mercados internacionais era muito mais o de criar um **bom ambiente geopolítico** que garantir **lucratividade**.

Como resultado, países do sudeste asiático estavam menos inclinados a pressionar os chineses em questões de qualidade, transparência e responsabilidade, já que seus governos pareciam mais interessados em garantir os benefícios econômicos que o gigante asiático poderia fornecer a seus exportadores e coletores de impostos.

No ano de 2010, a China assinou acordos com o Laos e a Tailândia para construir ferrovias de alta velocidade nos dois países do sudeste asiático. De acordo com os planos, a linha ferroviária do Laos, que custaria US$ 7 bilhões, continuaria rumo ao norte, desde sua capital Vienciana, passando pela fronteira chinesa até Kunming, na província de Yunnan, no sul da China.[27] Em agosto de 2011, Pequim anunciou que a Malásia compraria 228 trens, o primeiro acordo de exportação de trens-bala chineses.[28] A visão de longo prazo do PCC já previa TAVs conectando Xangai a Cingapura e a Nova Délhi. Os passageiros poderiam então viajar entre a China e a Índia passando por Mianmar.[29] As intenções da China de expandir a infraestrutura ferroviária por todos os países em desenvolvimento da Ásia refletiam apenas o lado mais prático de seus planos de se mover para cima na curva de produção — assim como a maior ameaça de incursão em mercados que o Ocidente considerava seguros.

Vendendo para países em desenvolvimento

Porém, o objetivo da China de fabricar produtos que ocupam posições cada vez mais elevadas na cadeia de valores, simplesmente adotando e adaptando tecnologias estrangeiras para uso doméstico e, posteriormente, exportando-as como suas, não se limitava a navios, automóveis e trens. No final de 2010, empresas chinesas também estavam ocupadas produzindo caminhões, turbinas a vapor, ônibus, motocicletas, navios de cruzeiro, tratores, guindastes e empilhadeiras. Embora o princípio do comando central de inovação nativa, combinado à falta de uma governança adequada, tenham limitado o quão alto o país iria em sua ascensão em termos de sofisticação tecnológica, grandes mercados ainda aguardavam pelos artigos em metal pesado, de baixo custo e capital intensivo, que estavam desenvolvendo o interior da China.

Embora a crise econômica global de 2008 tenha quase paralisado as atividades da indústria naval chinesa, ela também representou uma ótima oportunidade para os fabricantes de veículos pesados e equipamentos de construção no interior do país. Na época, as províncias relativamente mais pobres e isoladas sofriam com a escassez da infraestrutura que criaria a base para a indústria em partes remotas do país. Estradas, ferrovias e aeroportos ajudariam a conectar essas regiões mais sofridas às cidades mais ricas da costa do sudeste da Ásia. Neste sentido, as políticas nacionais visavam enriquecer os empreendedores da indústria pesada que forneceriam os equipamentos de que o país precisava para normalizar as economias da costa leste e do restante da China. A maioria dos fabricantes seria encontrada nas regiões do interior, próximas de lucrativas cidades destinadas ao trabalho. Em 2010 a produção chinesa de equipamentos relacionados à área de construção representava cerca de **20%** da produção global.[30] Posteriormente, a medida que o mercado doméstico de máquinas de grande porte se aproximou da saturação em 2011, e a primeira leva de muitos dos maiores projetos de infraestrutura lançados durante a Grande Recessão se aproximou da etapa final, os fabricantes de maquinário imediatamente voltaram seus olhos para os mercados de outras nações em desenvolvimento.

As economias dos países emergentes estavam protegidas pela crescente necessidade da China e do Ocidente por recursos naturais. O petróleo da Rússia, do Médio Oriente e da África, assim como a madeira e a soja oriundos do Brasil, garantiram a essas regiões do planeta o capital de que elas precisavam para desenvolver suas próprias infraestruturas. Conforme dava continuidade à liberalização de sua economia, a Índia também se tornava um grande comprador de equipamentos de construção chineses. A bem da verdade, os guindastes, os caminhões de cimento e as escavadeiras que os chineses vendiam para os países em desenvolvimento eram menos complexos em termos tecnológicos do que aqueles comercializados por grandes multinacionais já estabelecidas. Porém, esses equipamentos eram plenamente capazes de realizar as tarefas para as quais foram adquiridos, e sem os custos adicionais de contratos de serviços ou de profissionais especializados na manutenção das máquinas. Diante disso, fabricantes de equipamentos sul-coreanos, japoneses e norte-americanos viram suas posições de liderança no setor dentro dos mercados brasileiro e russo despencarem a partir de 2010. Os equipamentos de construção chineses não eram tão sofisticados quanto os demais, mas estavam em uma faixa de preço acessível para as nações em desenvolvimento. Essa abordagem também permitiu que os chineses criassem mercados para seus equipamentos nos países muçulmanos do Oriente Médio e da África.

Todavia, os esforços da China para conquistar mercados de exportação para produtos tecnologicamente sofisticados, mas de baixo custo – como seus TAVs –, podem ter sido investidos de modo equivocado. A iniciativa de inovação nativa e o desvirtuamento de setores industriais domésticos pelo PCC para atender necessidades políticas (e às vezes pessoais) prejudicou a capacidade do país de adquirir as tecnologias mais recentes e modernas. De modo compreensível, **multinacionais e governos estrangeiros** resistiram em transferir suas propriedades intelectuais para o gigante asiático. Ambos perceberam como as políticas chinesas utilizariam essas generosas contribuições tecnológicas para competir contra seus próprios idealizadores no mercado internacional. Na época do trágico acidente de trem de 2011, a China estava prestes a atingir um autoimposto limite de *expertise* tecnológica, que seria impossível de transpor com o mero oferecimento de preços mais baixos. Na verdade, essa proposição de baixos custos estava apenas contribuindo para reforçar uma imagem negativa do país – contrária a todos os seus esforços de ganhar credibilidade em mercados de equipamentos de boa qualidade e alta tecnologia. O fato é que sem o reconhecimento positivo de suas marcas, as empresas chinesas somente seriam capazes de penetrar nos mercados ocidentais de maneira superficial – independentemente do quão tecnologicamente sofisticados fossem seus produtos. A marca China precisava ser refeita.

Capítulo 5

A marca China

O ano de 2008 testemunhou a **irrupção** de inúmeros escândalos na China. Aliás, isso aconteceu em um ritmo aparentemente mais acelerado que o próprio crescimento econômico do país, considerado supersônico. Este também foi o ano em que o gigante asiático sediou as Olimpíadas de verão, um evento que distinguiria o país como uma nação moderna, prestes a alcançar o *status* de superpotência mundial. Infelizmente, no entanto, 2008 também foi o ano em que os consumidores descobriram que a tinta que a Matel – fabricante norte-americana – importava da China para recobrir seus brinquedos continha um elemento altamente tóxico, o **chumbo**. Logo depois desse terrível incidente, os consumidores norte-americanos também descobriram que os fabricantes chineses haviam contaminado as rações animais e os cremes dentais exportados pelo país com **melamina**, um derivado do plástico. De fato, a concentração desse elemento era tão alta nas rações que milhares de animais de estimação morreram nos EUA. Estes escândalos tiveram um efeito devastador sobre a imagem que a China estava tentando projetar para o mundo, enquanto concorria para se tornar a sede dos Jogos Olímpicos de Pequim.

A imagem ostentada por um país irá definir não apenas os resultados que ele obterá no futuro, mas também o quanto ele será capaz de exportar produtos e até mesmo indústrias completas para além de suas fronteiras. Depois da Segunda Guerra Mundial, os EUA foram bem-sucedidos em exportar para todo o mundo sua cultura de *fast-food* e *fast-drink* (respectivamente, comida rápida e bebida rápida), com as empresas McDonald's e Coca-Cola liderando as iniciativas. A Alemanha, por sua vez, exportou sua imagem como fabricante de produtos de engenharia bem desenhados, bem projetados e de alta qualidade. Ao exportarem seus produtos para uso pessoal, os dinamarqueses sempre transmitiram aos clientes uma estética **simples** e **elegante**. **A China exportou imitações!!!**

Mas será que China é capaz de reverter essa imagem que seus exportadores e seu governo têm transmitido ao mundo? Que tipo de alteração teria de ocorrer em sua psique nacional e corporativa para catalisar tal transformação? A magnitude dessas mudanças envolveria inovações comportamentais e de normas culturais intrínsecas na sociedade chinesa há centenas – ou até milhares – de anos. Se o próprio governo não foi capaz de promover tal mudança de maneira bem-sucedida ao longo de tantos séculos, será que as empresas chinesas que buscam estabelecer marcas confiáveis nos mercados internacionais conseguirão tal proeza? Infelizmente, até mesmo a organização das Olimpíadas colaborou no sentido de transmitir ao mundo uma imagem contrária ao que o país almejava.

É óbvio que a imagem de milhares de soldados marchando durante a cerimônia de abertura dos Jogos de 2008 não contribuiu em nada para dirimir a visão militarista que a China já ostentava para o mundo. Porém, a revelação de que a pequena garota Lin Miaoke, que cantou uma canção de boas-vindas para o mundo, estava de fato dublando enquanto outra menina **"não tão bonitinha"** – de acordo com os coreógrafos chineses do PCC – cantava de verdade nos bastidores, se tornou um grande problema para os propagandistas chineses. O acontecimento somente serviu para confirmar para o Ocidente que a **marca China** era **falsa** – como tantas outras representações chinesas. A própria população do país acabou condenando o governo quando descobriu que as autoridades participaram dessa farsa de enormes proporções.

Por vários meses – talvez até anos – grandes fabricantes de produtos derivados do leite haviam utilizado em seus laticínios a mesma melamina que causara a morte de tantos animais de estimação nos EUA. Contudo, desde o final do ano anterior às denúncias, lideranças do governo já sabiam que crianças chinesas estavam correndo sério perigo por conta do leite em pó envenenado com os qual seus pais as estavam alimentando, sem saber do risco. Os líderes do país acreditavam que as Olimpíadas de 2008, assim como a imagem cuidadosamente fabricada que o evento iria transmitir ao mundo, seriam muito mais importantes que as possíveis mortes de crianças chinesas.

No final, o governo central não conseguiu esconder o fato de que mais de uma dúzia de crianças haviam morrido por causa do consumo de leite em pó contaminado com melamina. Outras milhares ficaram doentes. Quando o escândalo invadiu a mídia internacional, a imagem da China perante o mundo mais uma vez ficou manchada. A maioria dos observadores ocidentais concordou que qualquer progresso que as autoridades chinesas tivessem conseguido no sentido de promover a China como "um país que havia finalmente adentrado os palcos mundiais" como um participante maduro, embora incompreendido, havia evaporado com a divulgação do escândalo. Os governos locais e a agência nacional de inspeção, responsáveis por assegurar a qualidade dos produtos para consumo – Adminsitration of Quality Supervision, Inspection and Quarantine (AQSIQ) – estavam na verdade mancomunados com os produtores leiteiros, e operavam juntos na promoção, distribuição e exportação dos produtos contaminados. Todos os importadores desses produtos envenenados, que incluíam a Suíça, o Japão e os EUA, imediatamente suspenderam as compras e o uso em seus territórios. Biscoitos, chocolates e até iogurte foram testados e os resultados foram positivos para a presença de melamina.

As autoridades chinesas usaram as execuções do diretor da AQSIQ e do CEO do principal produtor leiteiro do país para sinalizar o final do escândalo. Em seguida, os planejadores centrais do PCC nacionalizaram o setor leiteiro e se esforçaram para assegurar aos consumidores domésticos e compradores internacionais a qualidade do produto. Depois de severas inspeções de toda a cadeia de suprimentos de produtos derivados do leite, o governo afirmou que a questão do envenenamento estava resolvida. No final de 2009 e então novamente em 2010, a melamina voltou a aparecer na cadeia de suprimentos em meia dúzia de províncias. Engenheiros ocidentais responsáveis pela garantia de qualidade e gerentes de fábricas na China explicaram-me que a recorrência de melamina nos produtos leiteiros **era parte do sistema**, **não uma aberração**. Segundo eles, se o cliente tivesse um problema com os materiais ou componentes usados pelo produtor, então a fábrica só teria de reintroduzir o material devolvido posteriormente. Ou seja, lentamente, todo o material rejeitado seria apenas devolvido à cadeia de fornecimento. Esperava-se, é claro, que ninguém notasse, ou que, pelo menos, um número tão pequeno de "problemas" fosse considerado aceitável pelos compradores. Clientes domésticos e estrangeiros consideraram as afirmações do governo quanto à integridade de todos os produtos chineses incrível.

Uma imagem nacional feita na China

Quando conversei com Andrew Hupert, professor adjunto da Universidade de Nova York no *campus* de Xangai, ele notou que a marca China se caracterizava por aspectos negativos: **difícil de lidar**, **confusa**, **ardilosa** e simultaneamente **passiva** e **agressiva**. Os promotores da marca China têm sido basicamente seus "corsários" da exportação. Eles usam mão de obra barata, materiais de baixa qualidade e subsídios do governo para disponibilizar nos mercados internacionais **produtos baratos**, **sem qualquer sofisticação** e **de baixa qualidade** e a **preços baixos**. Os chineses também criam um número recorde de problemas ambientais, e não apenas para seu próprio país, mas também para os demais. O fato é que os ocidentais sempre adquiriram produtos chineses em quantidades exageradas e até insustentáveis justamente porque sabiam o que estavam adquirindo. Sempre foi – e é bem provável que continue sendo no futuro próximo – muito difícil para os alemães, por exemplo, ir a um *showroom* em, digamos, Frankfurt, e comprar um automóvel da marca Chery, fabricado em Wuhu, na província de Anhui. Afinal, para a maioria dos alemães – e ocidentais de modo geral – a China ainda não higienizou seus sistemas e mecanismos internos bem o suficiente para garantir a segurança de seus consumidores. Porém, caso esses mesmo consumidores precisem dos pequenos macacões feitos em Shenzhen, no sul da China, para seus bebês que estão começando a engatinhar, eles não terão nenhum problema em investir alguns euros na aquisição desses produtos baratos e simples.

É extremamente difícil para um país se livrar de sua marca. Por exemplo, no início da chamada **"Guerra ao Terror"**, a administração George W. Bush se esforçou para mostrar ao mundo muçulmano o quão cordial, bondoso e generoso era seu país, os EUA. Contudo, a dissonância cognitiva entre tais esforços e as imagens apresentadas nos noticiários da Al Jazira — que mostravam as coalizões lideradas pelos norte-americanos no Afeganistão e no Iraque, destruindo vilarejos inteiros e, posteriormente, descrevendo a aniquilação de famílias nas regiões interioranas desses países como "efeitos colaterais" — destruíram quaisquer iniciativas dos EUA de parecer uma nação amistosa, um golpe do qual o país ainda não se recuperou. A pressa, o desperdício e a improvisação que marcaram o modo como os norte-americanos lidaram com a reconstrução de um Iraque destruído fizeram com que o povo iraquiano se cansasse das forças de ocupação bem antes de elas evacuarem o país em 2011.

Assim como os EUA, a China também calculou de maneira equivocada seu próprio grau de simpatia perante o público estrangeiro. A tentativa do país de ostentar uma nova marca fracassou no início de 2011, quando o gigante asiático investiu milhões de dólares na produção e veiculação durante um mês de uma série de vídeos de 60 s na Times Square, em Manhattan. As imagens mudavam com tamanha velocidade que era simplesmente impossível para qualquer expectador — chinês ou estrangeiro — distinguir os ricos e bem-sucedidos chineses descrevendo suas vidas e afirmando que desejavam ser amigos de todos. Algumas das imagens mostravam norte-americanos de descendência chinesa. Entretanto, ninguém que passasse pela Times Square conseguia de fato reconhecer os personagens que lhes falavam a partir daquele mundo virtual. Assim que descobriram sobre a caríssima produção, os cidadãos chineses aniquilaram não apenas a produção, mas também os produtores, levantando a seguinte pergunta: "Quem são aquelas pessoas no vídeo?". Se os próprios cidadãos chineses consideraram aquela propagando não convincente, como aquele tipo de iniciativa se mostraria eficiente em outros países? O que importa para a maioria das pessoas são os verdadeiros valores de um país.

Em nossa conversa, Andrew Hupert revelou cinco **valores** expressos pela marca China que parecem não ser do conhecimento do próprio governo chinês. São eles:

1º) A China é um país **nebuloso** e **misterioso** ("Ser misterioso pode até parecer interessante no início, porém, com o tempo, isso se torna sinistro, além de uma atitude passivo/agressiva", disse Hupert).
2º) A **corrupção**, patrocinada pelo governo, permeia a sociedade e aparece em todos os manuais de negócios do país como a "maneira chinesa de agir".

3º) A China é um país **ressentido** (Nas palavras de Hupert: "Os sentimentos da China foram magoados (mais uma vez) e isso prejudicará os laços comerciais do país (de novo)".
4º) O jogo é **predeterminado** ("Regulamentações sobre barreiras comerciais e inovações nativas parecem reforçar o pensamento de que 'é fácil enganar os estrangeiros', seja por meio de um ditado popular ou de uma política oficial.")
5º) **Segurança** dos **produtos** e **problemas de qualidade** ("Os norte-americanos ainda associam a China Inc. a produtos perigosos e baratos e aos artigos de baixo valor e qualidade ruim comercializados pelo Walmart", afirma Hupert).

Companhias chinesas que operam sob a marca China, mas desejam fazer parte da liga de empresas confiáveis da qual fazem parte a IBM, a BMW, a Sony ou a LG, precisam **inovar** de várias maneiras para desfazer as percepções estrangeiras quanto à realização de negócios com o gigante asiático. O *branding* corporativo, os produtos, as operações, o gerenciamento e as inovações estratégicas de uma organização precisam funcionar de modo conjunto para convencer os compradores estrangeiros de que empresas chinesas são realmente capazes de atender aos padrões internacionais. Alguns consideram que a **imagem da marca de uma empresa** é o seu **bem mais importante**. De fato, a imagem de uma marca pode ser tão preciosa que, às vezes, é difícil associar-lhe um valor monetário. Porém, para a maioria das empresas chinesas que negociam no exterior, a imagem de sua marca é seu maior **peso morto**.

Quando ser uma companhia chinesa não é muito bom

O conceito de inovação de marca envolve mudar a "personalidade" de um produto, de uma linha de produtos ou até mesmo de uma companhia, de modo que se alcance um alinhamento com as expectativas dos clientes em potencial e que se mantenha uma identidade em que os consumidores confiem e com a qual possam contar. A consistência da mensagem, da qualidade da oferta e também do que o produto oferece ao cliente, tudo isso ajuda a definir o quanto os clientes acreditam em uma determinada marca.

Infelizmente, quando os norte-americanos ouvem falar sobre a possível aquisição de uma empresa dos EUA por outra chinesa, eles imediatamente imaginam que a tal compradora conta com apoio do governo chinês ou que existe algum plano diabólico por trás do negócio para subverter os valores norte-americanos. E no caso da tentativa de aquisição da Unocal, uma companhia petrolífera norte-americana, pela China National Offshore Oil Corporation, ocorrida no ano de 2005, esses indivíduos estariam de fato com razão. No caso da Huawei, uma fabricante de equipamentos de comunicações que já tentou várias aquisições no mercado norte-americano desde a virada do século, o povo norte-americano também poderia estar certo. A Huawei não tem conseguido encobrir sua estrutura "misteriosa", que envolve o próprio Exército da Libertação Popular. E embora as empresas de serviços de Internet chinesas Sina.com e Baidu.com não sejam nomes conhecidos no Ocidente, ambas são listadas na bolsa norte-americana. As duas amealharam a maior parte de suas fatias de mercado na China por ordem do PCC. Em 2008, o PCC impôs restrições que tornaram extremamente difícil para operadoras *on-line* estrangeiras capturarem mais do que uma pequena fração do ciberespaço comercial chinês. Os freios impostos pelo governo central para controlar os mercados domésticos e o verdadeiro suporte de empresas estatais impactam de maneira adversa a trajetória de companhias chinesas que desejam estabelecer marcas no exterior. Andrew Hupert afirmou que a China não possui uma Apple ou uma Benetton que possam dar voz a aspirações individuais ou ambições pessoais.[1]

Empresas como a Haier, fabricante de eletrodomésticos; Lenovo, fabricante de computadores; e Geely, de equipamentos de ar condicionado, são bem conhecidas pelos clientes chineses. Todavia, em 2010, enquanto a Geely ainda lutava para adentrar nos mercados internacionais, a Haier se mantinha como principal fornecedora dos pequenos frigobares encontrados em dormitórios universitários em todo o mundo – e também de outros produtos. Já a Lenovo se revelou mais bem-sucedida em refazer sua marca e reformatar sua imagem como concorrente internacional.

A Lenovo começou originalmente como Legend, em meados da década de 1980. Na época, o governo central solicitou que Liu Chuanzhi distribuísse os então novos computadores pessoais pelas agências governamentais e SOEs. Liu Chuanzhi realizou um trabalho tão bom na distribuição e no treinamento das novas tecnologias que o governo resolveu financiar a criação da Legend, encorajando o *design* e a fabricação de equipamentos nacionais. A Lenovo continuou a manter laços fortes com a Academia de Ciências Chinesa. O governo também disponibilizou uma base de clientes pronta para a qual Liu Chuanzhi poderia vender, o que serviu de plataforma para que a empresa pudesse alcançar mais de US$ 2 bilhões em receita e mais de US$ 40 milhões em lucros no ano de 2000. A Legend se transformou na Lenovo em 2003, quando sentiu que estava pronta para entrar nos mercados internacionais. Nessa época, ela era a **nona maior fabricante de computadores pessoais do mundo**.[2] De fato, a Legend teria preferido manter seu nome nos mercados estrangeiros, mas, infelizmente, o nome já estava registrado nos países em que a fabricante desejava comercializar seus produtos.

A despeito disso, a Lenovo optou por manter seu nome chinês dentro do mercado local. No exterior, entretanto, ela adotou um nome neutro que soava mais internacional. O objetivo era distanciar-se da imagem que a marca China encorajava nas mentes dos compradores em potencial. A estratégia funcionou e, em 2004, a Lenovo acabou adquirindo a divisão de *notebooks* da IBM, que, na época, buscava maneiras de se desvencilhar de seus negócios na área de *hardware*. A chave na estratégia de *rebranding* que catapultou a Lenovo do nono lugar entre os fabricantes de computadores em 2004 para o **quarto lugar** em 2010, envolveu um acordo com a própria IBM. No caso, o nome IBM continuaria a ser utilizado por cinco anos. Isso incluía a utilização da etiqueta "*Think*"– a marca usada pela IBM em sua linha de *notebooks*, bastante popular entre os clientes corporativos. A IBM também se comprometeu a apoiar o sucesso da linha de produtos *Think* sob novo comando, usando sua própria força de vendas. Isso reduziu drasticamente o risco de a Lenovo perder sua base de clientes entre empresas fora da China que haviam adquirido *notebooks* da IBM. A preocupação era de que tais clientes teriam se afastado por conta de eventuais problemas de qualidade e responsabilidade relacionados à percepção que já tinham da marca China.

Além de barato

Os produtos de fabricação chinesa ostentam, ao mesmo tempo, duas características um tanto questionáveis: **baixo valor** e **qualidade ruim** – em outras palavras, eles são baratos. Nem mesmo os chineses confiam em muitas de suas próprias marcas. Um dos hábitos que tive de aprender a colocar em prática sempre que adquiria aparelhos elétricos ou quaisquer outros produtos nas lojas e *shoppings* do país foi inspicioná-los cuidadosamente. Em geral, os vendedores retiravam os itens de dentro de suas caixas lacradas, os ligavam na tomada e os faziam funcionar. Eles queriam provar que tudo estavam em perfeito estado. Entretanto, o estigma infecta praticamente todo e qualquer produto exportado pelos chineses. O preconceito também afeta os esforços do país no sentido de ascender a escala de valor e elevar sua credibilidade.

De maneira típica, a inovação de um produto envolve criar algo melhor ou que apresente características novas e adicionais. Em geral, espera-se que o item adquirido faça, pelo menos, aquilo que o levou a ser comprado pelo cliente. Ao iniciar sua fábrica em 2000, um administrador britânico chamado Peter, comentou que sua equipe não possuía **"conhecimento de aplicação"**. Sua empresa produzia ferramentas do tipo **"faça você mesmo"**. Ele me fez a seguinte pergunta: "Como os engenheiros podem criar ou aprimorar um determinado instrumento se eles jamais o utilizaram em sua vida?". Então ele se lembrou de uma ocasião no passado quando solicitou a seus engenheiros que modificassem um equipamento para o mercado local. Depois de várias semanas o grupo retornou com uma série de partes extras coloridas que os consumidores poderiam fixar no aparelho original. "Meus engenheiros retornavam com ideias que eu já conhecia e sabia que não funcionariam", disse Peter. "Então, para encorajar sua criatividade e trazê-los de volta para a terra, eu dizia: 'Ok, aí está o equipamento que solicitei – tragam-me um protótipo em alguns dias.' No início, eles sempre retornavam e acabavam admitindo que suas ideias não eram funcionais. Depois de terem manuseado e experimentado as ferramentas, eles conseguiam finalmente criar algo novo para o produto. No fim, consegui fazer com que esses inovadores se tornassem responsáveis por guiar os trabalhos de funcionários ainda menos preparados de seu departamento."

É óbvio que a **inovação de produtos difere** da **inovação de processos**. A primeira é pontuada por estágios de desenvolvimento que apresentam resultados tangíveis. Em contrapartida, o aprimoramento de processos deveria ser uma atividade contínua, agregada à própria personalidade da empresa. A melhoria de processos é uma incubadora de inovações. O diretor de RH (recursos humanos) de uma empresa ocidental em Xangai, que é chinês, explicou-me que a companhia possuía um sistema de recompensas no qual os empregados eram reconhecidos por implementar mudanças genuinamente inovadoras em seus processos de produção. Durante a crise econômica de 2008-2009, a empresa começou a contratar engenheiros para o departamento de P&D que pretendia inaugurar. Depois de um ano, em janeiro de 2010, a organização já havia contratado 13 engenheiros, e planejava duplicar o tamanho da equipe já no verão daquele mesmo ano. O departamento tinha como responsabilidade identificar produtos projetados em empresas similares ocidentais. O fato é que as pequenas inovações incrementais criadas na China – as **"pequenas i"** – aumentaram inacreditavelmente as fortunas (ganhos) das empresas locais.

Liu Chuanzhi, fundador da Legend, percebeu que somente os usuários chineses bem educados e fluentes na língua inglesa eram capazes de usar os computadores pessoais que a própria companhia colocava no mercado. Isso representava um grande problema, já que a maioria dos consumidores era formada por agentes do governo. Era notório que os funcionários do governo eram burocratas ultraconservadores que não possuíam formação universitária por conta da Revolução Cultural (1966-1976). O combate às instituições educacionais levou ao fechamento de várias escolas e de todas as universidades no país. Na época, os professores foram inclusive condenados a trabalhos forçados. Sendo assim, dentre os chineses que ocupavam nível gerencial médio nas empresas estatais para as quais Liu Chuanzhi comercializou os sistemas de informática, pouquíssimos haviam aprendido inglês. Foi então que ele decidiu desenvolver um teclado que utilizasse os caracteres chineses e, assim, facilitar a vida de milhões de usuários que não conheciam o idioma inglês. Essa inovação fez com que as vendas da Legend dessem um verdadeiro salto. Todavia, essa novidade foi substituída pelo desenvolvimento de *softwares* e sistemas operacionais que retratam a miríade de caracteres do idioma chinês na própria tela do computador. Entretanto, mesmo com todas essas inovações, as multinacionais chinesas perceberam que estruturas de gerenciamento tradicionais ainda se revelam um grande problema quando elas tentam adentrar mercados internacionais.

Inovação em gestão

Inovações administrativas envolvem a criação de estruturas que mobilizem a energia dos recursos humanos de uma empresa para que eles criem produtos e serviços que compradores em potencial queiram adquirir e consumidores finais continuem querendo comprar. A administração é bem-sucedida quando as **receitas por membro da equipe** são **altas**, os **custos** são **baixos** e os **clientes** estão **felizes**. Inovações administrativas são contextuais, ou seja, elas dependem das condições dos negócios e dos objetivos da empresa. Nos anos 1990, a moda nos EUA era o corte de gerentes de nível médio nas companhias, visando a **"horizontalização"** de suas hierarquias. Essa reengenharia das organizações estava associada ao conceito de **"delegação de poderes"** aos funcionários, que significava dar às pessoas que trabalhavam diretamente com os clientes o poder de tomar decisões sem terem de chamar um supervisor. Pode-se dizer que o diploma de MBA é uma inovação em termos administrativos. Um setor inteiro surgiu no ambiente acadêmico, criando exércitos de funcionários corporativos munidos de um conjunto de habilidades racionais teoricamente capazes de gerenciar organizações com maior efetividade.

Obviamente, a inovação das estruturas de gerenciamento chinesas, tão herméticas e misteriosas, ajudará essas empresas a ganharem a confiança dos compradores internacionais. É claro que organizações reenergizadas que já ostentam um grau mais elevado de integridade e alinhamento entre suas operações internas e os tão almejados clientes deverão obter melhores resultados. O maior desafio em termos de inovação administrativa para as companhias chinesas – principalmente aquelas que pretendem adentrar os mercados internacionais como mais que meras exportadoras – é **"desconfucionalizar"** suas organizações. As empresas chinesas são bem mais hierarquizadas em sua administração que as ocidentais, em especial as norte-americanas.

Nos EUA, as companhias se orgulham de serem relativamente "horizontalizadas" – há poucas camadas gerenciais separando os líderes das equipes do pessoal da linha de frente. De fato, esse tipo de organização conta com a experiência que seus funcionários têm junto aos clientes para reajustar suas operações e se adaptar às novas circunstâncias econômicas e/ou do próprio setor industrial. Enquanto isso, estruturas confucianas revelam uma hierarquia piramidal, na qual funcionários exclusivamente administrativos e/ou de nível júnior obedecem a todas as decisões de líderes que sabem de tudo e a tudo veem. Esse tipo de estrutura espelha a própria sociedade chinesa, em praticamente todos os níveis da vida. Por toda a sociedade, o nível hierárquico em que um indivíduo nasce ou consegue se inserir profissionalmente pode até conseguir superar as leis vigentes. Na China, as pessoas não veem seus cargos nas organizações como algo que irá apenas garantir-lhes um salário mais elevado e/ou outras gratificações – ou, caso sejam os proprietários da empresa, mais lucros – mas como um meio de ter acesso a indivíduos de maior poder que lhes **permitirão burlar leis** às quais outros terão de obedecer.

Profissionais chineses que somente tenham trabalhado em empresas asiáticas não estão acostumados a dar suas opiniões e ideias à gerência. "A maioria das companhias chinesas é extremamente hierarquizada," disse Peter, o gerente da empresa de ferramentas. Ele já investiu muito de seu tempo trabalhando lado a lado com fornecedores chineses e tentando aprimorar a qualidade dos componentes por eles fornecidos, adequando-os aos padrões internacionais. "A maior parte das empresas é dirigida por um único 'chefão'. Todos dependem da palavra final desse indivíduo, seja qual for a questão. Ninguém ousa cometer um erro, então todos mantêm a cabeça baixa", enfatizou Peter.

O fato é que tanto a inovação de produtos quanto de processos requer organizações "horizontalizadas". De modo ideal, as lideranças dessas companhias encorajam a troca de ideias e informações em suas equipes de trabalho. Os líderes dessas empresas até recompensam sugestões oriundas de funcionários que nada tenham a ver com um determinado campo de atuação. Os gerentes também tendem a deixar de lado equívocos e/ou ideias sem perspectiva de sucesso que não prejudiquem as operações regulares da organização. De modo geral, as **invenções** – em especial aquelas que criam novas categorias de produtos (invenções disruptivas) ou até novos setores industriais – não seguem roteiros predefinidos. Esse tipo de modelo de negócios segue na contramão dos padrões tradicionais chineses.

Estruturas de gerenciamento confucianas se **opõem** à transferência de informações e conhecimentos. Valendo-se de políticas que se concentram no ganho de acesso aos escalões mais altos da companhia, visando a obtenção de favores de lideranças e a superação de disputas internas – reais e imaginárias – os negócios tornam-se encravados. O atendimento às necessidades dos consumidores se torna uma prioridade secundária à medida que os funcionários literalmente esperam que seus supervisores imediatos lhes digam sempre o que devem fazer em seguida. Os modelos ocidentais de gerenciamento tendem a se utilizar de um nível de descentralização que, em condições ideais, permite o **florescimento** da **criatividade** e da **inovação**. Espera-se que equipes de funcionários mais iniciantes descubram e/ou inventem produtos e serviços inovadores e os apresentem a grupos seniores. O Vale do Silício é um ótimo exemplo do tipo de empresa inovadora e horizontalizada que tanto os EUA quanto a UE – esta última em um grau menos exacerbado – tentam estimular. Empresas e administrações chinesas, presas a um sistema sociopolítico que recompensa os "imperadores" dos negócios e do governo, estão longe de adotar o modelo de "contra-gerenciamento" típico do Vale do Silício. Assim, torna-se quase impossível para os tradicionais administradores chineses criarem operações que viabilizem invenções.

A operação foi um sucesso...

O objetivo das inovações nas operações é atingir maior **eficácia** e **eficiência** nos processos através dos quais os trabalhos são fornecidos, ou seja: como os cheques-salário são processados dentro de um hospital; como os pagamentos de prêmios são realizados em uma empresa de seguros; como os produtos são feitos e avaliados em termos de qualidade após saírem da linha de montagem. No Ocidente, visando tornar as operações mais eficientes e a experiência dos clientes mais recompensadora, as equipes de nível gerencial já incutiram em seus subordinados — sejam eles da área de produção ou de atendimento a clientes — **grande capacidade de tomada de decisão**. Na China, o condicionamento cultural e educacional torna a inovação operacional e/ou de produtos um verdadeiro desafio para as equipes de gerência.

Michael, um gerente de engenharia britânico que trabalha em uma empresa de **tecnologia limpa** de capital estrangeiro na China, comentou: "Eles (meus funcionários) não pensam fora de suas funções. Costumo escutar sempre coisas do tipo **'isso não faz parte de minhas funções!'**". Esta, aliás, é uma reclamação comum nas empresas ocidentais que tentam fazer com que seus funcionários locais pensem de maneira criativa sobre a melhor maneira de aprimorar os negócios, os processos de produção e até mesmo o *design* de produtos na China.

O brilhante engenheiro e cientista chinês Qian Xuesan disse certa vez: "Por que a China produz tantas pessoas inteligentes e espertas, mas uma quantidade tão pequena de gênios?". Ele faleceu no ano de 2009, com 97 anos de idade, sem obter uma resposta. Tanto os chineses quanto os ocidentais apontam para o sistema educacional, que valoriza a **memorização/repetição** e posterior **regurgitação de fatos/datas** sobre a verdadeira **exploração**, **descoberta** e **diálogo**. Um estudante universitário chinês disse-me o seguinte: "Os professores não dispõem de horas acadêmicas (durante as quais os alunos possam lhes pedir ajuda para compreender questões mais complicadas). Então, se os alunos fazem perguntas durante as aulas, eles (os professores) os chamam de estúpidos na frente de todos os colegas." Por causa disso, muitos estudantes universitários somente aparecem para prestar os exames, depois de terem passado noites e noites memorizando fichas com perguntas e respostas já definidas. Outra barreira que, desde cedo, desencoraja quaisquer **inovações no aprendizado** são as pressões impostas pelas próprias famílias e pelos próprios colegas, que moldam o valor da **"honra"** na sociedade. Cometer erros ou até mesmo fracassar de algum modo que **denigra** minimamente sua **honra** é algo **devastador**.

Como qualquer político do Ocidente bem sabe, sua longevidade à frente de um cargo público dependerá, com frequência, do número de empregos que ele conseguir gerar em seu distrito. Na China, a falta de novos empregos nas economias local e nacional pode significar o fracasso de todo o PCC. Desde o final da década de 1970, o PCC tem se valido da criação de vagas para continuar no poder. A postura ideológica do comunismo dentro das características chinesas é, essencialmente, o **capitalismo nu** e **cru** aos moldes dos **"barões ladrões"**[A] norte-americanos do início do século XX. Porém, o modelo escolhido pela China para promover a modernização do país enfatiza as habilidades sociais sobre as taxas de crescimento. Poucas instituições na China ilustram tal equação melhor que as SOEs.

Entre a metade e o final dos anos de 1990, os governos locais e central embarcaram em uma experiência que lhes pareceu assustadora: desmantelar as milhares de SOEs que estavam levando toda a economia do país à total falta de liquidez. Por várias décadas, as SOEs representaram os pontos de convergência das comunidades locais: em torno delas as pessoas viviam, estudavam, se aposentavam e morriam. Em 2004, em visita à cidade de Shenyang, capital da província de Liaoning, no norte do país, oficiais do governo local levaram-me para uma visita a uma enorme empresa estatal chamada Silver Elephant (Elefante de Prata). Representantes locais da própria empresa e do governo estavam buscando compradores estrangeiros para adquirir

---

A - Trata-se de um termo depreciativo aplicado a poderosos homens de negócio do final do século XIX. Na época, a expressão foi usada para definir empreendedores que se utilizavam de práticas exploratórias para amealhar suas fortunas (controle de recursos naturais do país, alta influência sobre o governo, pagamento de salários baixíssimos, criação de monopólios, venda de ações a preços inflacionados etc). (N.T.)

partes da companhia ou até mesmo para firmar *joint ventures* com várias divisões menos importantes da organização. Fiquei impressionado pela escala das operações, responsáveis pela fabricação de uma grande variedade de produtos para o setor naval. Grandes quantidades de amortecedores de borracha vulcanizados com dois metros de altura eram empilhados sem que ninguém inspecionasse sua qualidade. Também fiquei impressionado com a falta de atividade e dinamismo aos quais eu havia me acostumado no sul da China, onde as SOEs eram menos fundamentais para as economias regionais.

A privatização provocou o desmantelamento do sistema **"tigela de arroz de ferro"**[B] – uma metáfora para os benefícios sociais duradouros que as SOEs ofereciam aos seus empregados – e levou **milhões de trabalhadores ao desemprego**. Os protestos se proliferaram em todo o país. O governo central apostou que com o caos, as privatizações acabariam estimulando inovações administrativas e operacionais que, por sua vez, energizariam indivíduos desanimados e reviveriam organizações moribundas. Muitos governos locais encorajaram os trabalhadores a assumir responsabilidades em nível gerencial, mantendo vários níveis de propriedade nas empresas locais. Zhang Ruimin foi um desses empregados-beneficiários. Ele compreendeu o quanto a mentalidade de direito adquirido dos trabalhadores das SOEs estimulava a competitividade do negócio. Em meados da década de 1980 ele começou a reformar as estruturas da administração e os procedimentos operacionais para transformar seu empreendimento na Haier, uma fabricante internacional de eletrodomésticos.

Todavia, desde o trauma causado pela grande liquidação de SOEs, o governo chinês tem se mostrado contrário à ideia de as empresas introduzirem mudanças grandes e radicais em suas operações. No início de 2009 o governo central inaugurou uma nova política de **"reestatização"** de setores privados bem-sucedidos. De fato, o jargão do momento na China é *"**guojin, mintui**"*, cujo significado literal é: "promovendo o Estado e retraindo o setor privado." Em suma, Pequim tem absorvido de maneira metódica companhias privadas bem-sucedidos e as transformado em SOEs, dando ao PCC um maior grau de controle sobre a economia do país. O conceito de ***guojin, mintui*** já está sendo aplicado

---

B - O termo em inglês é *iron rice bow*, e também se refere à estabilidade que os trabalhadores tinham no emprego. (N.T.)

nos setores de aviação, refino de petróleo, produção de aço, alimentos e bebidas, energia renovável, entre outros.

As SOEs também representam as maiores empregadoras do gigante asiático. Em 2006, três das cinco maiores empregadoras do mundo eram chinesas: a State Grid, distribuidora de eletricidade (1.504.000 funcionários); a China National Petroleum, uma refinaria (1.086.966 funcionários); e a Sinopec, outra refinaria (681.000 funcionários). Na época, o Walmart era o maior empregador, com quase 2 milhões de empregados; o US Postal Service ocupava o quarto lugar, à frente da Sinopec, com 800.000 funcionários.[3]

As SOEs, entretanto, não têm a mesma flexibilidade que um Walmart, que consegue reduzir seu número de empregados sempre que os tempos ficam mais difíceis ou quando decide adotar uma nova estratégia de crescimento que demanda uma estrutura de operações mais enxuta. Vale lembrar que o Walmart é conhecido não apenas como um grande empregador em muitas áreas rurais dos EUA, mas também como uma rede varejista que simplesmente fecha suas portas quando as economias locais se tornam frágeis demais para garantir lucros ao *behemoth*.[C] Já as SOEs precisam esperar pelas determinações do governo central para realizar demissões em grande escala. Durante a crise econômica global de 2008-2009, Pequim instruiu as SOEs a criarem vagas para absorver o excesso de formandos universitários que não conseguiam empregos no setor privado. A obsessão do PCC com a estabilidade social prejudicou a eficiência das operações. A política de Pequim não permite que os grandes empregadores do país de implementar inovações operacionais. A maior responsabilidade das SOEs em tempos ruins é contribuir para causar o mínimo de desordem na sociedade.

Mesmo que uma SOE ou uma empresa privada chinesa possua um projeto formidável que queira vender nos mercados ocidentais, ela precisará de um plano que reflita o entendimento das normas internacionais e dos ciclos de vida do produto. Os mercados internacionais tendem a se mostrar menos compreensivos em relação a falhas que os mercados domésticos, nos quais produtos são lançados e retirados do mercado para correções a uma velocidade estonteante.

C – Uma criatura gigantesca descrita na *Bíblia* (Livro de Jó: 40:15-24). (N.T.)

Qual era mesmo o plano?

Inovar de **modo estratégico** significa engajar mercados novos e/ou já existentes de maneiras que a empresa e o setor industrial jamais tenham conseguido até então e, assim, garantir maiores lucros. Por exemplo, investir em operações na China foi uma inovação estratégica gigantesca para muitas empresas norte-americanas, muitas das quais haviam amealhado suas fortunas dentro das fronteiras continentais dos EUA. A maioria das empresas norte-americanas que investiu na China durante a primeira década do novo século jamais havia experimentado tal iniciativa em qualquer outro mercado, além do norte-americano: o mercado doméstico dos EUA sempre pareceu suficientemente lucrativo. Quando a China foi aceita pela Organização Mundial do Comércio (OMC), em 2001, a maioria das empresas norte-americanas – e europeias – queria reduzir seus custos de manufatura em casa e enviar suas operações para o gigante asiático. Em uma pesquisa realizada em 2008 pela Câmara de Comércio Americana em Xangai, a maioria das companhias dos EUA alegou estar na China para vender para o mercado chinês. O fato é que o mercado doméstico havia mudado de maneira dramática e as organizações alteraram sua rota para buscar fortunas em outras regiões do planeta.

O que as companhias ocidentais descobriram na China foi como a estratégia de negócios propriamente dita surpreendeu a todos de maneira profunda. De certo modo, a abordagem chinesa para os negócios parecia mais uma **antiestratégia**: caracterizada por pensamentos de curto prazo, por gratificações imediatas, pela falta de transparência na governança corporativa e pelo impulso de conquistar fatias de mercado em vez de garantir lucros. Donald Sull, autor do livro *Made in China: What Western Managers Can Learn from Trailblazing Chinese Entrepreneurs*[D] codificou a abordagem que as administrações chinesas adotam em seu mercado doméstico. Ele descobriu que seus métodos eram congruentes com o modo como proprietários de empresas e administradores em outros países emergentes, como a Índia e o México, também desenvolviam e implementavam estratégias de negócios. A sigla que ele deu a essa abordagem foi SAPE **(sentido-antecipação-priorização-execução)**.

D - Sem título em português. Em tradução livre: *Feito na China: O que Administradores Ocidentais Podem Aprender com Empreendedores Chineses Pioneiros* (N.T.)

Essa abordagem compromete os administradores com o desenvolvimento de mercados altamente dinâmicos, pois: 1º) faz com que eles percebam as principais tendências que afetam os negócios; 2º) promove a antecipação das próximas tendências importantes; 3º) permite a priorização de suas tarefas e seus recursos de modo a engajar novas tendências de maneira agressiva; e finalmente 4º) possibilita a conquista da fatia de mercado com um estilo absolutamente vigoroso que afasta os concorrentes definitivamente do campo de batalha. Donald Sull discute alguns nomes bem-sucedidos no mercado chinês, como Qinghou Zong, fundador da empresa de bebidas Wahaha, e a UT Starcomm, criadora de um serviço de telefonia celular para comunidades. Porém, muito do que Donald Sull codifica é apenas um comportamento reflexivo dos executivos chineses. Líderes de negócios na China pouco realizam em termos de reflexão estruturada em abordagens comerciais. O escopo de verificação do retorno sobre investimento (ROI) na China é de 6 meses, doze meses para os que pensam em longo prazo.

Um grupo de executivos de uma empresa listada na *Fortune 500*, com o qual participei de negociações no setor automotivo, ficou assustado com o que considerou como **falta de paciência**, de **visão** e de **senso de ganho mútuo** por parte da equipe de empresários chineses, que insistia muito que os US$ 10 milhões que os norte-americanos planejavam investir era dinheiro demais para o tamanho da operação que estava sendo discutida. A *joint venture* em questão deveria ser construída em Chongqing, no interior da China. "Podemos adquirir muitas terras com todo esse dinheiro," diziam os chineses, "e construir uma fábrica enorme! Várias fábricas!" Eles viam todo aquele investimento ao longo de cinco anos como um desperdício de capital que poderia ser investido imediatamente em algo mais útil. Eles também consideravam os norte-americanos muito ingênuos em relação às possibilidades do mercado chinês. Enquanto isso, os representantes dos EUA viam do outro lado da mesa de conferências apenas três homens de negócio chineses bastante ambiciosos. De fato, as percepções quanto às estratégias comerciais de ambos os lados divergiram tanto que as negociações jamais foram além de um memorando de entendimento entre as partes.

Empresários chineses que desejam se aventurar além de suas fronteiras para diversificar seus interesses nos mercados ocidentais precisam adotar estratégias ao estilo do Ocidente. Potenciais parceiros, administradores e investidores ocidentais querem ter em suas mãos planos de cinco anos, balanços patrimoniais e demonstrativos de lucros e perdas. Negociadores do Ocidente querem ter acesso a um único conjunto de livros fiscais, não a exemplares distintos: um para a equipe financeira e outro para os empresários. As empresas chinesas que desejam fazer parte das bolsas de valores de Nova York, Londres e até mesmo Cingapura estão percebendo que precisam tornar suas estruturas e seu funcionamento interno bem mais transparentes do que jamais imaginaram. Neste sentido, a fabricante de computadores Lenovo optou simplesmente por manter a estrutura de gerenciamento norte-americana, assim como os integrantes da divisão de *notebooks* que ela adquiriu da IBM. A maioria das firmas chinesas está descobrindo que as mudanças estratégicas radicais que precisarão ser adotadas quando elas cruzarem fronteiras internacionais são incrivelmente disruptivas para suas próprias operações. Ainda assim, tais mudanças são necessárias se essas empresas realmente quiserem competir em mercados estrangeiros.

O governo central chinês pode fazer muito no sentido de melhorar a imagem de seu país no exterior. Ele também pode aprimorar bastante a capacidade de inovação de suas empresas. As políticas nacionais são até mesmo capazes de facilitar a expansão das empresas chinesas que desejam se tornar multinacionais, fazendo com que elas sejam mais mais que meras "engolidoras" de recursos espalhadas pelo mundo. Para isso, será preciso instituir firmes estruturas de liderança corporativa, que estejam de acordo com os padrões internacionais de transparência e objetividade. Todavia, pelo menos até o momento, para cada Lenovo ainda parece existir nas bolsas de valores de todo o mundo um grande número de companhias chinesas que somente conseguiu atrair desconfiança dos investidores mundiais.

Sinais de perigo

A mais famosa entre as dezenas de companhias chinesas que ficaram sob suspeita de fraude nos EUA foi a SinoForest, uma empresa de reflorestamento listada na bolsa de Toronto. Em vez de se registrar para uma oferta pública inicial (OPI), a empresa adotou um caminho menos oneroso para se tornar uma companhia privada. Ela se utilizou de uma estratégia denominada **"fusão reversa"** *(backdoor listing)*, que envolve a compra de ações de uma empresa que, efetivamente, já encerrou suas operações. Em comparação à oferta pública inicial, essa alternativa impõe à companhia poucas exigências regulatórias e não demanda um alto grau de transparência nas negociações.

A Muddy Waters LLC, uma agência norte-americana de venda a descoberto *(short-seller)* pesquisou os demonstrativos financeiros da companhia chinesa e os comparou com os resultados obtidos localmente, e descobriu uma enorme discrepância nos dados. Carson Block, presidente da Muddy Waters publicou um relatório sobre os dados. O preço das ações da companhia chinesa despencou rapidamente, mas não antes de o próprio Block ter vendido as ações que ele havia comprado. O ato de comprar e revender ações de empresas em um curto espaço de tempo é chamado *shorting* (venda a descoberto). Block acumulou milhões de dólares, antecipando que empresas chinesas que não haviam conseguido sucesso na oferta pública inicial optavam simplesmente em apostar na credulidade dos investidores. Block também chamou à responsabilidade a empresa chinesa Rino International, que estaria falsificando contratos de vendas.[4] Porém, como apontado por Patrick Chovanec, da Tsinghua University, os pontos cruciais nestes casos não eram propriamente as negações ou as confissões sobre o assunto: "Não é que as pessoas tenham concluído que ele (Block) estava correto em relação às empresas. O problema é que elas perceberam que simplesmente não sabiam se ele estava correto ou não."[5]

Vale ressaltar que as autoridades centrais chinesas nunca se importaram muito com as estruturas administrativas de suas empresas locais e, menos ainda com aquelas que se aventuravam nos mercados internacionais. A maioria das companhias chinesas listadas nas bolsas de valores do país é **estatal**. Tipicamente, desse grupo, somente cerca de 30% das ações são oferecidas a compradores privados. O Estado controla o restante das ações. O governo central também controla as posições de comando nas organizações, o que torna os lucros e os direitos dos acionistas algo secundário em relação à criação de riquezas pessoais e conveniências políticas. Entretanto, o PCC sempre se importa em descobrir rapidamente se os problemas em que essas empresas se meteram também envolvem a exposição de autoridades do governo por atos de corrupção.

Em seu estudo *The Value of Relationship-based and Market-based Contracting: Evidence from Corporate Scandals in China* (*O Valor das Negociações com Base em Relacionamentos ou em Mercados: Evidências a Partir de Escândalos Corporativos na China*), Mingyi Hung, T.J. Wong e Fang

Zhang observaram que empresas listadas nas bolsas da China continental e envolvidas em escândalos contábeis viram o valor de suas ações cair quase 10%, em média, ao longo de 6 meses, de ambos os lados do incidente. Todavia, no caso de empresas envolvidas com subornos a oficiais do governo ou roubos de patrimônio do Estado, as ações despencaram em quase **um terço** do seu valor.[6] O fato é que as autoridades centrais sempre deram pouca atenção aos vários escândalos envolvendo companhias como a SinoForest ou a Rino International, já que não havia nenhum membro do PCC envolvido nessas questões. Pequim considera essas empresas, assim com dúzias de outras investigadas pela United States Securities and Exchange Commission (SEC), como casos isolados – e duvidosos – de fraudes. Tais transgressões não justificam a criação de um incidente internacional.

Branding além da nacionalidade

Enquanto esse tom egoísta e essa visão limitada permearem a sociedade chinesa, a atitude mais interessante para todas as empresas locais que desejam penetrar nos mercados internacionais e imprimir credibilidade em suas negociações, é simplesmente **esconder sua nacionalidade**. A Lenovo e a Haier estão entre as mais bem-sucedidas em ocultar sua origem. Assim, escândalos envolvendo a China continuam a aparecer na mídia e a prejudicar a imagem do país de maneiras irreparáveis. A marca nacional que o governo central parece defender e apoiar não está impactando de modo negativo apenas a imagem que os estrangeiros têm do país, mas, cada vez mais, aquela que eles fazem dos próprios cidadãos chineses. A segurança em relação aos alimentos, por exemplo, se tornou uma grande preocupação para os consumidores chineses após revelações assustadoras, que envolvem: 1º) a injeção ilegal de esteroides em animais para que estes produzam carne magra rapidamente; 2º) a reciclagem de óleo de cozinha retirado de sarjetas e esgotos e misturado a produtos químicos para posteriormente ser revendido a restaurantes; e 3º) o fornecimento de inseticidas venenosos a fazendeiros desinformados no sul da China, para garantir o aumento dos lucros em suas colheitas. A cada noite, os noticiários locais investem mais de 20% de seu tempo em histórias relacionadas a fraudes.

Considerando o que parece envolver a cumplicidade do próprio governo central – e até mesmo má-fé – nos mais variados níveis de transgressão, empresas chinesas parecem considerar bastante complicada a tarefa de diferenciar suas imagens corporativas daquelas ostentadas para o resto do mundo pelo próprio país (e o mesmo se aplica à identidade de seus produtos). Elas também se veem obrigadas a se defender previamente das graves acusações feitas a outros concorrentes que atuam nos mesmos setores, por conta de falcatruas contra os consumidores. O fato é que qualquer empresa que deseja se tornar uma potência nacional tem de enfrentar uma série de dificuldades que irão exigir várias inovações importantes em termos da imagem veiculada, do modo como ela administra seus negócios e da maneira como fabrica seus produtos e oferece seus serviços aos clientes. Porém, em sua tentativa de se igualar aos concorrentes estrangeiros na arena global a China enfrenta claras desvantagens em relação aos alemães, aos norte-americanos, aos suíços e a vários outros povos que ostentam **forte identidade nacional**. Afinal, as empresas que representam esses países já contam com a imagem positiva aduzida por suas nações.

A questão é que as companhias chinesas que desejam adentrar nos mercados internacionais operam em desvantagem por conta da própria identidade de sua marca nacional: produtos baratos vendidos sem qualquer responsabilidade e que, de qualquer modo, parecem **falsificados**. Essas empresas podem revisar seus processos de maneira dramática e revitalizar a imagem de seus produtos para atender aos compradores em outros países, porém, essa mácula de ser uma organização chinesa continuará presente e trabalhando contra essas aspirantes por pelo menos mais uma geração. Talvez as empresas consigam escapar ao peso esmagador da péssima propaganda contra seu país mudando seus nomes e adotando identidades mais ocidentalizadas (como Lenovo, por exemplo), ou adquirindo linhas de produto do Ocidente para promover credibilidade. A Geely, uma empresa automotiva chinesa, fez exatamente isso ao adquirir a fabricante sueca Volvo. Tal aquisição permitiu que a Geely se escondesse por trás de uma marca ocidental bem estabelecida que transmitia uma imagem de qualidade e integridade. Isso, por sua vez, lhe garantiu acesso ao mercado europeu e à tecnologia de que tanto precisava. Talvez com o tempo, e desde que a Geely não tente eclipsar a marca Volvo, os clientes ocidentais tenham uma agradável surpresa ao perceber que os carros dessa marca que eles vêm adquirindo desde 2009 são na verdade fabricados por chineses. Grandes empresas já se sentem consideravelmente tranquilas em relação à compra da divisão de *notebooks* da IBM pela Lenovo, uma vez que ninguém percebeu até o momento nenhuma queda na qualidade dos produtos ou dos serviços fornecidos pela empresa chinesa.

Por meio de uma paulatina e contínua restauração de confiança, a **identidade nacional** que as lideranças chinesas têm tentado projetar ao mundo de maneira tão desajeitada, talvez consiga se firmar. É possível que até mesmo o governo central chinês se surpreenda com comentários positivos sobre a qualidade dos produtos e serviços de empresas chinesas. A transição, entretanto, ocorrerá a despeito dessa administração, não por causa dela. Empresas privadas – e quanto mais independentes do governo melhor – serão as novas embaixadoras de um país que um dia se perceberá cada vez mais atolado na idade média da modernidade. Essas lideranças já não conseguirão encobrir as deficiências da nação simplesmente oferecendo benesses aos países desenvolvidos. Elas terão de reformatar seus setores industriais domésticos e realmente liberalizar seus mercados financeiros. O país terá de encarar de frente a imagem cada vez mais forte que tem se perpetuado em todo o mundo, ou seja, de um país que somente se relaciona com outras nações por conta dos recursos naturais que elas têm a lhe oferecer.

Todavia, em longo prazo, as proezas da China enquanto fabricante praticamente pouco importarão diante de duas importantes realidades desse novo século, com as quais o pais certamente terá de lidar. A imagem da China como bastião dos produtos **falsificados** será gradualmente suplantada por sua reputação como **maior consumidor de energia do mundo** e **maior poluidor do planeta**. Soluções para ambos os desafios dessa nova era irão exigir bem mais que apenas reestruturações corporativas e insípidas tentativas de se restaurar a confiança das pessoas.

Capítulo 6

Declaração de independência em termos energéticos

Havíamos percorrido apenas alguns poucos quilômetros pela estrada rural quando o sol do inverno foi totalmente encoberto por uma fumaça negra e espessa. De fato, o carro em que viajávamos ficou absolutamente submerso em um manto escuro e, de repente, vimos que estávamos dirigindo às cegas. Então, quando meus olhos conseguiram se adaptar à escuridão, paramos no acostamento. Do lado esquerdo do motorista havia uma enorme torre de cimento, cuja altura era de cerca de 30 andares. Ela pertencia a uma usina de carvão e liberava de maneira contínua uma densa fumaça provocada pela queima do produto. Aquele vapor imundo serpenteava livre pelo ar e se acumulava lentamente sobre o capô do veículo sedã que ocupávamos na ocasião, que pertencia ao governo. A névoa era então transportada pelo vento, flutuava sobre o asfalto trincado e desnivelado da rodovia e acariciava as estruturas desordenadas com teto de plástico corrugado que se espalhavam pelas vias secundárias. Um grande número de pessoas vivia e trabalhava naqueles bairros sujos e decrépitos, mas a bruma escura não parecia interromper suas atividades. Quando saímos do carro vimos um homem passar por nós em sua velha e enferrujada bicicleta. Ele vestia um velho casaco esportivo e rapidamente nos investigou com os olhos.

Foi então que nosso anfitrião, o administrador do governo de Yangzhou, nos disse de modo encorajador: "Podemos construir instalações térreas para o seu cliente bem aqui," apontando diretamente para um local repleto de residentes que se esforçavam para sobreviver em meio àquele labirinto de tijolos. A cidade de Yangzhou fica a cerca de uma hora de carro ao norte de Nanquim, no rio Yangtzé. Acredito que aquelas pessoas à beira da estrada já tivessem testemunhado essa mesma cena inúmeras vezes, com outros oficiais do governo transportando homens de negócio de várias partes do mundo. Porém, todos pareciam saber que estavam a salvo de qualquer invasão imediata, já que somente eles próprios seriam tolos – ou pobres – o suficiente para enfrentar aquela vida melancólica bem ao lado de uma usina de carvão em plena atividade. As pessoas que viviam nos centros urbanos certamente tinham mais opções que aquelas que permaneciam no campo, e, um dia, todos da região também se veriam obrigados a se mudar para lá, em prol da modernidade. Mas por enquanto, tudo o que elas queriam era se manter invisíveis atrás da fumaça negra.

O fato é que as necessidades da China em termos energéticos somente continuarão a crescer conforme o país se mantiver em seu curso agressivo rumo à **urbanização**. Nas áreas urbanas, o uso de energia *per capita* é de 3,5 a 4 vezes maior que o das pessoas que vivem no campo.[1] No ano de 2000, as lideranças do país estabeleceram como meta para 2020 a **quadruplicação** de suas riquezas, ou seja, do seu Produto Interno Bruto (PIB). Durante a primeira década do século XXI – período em que o mundo testemunhou o supersônico desenvolvimento econômico do gigante asiático –, em termos de capacidade elétrica, instalou-se no país a cada ano o equivalente a todo um Reino Unido.[2] De acordo com um relatório produzido pelo Centro de Desempenho Industrial do Instituto de Tecnologia de Massachusetts (MIT), isso representa entre três e quatro usinas de carvão com 500 megawatt^A de potência por semana.³ Segundo a U.S. Energy Information Administration, o uso de energia na China mais que dobrou no período entre 2000 e 2010. Em 2008, o Institute for Energy Research informou que os EUA tinham na época a capacidade de gerar mais de um terawatt^B de eletricidade, ou seja, o suficiente para atender a 100 bilhões de residências. Em 2009, a China superou os EUA como maior consumidor de energia do mundo. A Agência Internacional de Energia estima que, naquele ano, o país asiático consumiu energia equivalente a 2.265 milhões de toneladas de petróleo.⁴ O crescente apetite da China por energia barata deve superar o consumo nos EUA em 53% até 2030.⁵ Por volta de 2035, estima-se que o consumo chinês exceda o dos EUA em 68%.⁶

Em seu livro *The Collapse of Complex Societies* (*O Colapso das Sociedades*), Joseph Tainter considera que a energia seja a moeda fundamental para qualquer sociedade complexa. Ou seja, para galgar novos estágios de desenvolvimento – migrar da era agrícola para a era industrial; da industrial para a de informações; ou, até mesmo, do **campo** para a **cidade** – uma sociedade terá obrigatoriamente que consumir mais energia. Em contrapartida, caso ela não tenha acesso a quantidades suficientes de energia para se desenvolver ou, pelo menos, para manter seu estágio atual, ela permanecerá como uma sociedade relativamente simples ou comum. **A produção de energia sustentável em face do processo contínuo de urbanização é um dos maiores desafios tecnológicos para a humanidade no século XXI**.

O consumo de energia no mundo moderno está ligado a um emaranhado de serviços públicos, instituições e hábitos indicativos da urbanização. No final de 2011, as cidades chinesas contavam com quase 700 milhões de habitantes – mais que o dobro de toda a população dos EUA. Até 2020, as lideranças chinesas planejam trazer mais quase 100 milhões de pessoas do campo para os centros urbanos. Todo esse processo de urbanização também deixou para trás o uso de cavalos e carroças, e tem exigido bem mais em termos de transporte, seja ele terrestre – automóveis e trens –, aéreo e/ou marítimo. O desenvolvimento dos setores industrial e agrícola, além do aumento no uso de aparelhos

---

A - Unidade de medida correspondente a 10^6 watts (1 MW = 1.000.000 W). (N.T.)

B - Unidade de medida correspondente a 10^{12} watts. (N.T.)

domésticos, têm exigido que a China amplie a cada ano sua capacidade de geração de energia.

A transição de uma sociedade agrária para outra pós-industrial significa que o gigante asiático continuará a construir e renovar dúzias de novas cidades. O desenvolvimento urbano trará em seu rastro novos prédios, novas estradas e novos projetos de infraestrutura no serviço público. Para a próxima década, a China tem por objetivo construir estradas para conectar cada cidade com mais de 200 mil habitantes a aeroportos, em trajetos que não deverão ultrapassar duas horas. Toda essa infraestrutura representa um consumo contínuo e crescente de energia por dois dos setores industriais mais famintos do planeta: o de **aço** e o de **cimento**. Em 2005, somente a fabricação de aço foi responsável por mais de 3% do PIB chinês.[7] No ano de 2007, a China produziu quase metade de todo o cimento do planeta, 35% de todo o aço global e quase um terço de todo o alumínio mundial – um setor que, aliás, usa quase tanta energia quanto os dois primeiros.[8] Essas proporções não deverão se alterar na próxima década, já que a China está elevando sua capacidade de geração energética para tentar atender às transformações que vem ocorrendo em sua sociedade. **Assegurar** o amplo fornecimento de **água** e **alimentos** para uma população cada vez maior também se **tornará problemático**.

A própria produção de alimentos também representa um verdadeiro **"buraco negro"** no que diz respeito a energia. À medida que as pessoas se tornam mais ricas e comem mais, os processos de plantação, irrigação e fertilização passam a consumir cada vez mais energia. Além disso, cada vez um número maior de fazendas está se voltando para a criação de animais, o que requer quantidades maiores de energia que o próprio cultivo de grãos.[9] A distribuição de alimentos, que inclui acondicionamento e transporte, também contribui muito para a dependência energética de qualquer sociedade moderna. Já a produção de água potável exige elevadíssimos níveis de processamento por uma gama de equipamentos que depende totalmente da eletricidade. Por fim, o consumo individual também está contribuindo cada vez mais para aumentar nossa necessidade de energia – isso ocorre na medida em que iluminamos nossas casas, acionamos nossos eletrodomésticos, cozinhamos, lavamos e secamos nossas roupas e resolvemos tantos outros problemas cotidianos de nossa vida urbana.

De acordo com a Agência Internacional de Energia (AIE), o consumo chinês em 2007 ficou dividido da seguinte maneira: o setor industrial absorveu quase **metade** de toda a produção energética; os usos residencial, comercial e agrícola, representaram juntos quase **45%**; já os transportes ficaram com pouco mais de **10%**. Nesse mesmo período, os EUA investiram 20% de sua capacidade energética no setor industrial; 35% nas áreas residencial, comercial e agrícola; e surpreendentes 45% em transportes. A UE, que reúne 27 países, apresentou a divisão mais equilibrada: 30% foram destinados à industria; cerca de 40% aos setores residencial, comercial e agrícola; e 15% à área de transportes.[10] As fontes de energia não variam muito entre países modernos e em processo de modernização.

Cerca de três quartos da matriz energética dos EUA advêm de fontes térmicas – como o **carvão**, o **petróleo** e o **gás natural**. A energia nuclear responde por 10% da capacidade elétrica dos EUA, enquanto a hidroeletricidade vem logo depois, com 8%. As energias eólica, solar e oriundas de outras fontes alternativas compõem o restante da matriz norte-americana. Na China a situação é bastante diferente. **Setenta por cento** de toda a energia chinesa vem somente do **carvão**, enquanto os EUA dependem desse material para apenas 50% de suas necessidades energéticas. Em 2008, somente 20% da energia utilizada pelo gigante asiático vinha de hidrelétricas. Nesse mesmo ano, as energias nuclear e eólica representavam 1% da capacidade energética chinesa. Lembrando ainda que, em relação à capacidade de geração de 800-gigawatts, a contribuição da energia solar no país era irrisória.[11] O ávido e crescente apetite chinês por eletricidade somente pode ser saciado por recursos abundantes e cuja exploração seja relativamente barata. Além disso, é fundamental que tais recursos possam ser imediatamente convertidos em energia e apresentem a menor necessidade de refinamento possível. Somente combustíveis fósseis como o carvão, o petróleo e o gás natural se encaixam nesses critérios e, dos três, **o carvão reina absoluto**.

O carvão como suprimento energético na China

Há 300 anos, a China simplesmente perdeu o início da Revolução Industrial. Na verdade, naquela época, o país se recusou a se unir à onda de transformações sociais e tecnológicas que varreu o Ocidente, e o fez de maneira flagrante. Em 1793, o enviado britânico à China, o conde Macartney, levou até o imperador Qianlong um motor impulsionado a vapor, além de outras maravilhas tecnológicas da época. Acredita-se que o imperador da dinastia Qing tenha dito as seguintes palavras ao visitante: "Objetos estranhos em nada me interessam." Menos de 50 anos depois, em 1840, durante a Primeira Guerra do Ópio, canhoneiras britânicas movidas a vapor teriam destruído toda a marinha chinesa nos portos do Cantão. Os navios ocidentais eram abastecidos com carvão, um material que os ingleses aprenderam a utilizar em fornalhas cada vez mais eficientes, capazes de gerar quantidades crescentes de energia. Vale lembrar que a palavra *watt*, como medida de potência, foi retirada do sobrenome de James Watt, um engenheiro e inventor escocês que contribuiu bastante para tornar os motores a vapor comercialmente viáveis.

Atualmente, a tecnologia por trás da invenção de James Watt ainda impulsiona pistões e eixos de transmissão praticamente do mesmo modo com há 200 anos. O carvão também permanece como fonte de energia primária que sustenta as cidades das duas maiores economias do mundo: os EUA e a China. O carvão é responsável pela absoluta maioria da energia que aciona as enormes turbinas nas usinas de ambos os países. Esse material também é utilizado nas gigantescas fornalhas que transformaram cidades como Pittsburgh e Allentown, na Pensilvânia, nos grandes centros industriais que têm sido ao longo de mais de um século. Porém, o uso do carvão pela China se desenvolveu bem antes disso.

Na época em que o conde Macartney chegou ao país asiático para sua primeira visita ao imperador Qianlong, os chineses já haviam desmatado a maior parte da província de Guangdong e do Vietnã do Norte.[12] Na ocasião, e durante vários anos que antecederam esse período, a madeira era a principal fonte de energia na China. No final dos anos 1600, os britânicos descobriram não somente um modo economicamente viável de converter o carvão na fonte energética mais eficiente do planeta, mas também como aproveitar a força produzida nos motores a vapor. Por volta de 1830, a Grã-Bretanha já consumia o equivalente a 15 milhões de acres (quase 61 mil km²) de floresta em carvão, quase o mesmo tamanho do estado de Nova Jersey.[13]

Ao longo dos 150 anos que se seguiram à visita do conde britânico ao imperador Qing, o uso de energia pela China continuaria bem abaixo da média dos países industrializados. Então, em 1911, a desintegração da dinastia Qing acelerou a queda da nação, levando-a ao completo caos. Foram 25 anos de guerra civil, que provocaram a completa estagnação da economia do país. Todavia, depois que os comunistas assumiram o controle da China, em 1949, a nação passou a testemunhar um crescimento gradual em seu consumo energético, até a implantação do programa Grande Salto para Frente, em 1958 – um grande experimento na área de produção, que se baseou em milhões de fornalhas caseiras independentes. De fato, o consumo de energia na China aumentaria em mais de 200% durante os dois anos seguintes, até que a maior escassez de alimentos já provocada por mãos humanas na história mundial interrompesse todas as atividades no país.[14]

As produções de aço e concreto, movidas principalmente por fornalhas de carvão, têm sido as maiores responsáveis pelo consumo energético chinês desde os anos 1950. Em um período de 20 anos, fábricas alimentadas por carvão se tornaram onipresentes no país, impulsionando os revitalizados centros urbanos da nação. Uma senhora chinesa comentou comigo que quando ela era uma estudante, ainda na década de 1970, costumava voltar da escola com os punhos e o colarinho da camisa branca do uniforme escurecidos por causa da fumaça preta do carvão que era exalada das torres das fornalhas.

Por volta de 2007, o gigante asiático produzia metade de todo o concreto global, e mais de um terço de todo o aço do planeta – operações possibilitadas pelo carvão.[15] Em 2009, o volume de importação de carvão pela China saltou para 125 milhões de toneladas – perfazendo um acréscimo de 211,9%, ano sobre ano.[16] A China é responsável por 80% do crescimento na demanda de carvão entre os anos de 1990 e 2010, sendo que nesse ultimo ano, o país utilizou sozinho metade de todo esse material.[17]

A China se tornou um importador de carvão em 2010, quando o pacote de estímulo monetário chinês trouxe a economia do país de volta à vida depois da crise econômica global deflagrada na primavera de 2009. A demanda era tão grande que o preço do produto duplicou nos mercados internacionais entre os anos de 2005 e 2010.[18] A China importou em 2010 cerca de 150 milhões de toneladas de carvão.[19] A maior parte do produto extraído no país apresenta alto grau de impurezas, o que torna sua queima ineficiente para fins de eletricidade. Desse modo, para atender às enormes exigências energéticas internas, a China tem importado o mineral da América do Norte, da Austrália e da América do Sul. Percebeu-se, ao longo do tempo, que era mais barato importar carvão de outros países para atender às necessidades operacionais chinesas que tentar transportar o material de regiões do interior da própria nação.[20] As péssimas condições e a falta de integração do sistema ferroviário chinês, no que diz respeito a carga, tornava o transporte do produto proibitivamente caro. O grande número de minas privadas – muitas das quais ilegais – também tornava problemática a racionalização dos estoques do material.

Então, em 2009, o setor de mineração de carvão iniciou um maciço processo de consolidação dessas minas. Na verdade, isso ocorreu à medida que o Estado percebeu que a abordagem de mercado livre adotada pelos grandes "chefes" do setor de mineração – muitos dos quais conduziam operações ilegais – era inconveniente diante dos objetivos gerais do país de aumentar sua eficiência energética e, ao mesmo tempo, reduzir a poluição; isso sem contar na meta de diminuir o número de fatalidades ocasionadas por acidentes relacionados à mineração.

No ano de 2002, o país registrou um total de **7 mil mortes** nas operações de mineração. Em 2009, esse número caiu para pouco mais de **2.600**. A província com o pior resultado foi a de Shanxi, local em que prevaleciam subsídios, isenções fiscais e governos locais particularmente flexíveis, que costumavam aceitar qualquer investidor chinês no setor de carvão. O governo central passou a consolidar as minas em 2009. No ano seguinte, por meio de um processo de fusão e aquisição por empresas estatais (SOEs), o número de mineradoras de carvão no país foi reduzido de 2.500 para menos de 1000 unidades.

A longo prazo, essa consolidação das mineradoras de carvão na China se revelaria positiva. O país foi capaz de modernizar suas operações de maneira mais fácil e mais barata. O objetivo do governo com tal modernização foi a de salvar vidas e aumentar a sua eficiência produtiva. Além disso, o controle dessas minas por intermédio de um número menor de estatais possibilitará também um maior controle por parte das lideranças da nação, que conseguirão observar mais claramente se as diretrizes nacionais estão sendo seguidas e se as prioridades do país estão sendo atendidas.

O **futuro** da China está solidamente amarrado ao **carvão**, a despeito de o governo central reconhecer que esse material está envenenando o ar e contribuindo para as mudanças climáticas. O gigante asiático não tem escolha se não continuar utilizando o carvão, seja ele obtido domesticamente ou importado. Xiao Yunhan, membro da

Academia Chinesa de Ciências, considera que a China ainda continuará irreversivelmente dependente do carvão por pelo menos duas décadas.[21] Por volta de 2030, estima-se que o país será responsável por 80% do crescimento no uso mundial de carvão. Depois disso, analistas esperam que a utilização do material se estabilize, ou até comece a cair.[22]

O analista Michael Zenker, da Barclays Capital, acredita que desde que os preços do gás natural continuem mais baixos que os do carvão, a geração de energia pelo gás poderá corroer o mercado de vapor de carvão que atualmente movimenta muitas das usinas chinesas. Em suas projeções, o departamento de Energia dos EUA avalia que, por volta de 2020, a nova capacidade de geração de gás natural supere a nova capacidade de produção de carvão em 30%. Sendo menos caras, as usinas a gás poderão começar a substituir as usinas a carvão já na próxima década. A conversão talvez até force uma redução de cerca de um terço no número de fábricas impulsionadas pelo carvão.[23] Ao longo da primeira década do século XXI, pesquisadores chineses e norte-americanos começaram a trabalhar de maneira ativa em métodos para **"limpar"** os efeitos do carvão, simplesmente **"gasificando-o"**. O objetivo de ambos os grupos era fazer com que os países conseguissem utilizar o carvão de modo sustentável, ou seja, causando ao meio ambiente os menores danos possíveis. A nacionalização de muitas minas de carvão na China também deverá facilitar e promover a implementação de tecnologias verdes inovadoras, tais como a da própria gasificação do carvão. Alguns visionários acreditam inclusive que esse processo ajude a China a se tornar mais independente em relação às importações de petróleo.

Transformando o carvão em energia limpa

Em 2010, Ming Sung, chefe da Força-Tarefa do Ar Limpo na China, comentou o seguinte: "Há meios de se gerar eletricidade a partir do carvão com um nível praticamente zero de emissões." Nos anos 1980, Ming Sung ajudara a projetar a primeira usina de gasificação de carvão da Shell Oil, nos EUA. Segundo ele: "A chave para limpar o carvão é transformá-lo primeiramente em gás, seja acima do solo – cujo processo tecnológico é tradicional – ou sob a superfície. O processo é bastante eficiente e muito barato." Ele acrescentou: "Acredito firmemente que esta seja a tecnologia que irá mudar o cenário mundial."[24] Entre os anos 1970 e 1980, os EUA eram os líderes nas pesquisas do processo *Coal to Liquid* (CTL).^{C} Então, os preços do petróleo caíram tanto que tornaram secundários os esforços norte-americanos no sentido de descobrir energias alternativas que garantissem o crescimento do país. Então, na virada do século, essa *expertise* norte-americana migrou para a China, onde novas pesquisas passaram a ser realizadas e as aplicações dessa tecnologia começaram a ser testadas.

Os governos e os círculos acadêmicos da China e dos EUA perceberam a necessidade de cooperar uns com os outros para garantir a redução dos danosos efeitos do carvão. Sem abordar diretamente as questões de consumo ou eficiência, implícitos na dependência de ambos os países em relação ao mineral, em 2004, os dois lados iniciaram esforços conjuntos no sentido de encontrar métodos economicamente viáveis de "gasificar" o carvão. A gasificação – também conhecida como liquefação do carvão – produz combustível para motores a jato, diesel, petróleo e gasolina, assim como dióxido de carbono (CO_2). O CO_2 pode ser utilizado em uma grande variedade de produtos. De fato, sua aplicação abrange desde a injeção de bolhas em refrigerantes até a produção de azulejos. Os projetos realizados em *joint ventures* celebradas entre China e EUA têm explorado o sequestro de carbono desde 2005. O processo envolve a injeção de CO_2 no solo – talvez até em minas de carvão desativadas. Para cada tonelada de carvão processada, quase uma tonelada de CO_2 é produzida, o que torna o sequestro uma alternativa viável para liberar o gás de efeito estufa na atmosfera e, assim, contribuir para o fenômeno das mudanças climáticas.

Um consórcio desse tipo entre China e EUA envolveu a West Virginia University (WVU). A instituição norte-americana trabalhou diretamente com a Shenhua Direct Coal Liquefaction nas instalações em Xangai e na Mongólia Central.[25] A *joint venture* foi subscrita pela Comissão Nacional de Desenvolvimento e Reforma (National Development and Reform Commission – NDRC), da China, e pelo United States Department of Energy, dos EUA. A WVU também trabalhou com os chineses na realização de uma análise ambiental e econômica da fábrica DCL, em Shenhua, e investigou os processos de sequestro de CO_2 a ela relacionados. Outras questões de interesse para a universidade norte-americana foram os processos integrados de DCL (liquefação direta de carvão) e ICL (liquefação indireta do carvão), os

---

C - Trata-se de um combustível líquido que tem como produto básico o carvão e pode ser usado em veículos com motores a diesel, sem que se faça necessária qualquer modificação. (N.T.)

testes com liquefação de combustíveis e outras atividades desse tipo. Os projetos pilotos demonstraram a viabilidade da reciclagem de dejetos sólidos, do sequestro de CO_2 e do desperdício zero de água.

Outro esforço conjunto envolveu o Pacific Northwest National Laboratory (PNNL), uma instalação do Departamento de Energia com sede no Estado de Washington, nos EUA. O PNNL trabalhou com cientistas da Academia de Ciências Chinesa para avaliar a viabilidade do sequestro de dióxido de carbono no subsolo chinês.[26] O estudo do PNNL concluiu que o subsolo chinês possuía capacidade de sequestro de carbono para um século. Os resultados também demonstraram que a maioria dos repositórios em potencial ficava a distâncias inferiores a 160 km dos grandes usuários de carvão do país. Usinas geradoras de força, siderúrgicas, fábricas de cimento e outros setores industriais pesados tipicamente acomodam grandes espaços capazes de abrigar excessos de CO_2. Tal descoberta significava que o transporte do CO_2 minerado domesticamente poderia se mostrar adequado para tornar o sequestro de carbono economicamente viável no país, sem, entretanto, diminuir o ritmo acelerado do crescimento econômico chinês.

Embora a China esteja longe de se livrar totalmente do carvão, as informações fornecidas pelas equipes de P&D norte-americanas para ajudar na rápida implementação de projetos de engenharia neste setor poderão ajudar a reduzir um pouco a enorme ameaça que a queima do carvão representa para os seres humanos e para o meio ambiente como um todo. Todavia, as tecnologias CTL pouco ajudarão no sentido de reduzir o crescente apetite da sociedade pelo carvão, tampouco os efeitos de uma economia de comando e controle que luta para se transformar em um mercado livre.

A economia no comando

A primeira vez que a economia por trás da geração energética usando o carvão assustou os consumidores chineses foi no inverno de 2008, durante uma temporada de nevascas que muitas partes do país não enfrentavam há meio século. Aliás, naquele ano, Pequim vivenciou o **pior** e **mais frio inverno** dos últimos **100 anos**. Por várias semanas, províncias inteiras na região central do país ficaram completamente sem energia. Porém, a razão de todo esse problema não foi a falta de carvão, mas a exigência por parte do governo central de que os produtores aceitassem um determinado preço pela venda do produto para fornecimento a usinas – valor este que fora imposto pela NDRC. Durante o inverno congelante, trens carregados de carvão foram simplesmente mantidos estacionados em depósitos, sem liberação de partida pelos proprietários das minas que, em uma tática de negociação absolutamente agressiva, preferiram retardar a entrega até uma decisão favorável das autoridades. No final, a nevasca terminou, o clima se tornou mais ameno e a demanda acabou, relaxando as pressões de mercado pelo carvão mais caro.

Todavia, o inverno de 2010 no norte do país se revelaria tão desafiador em termos econômicos quanto as nevascas de dois anos antes. Naquele ano – o mesmo em que o país superou os EUA como maior consumidor de eletricidade do mundo –, a China alcançou o pico de consumo energético. De fato, embora a quantidade de neve em 2010 não tenha sido tão grande nas regiões central e norte do país quanto fora em 2008, havia agora um número bem maior de pessoas vivendo nas cidades, que contavam com recursos financeiros mais elevados e tentavam se proteger do frio intenso acionando seus próprios sistemas de aquecimento central. Além disso, entre 2008 e 2010 o gigante asiático construiu um grande número de lojas, *shopping centers*, escritórios e fábricas, e todos esses empreendimentos dependiam da energia oriunda do carvão subsidiada pelo Estado. Os produtores de carvão agravaram ainda mais a situação energética ao se recusarem a assinar contratos de fornecimento para 2011 sob as regras impostas pelo governo central, que, para atender à grande expansão na demanda, proibiu o aumento dos preços. No final de 2010, os contratos assinados pelos produtores de carvão representavam apenas 29% de toda a capacidade de transporte de carga reservada junto às ferrovias.[27] Usinas elétricas contrataram intermediários para encontrar e trazer para eles o carvão de que precisariam para manter suas fornalhas acesas. Todavia, esses intermediários inflacionaram os preços do carvão, cobrando o dobro em relação aos valores estabelecidos pelo Estado, o que forçou os contratantes a reduzirem suas compras. A State Grid – uma das duas redes de energia do país – relatou, na época, que Shaanxi, Shanxi, Hubei e outras províncias já enfrentavam cortes na energia gerada pelo carvão. De fato, algumas regiões na província de Shaanxi, uma área rica em reservas de carvão, passaram a implementar **"cortes sistemáticos de energia."** Em um dado momento, quatorze das principais usinas elétricas da região contavam com menos de cinco dias de carvão em suas reservas.

A questão é que o governo central esperava que os produtores de carvão fizessem sua parte e mantivessem a harmonia na sociedade controlando o aumento de seus preços, do mesmo modo como o próprio governo controlava os preços dos alimentos e da água. Entretanto, os produtores de carvão não estavam dispostos a colaborar. Os preços que a NDRC insistia que os mineradores pagassem, entre 100 renminbis e 200 renminbis ((US$ 15 a US$ 30 dólares), eram inferiores às taxas de mercado para cada tonelada, o que resultou no não atendimento dos pedidos de carvão feitos pelas usinas.

Tal impasse apontou para uma grave falha estratégica nos planos da China de continuar a impulsionar seu crescimento econômico ao longo dos próximos quinze anos. Diante da situação, o PCC se viu obrigado a aprender que as leis da economia – especificamente, as de oferta e procura – não se sujeitariam mais às regras estabelecidas pelo PCC. De maneira irônica, enquanto os planejadores do governo central tentavam impedir que forças de mercado operassem dentro da China no setor de carvão, outras forças contraproducentes acabariam justamente driblando as políticas energéticas governamentais.

Independentemente da situação descrita, os poluentes liberados pela queima de carvão, assim como os efeitos danosos à saúde da população, continuariam a pressionar a China para que esta implantasse alternativas energéticas. O país começou a investir pesadamente em outros tipos de energia – **hidrelétrica**, **eólica** e **solar**. Outra área que ganhou maior atenção foi a de novas tecnologias para o desenvolvimento de baterias capazes de estocar e distribuir energia para pequenas usinas inteligentes em todo o país e também para automóveis elétricos.

O problema, entretanto, é que, enquanto a China continuasse a funcionar como a **"fábrica" do mundo**, o país se mostraria faminto por energia. E vale lembrar que a grande quantidade de energia que a China consumia estava relacionada justamente à produção dos artigos baratos que os norte-americanos e os europeus tanto desejavam. Isso significa que qualquer tentativa séria por parte da China de reconfigurar seu consumo energético implicaria necessariamente em uma reconfiguração econômica por parte dos três blocos comerciais – ou de um reequilíbrio, como costumam dizer os economistas: os norte-americanos teriam de diminuir seu consumo e passar a poupar dinheiro, a investir na fabricação de produtos mais sofisticados e caros, e também em P&D; os europeus precisariam liberalizar seus mercados de trabalho e seus regimes tributários para permitir o crescimento de empreendimentos menores, mais rápidos e inteligentes; já os chineses deveriam se afastar dos setores pesados – produção de aço, concreto e beneficiamento de couro – e se voltar para serviços e atividades produtivas de maior qualidade. Além disso, o consumo mais elevado dessas três economias teria de retornar a níveis ecologicamente sustentáveis.

Oleodutos

A **urbanização** é o principal propulsor do aumento nas importações de petróleo e gás natural pela China. Por volta de 2030, o gigante asiático terá se transformado no maior consumidor e importador de petróleo do mundo, utilizando quase **18 milhões de barris ao dia**, ou seja, quase o dobro do que usava em 2010. Para sustentar sua sede, a China terá de importar três vezes mais petróleo que em 2010. O uso crescente de automóveis tem se mostrado o principal contribuinte para a elevação do consumo do combustível no país.

Depois de décadas usando bicicletas para ir trabalhar, para se divertir com a família ou até para sair à noite com os amigos, e sob qualquer condição climática, os chineses começaram a aposentá-las em meados de 2000. Eles passaram a compartilhar a visão de Henry Ford de "família moderna": de que cada lar de classe média deveria possuir seu próprio veículo motorizado. Em 2010, essa visão incentivava 700 norte-americanos em cada grupo de 1000 a adquirir um automóvel. Enquanto isso, para cada 1000 habitantes chineses, somente 30 possuíam carros. Por volta de 2035, 240 pessoas a cada grupo de 1000 terão seu próprio veículo – uma de penetração que representa apenas dois terços da registrada nos EUA em 2010.[28] A estimativa era de que no ano de 2010 houvesse 40 milhões de automóveis rodando pelas estradas chinesas – a maioria deles foi adquirida depois de 2005. Dez por cento de todos esses veículos encontra-se em Pequim, sendo que um quarto deles – um milhão – passou a rodar nos famosos anéis viários da capital depois de 2008.[29] Por volta de 2035, estima-se que haverá cerca de 135 milhões de veículos trafegando pelas rodovias chinesas.

Porém, os governos locais já verificam um grave problema por conta desse grande número de proprietários de automóveis. Em muitas cidades do país o céu encontra-se perpetuamente poluído por conta da fumaça exalada pelos escapamentos. O trânsito, por sua vez, se tornou tão travado que alguns motoristas já sentem falta dos velhos dias em que pedalavam para o trabalho. No ano de 2009, Pequim costumava lançar às ruas cerca de **1.000** veículos por dia. Nas duas últimas semanas de 2010, o governo municipal de Pequim anunciou que em 2011 somente seria permitida a compra de um total de 250 mil automóveis na cidade. A população da capital respondeu ao anúncio inundando as concessionárias nos últimos dias de 2010 para garantir sua fatia do **"sonho de quatro rodas"**.

Mas embora Pequim tivesse limitado a compra no número de veículos dentro dos limites da cidade para 2011, os residentes do resto do país ainda estavam firmes em sua missão de, um dia, adquirir um carro para a família. Em 2010, a AIE estimou que a taxa de crescimento no consumo de petróleo na China ficaria em tornou de 2% ao ano. Porém, na realidade, no final de 2010 essa taxa de crescimento já havia ultrapassado os 8% ao ano, o que representava mais de 8,5 milhões de barris por dia.

A insaciável sede da China por petróleo e gás forçou o governo central a elevar drasticamente seu orçamento em P&D e a passar a explorar novas fontes de recursos. Entre 2000 e 2010, o país descobriu 38 bacias de petróleo no mar do Sul da China e também na porção sul do mar Amarelo. Mais especificamente, em 2010, a aceleração dos programas de exploração gerou a descoberta de uma camada de gás e petróleo "superdenso" no mar do Sul da China.[30] Na mesma região, mais ao norte, e também nas montanhas Qilian – na intersecção entre o nordeste do Tibete e a Província de Gansu – pesquisadores também encontraram hidrato de gás natural. No final de 2010, estrategistas políticos anunciaram que o país investiria cerca de US$ 75 bilhões na exploração de gás natural ao longo dos próximos 20 anos, o que representava um aumento de 10 vezes em relação à década anterior. A exploração de recursos domésticos de gás é fundamental para os esforços chineses de alcançar segurança energética. Depósitos de gás natural dentro das fronteiras do país poderão equilibrar os aumentos anuais de importação de carvão e petróleo, que tanto expõem o país a mudanças inesperadas nos mercados internacionais. A relativa "limpeza" do gás natural também poderá oferecer céus mais claros às poluídas cidades da nação.

Futuro promissor

De acordo com a AIE, o uso de gás natural na China representa uma fatia relativamente pequena do seu gráfico de consumo. De fato, em 2008, a utilização de gás natural significava apenas 4% do consumo geral. Mesmo assim, em 2010, o governo central decidiu promover o desenvolvimento de infraestruturas para prospecção e uso de gás natural no país. O objetivo era reduzir a pegada de carbono da nação. Então, naquele ano o consumo total de gás natural pelo gigante asiático foi de 106 bilhões de metros cúbicos – um crescimento de quase 20% em relação a 2009. No início da segunda década do século XXI a demanda chinesa por gás natural passou a crescer em um ritmo acelerado. De acordo com a NDRC, o consumo subiu 21% no primeiro trimestre de 2011, em relação ao ano anterior, chegando a 33,3 bilhões de metros cúbicos.[31]

A manufatura nos setores industriais primário e secundário usou a maior parte do gás natural na China no período de 2008 a 2010. A indústria primária inclui: **mineração**, **processamento de minérios** e **produção de cimento e aço**; o setor industrial secundário é dominado pela **manufatura de produtos**. Os consumos comercial e residencial competem pelo segundo lugar. O *China Sign Post* reportou que o **setor culinário residencial** foi responsável pelo uso de 70% do total de gás natural produzido no país. Nos distantes segundo e terceiro lugares, vem, respectivamente, a utilização do produto em aquecedores a água, 18%, e no aquecimento de ambientes, 12%.[32]

A China National Petroleum Corporation (CNPC) previu que, por volta de 2015, o consumo de gás natural subiria para 230 bilhões de metros cúbicos. Em 2010, Thomas, King, presidente da BP Holdings Ltd (China), de Xangai, acreditava que o mercado de gás natural chinês dobraria de tamanho em relação aos níveis de 2011, alcançando 260 bilhões de metros cúbicos. Lin Boqiang, diretor do China Center for Energy Economics Research, da Xiamen University, projetou uma taxa de crescimento média de 20% ao ano por volta de 2020. "A taxa de crescimento no consumo será de mais de 20% nos próximos 10 anos, pois este será o período de pico na urbanização e industrialização chinesa," comentou para o China Daily.[33]

Analistas do setor esperam que o consumo de gás natural na China chegue aos 300 bilhões de metros cúbicos por volta de 2020, o que representaria 8% de todo o portfólio energético do país nessa época.

Porém, as lideranças chinesas desejam triplicar o uso do gás natural e torná-lo responsável por 10% de todo o consumo energético do país até 2020, tornando a nação menos dependente em relação ao poluente carvão. Acredita-se que os seguimentos da sociedade que apresentarão maior crescimento no uso de gás natural entre 2010 e 2020 sejam o setor industrial (**400%**), o residencial (**500%**) e o de produção energética (**700%**). O setor químico, de modo mais específico, se destaca como altamente dependente do gás natural, com um crescimento esperado de 250% entre 2010 e 2020.

A Agência Nacional de Energia da China (NEA) calculou que, em 2010, o consumo doméstico de gás natural foi de 110 bilhões de m^3, dos quais 94,5 bilhões de m^3 foram atendidos pela produção interna do país – um aumento de 12% em relação a 2009.[34] Por volta de 2015, analistas esperam que a produção doméstica de gás natural chegue a 150 bilhões de metros cúbicos,[35] o que ainda deixaria um déficit de 80 bilhões de metros cúbicos, que precisaria ser sanado pela importação. O *fracking* (fraturamento) foi seriamente considerado pelo setor energético chinês como um meio de acelerar o acesso do país a suprimentos domésticos de gás natural. Entretanto, o perigoso processo envolve a injeção de grandes volumes de água e produtos químicos sob as camadas de rocha e as jazidas de carvão para liberar o gás natural ali contido. Porém, novas abordagens em termos de extração podem ser insuficientes para enfrentar o crescimento na demanda.

A NDRC informou que, em 2010, as importações atenderam a 20% da demanda por gás natural, registrada em 106 bilhões de m^3. Isso representou um aumento de quase 8% em relação ao ano anterior.[36] Porém, a Bloomberg reportou que no primeiro trimestre de 2011, as importações de gás natural pela China dobraram em relação ao mesmo período do ano anterior.[37] Por volta de 2020, as importações poderão representar cerca de 25% do total de gás natural no país; já em 2030, estima-se que as importações do produto caiam para 20%, à medida que os suprimentos domésticos aumentem e o ritmo de urbanização diminua.[38]

A urbanização continuará a impulsionar a demanda chinesa por gás natural nos anos 2020. Embora o carvão ainda desempenhe um papel dominante como fonte energética primária no país, o gás natural se encaixa muito bem em um portfólio energético que visa não apenas reduzir as emissões de gás carbônico no ambiente, mas também aumentar sua eficiência energética.

Interrompendo o vício

Para o mundo é extremamente importante saber: 1º) a quantidade de energia que é (e será) utilizada pela China e 2º) quais são suas fontes energéticas. Afinal, questões como a poluição do meio ambiente e a extinção de recursos naturais afetam a todos no planeta. A rápida urbanização de 20% da população mundial foi um evento crucial para que o mundo todo percebesse em que grau os combustíveis fósseis são prejudiciais para o ambiente. O uso cada vez mais acelerado de carvão e petróleo pela China também já levou muitos governos e organizações não governamentais a se perguntarem em que grau esses suprimentos são limitados para o mundo como um todo.

Em termos domésticos, a China já está quase sem petróleo, e, no final de 2010, o governo central já começou a se preocupar com o fato de os **mineradores** estarem **acabando** com os depósitos de carvão do país. O déficit dos dois produtos implicará na necessidade de a China explorar depósitos de outros países, dando pouca atenção à manutenção do equilíbrio nesses ecossistemas. Enquanto isso, a poluição atmosférica causada pela queima do carvão dentro do gigante asiático segue em direção ao nordeste do país, afetando o Japão e a Coreia do Sul. Depois ela circula para o leste, cruzando o oceano Pacífico e atingindo o Canadá e, em seguida, ruma para o sul, onde alcança o Estado de Washington, nos EUA. Ou seja, a fumaça dos automóveis nas rodovias chinesas já está se misturando àquela exalada pelos congestionamentos de Los Angeles, na costa sudoeste norte-americana, contribuindo para piorar ainda mais os problemas de saúde dos moradores da região. O fato é que, ao se utilizar involuntariamente das fontes energéticas de outros países, a China também acaba assumindo a posição de **maior poluidor do planeta**.

Vale lembrar que, além das fontes energéticas, o setor de exportação chinês absorveu cadeias inteiras de suprimento que costumavam residir dentro das fronteiras de outros países espalhados pelo mundo. Neste sentido, os EUA, a Alemanha, a Grã-Bretanha e diversos outros países também são cúmplices da China, tanto no que diz respeito à concentração de consumo energético quanto à poluição. Por exemplo, os automóveis que eram fabricados no Japão viram suas linhas de montagem e a fabricação de seus componentes se mudarem para o sul da China. Com isso, as necessidades energéticas embutidas no gerenciamento dessa cadeia de produção também se mudaram para a China continental. Consideremos também os efeitos que a empresa norte-americana Walmart exerceu sobre a manufatura chinesa. A maioria dos produtos que o Walmart importa atualmente da China costumava ser fabricada nos EUA até a metade da década de 1990. Apenas para efeito de comparação, se o Walmart fosse um país sua economia ocuparia a **25ª posição global**. O poder de negociação dessa empresa era tão gigantesco que ela conseguia manter as margens de lucro de seus fornecedores extremamente baixas, o que fez com que várias empresas norte-americanas não mais fossem capazes de competir com os exportadores chineses, sempre famintos por negócios. Todavia, a transferência de pedidos que outrora teriam ido parar nas mãos de companhias norte-americanas também levaria consigo uma porção significativa dos gastos energéticos do país. O problema é que, infelizmente, quando o assunto é converter energia em riqueza, as operações chinesas exibem apenas um quarto da eficiência dos empreendimentos norte-americanos.[39] A demanda energética chinesa acabou se tornando mais expansiva do que aquela para o qual o país havia se preparado ao planejar sua própria infraestrutura no setor.

Porém, em 2005, a China começou a se tornar mais eficiente em seu uso de energia. O objetivo era reduzir sua dependência em relação a combustíveis fósseis e suas despesas na construção de infraestrutura energética adicional. Em seu 11º Plano de Cinco Anos, o país estabeleceu como objetivo **poupar 20% da energia** utilizada por unidade de atividade econômica. Nos anos de 2006 e 2007, em comparação ao crescimento do PIB do país, o uso energético se manteve teimosamente bastante elevado. As fábricas locais estavam trabalhando a todo vapor para atender à demanda dos consumidores ocidentais, enquanto os projetos de construção domésticos continuavam a florescer por todo o país. Na época, parecia incerto que a nação conseguisse atingir sua ambiciosa meta. Foi então que a crise econômica global de 2008-2009 – o mais dramático período de retração econômica mundial desde a Grande Depressão dos anos 1920 – eclodiu.

O efeito dessa Grande Recessão na China foi o **fechamento de milhares de fábricas** que já não conseguiam exportar seus produtos para o resto do mundo. A crise também forçou milhares de outras fábricas a reduzir de maneira drástica suas jornadas de trabalho, operando apenas dois ou três dias por semana. Essa mudança foi traumática para um setor que apenas um ano antes se mostrara super dinâmico. A maioria dessas fábricas mantinha três turnos de trabalho, 24 h por dia, sete dias por semana. A taxa de crescimento do PIB em 2008 apresentou seu nível mais baixo em sete anos, alcançando somente 9%. Como efeito líquido dessa estagnação, o uso energético se tornou congruente com o próprio crescimento do PIB. Em 2008, o consumo de energia no país subiu apenas 5%, ano após ano, registrando a menor taxa de elevação desde 1998.[40]

A despeito dessa situação, a crise também acabaria se revelando um presente para os especialistas do setor energético chinês. Abrigando fábricas esbanjadoras e com baixas margens de lucro, além de vários grandes projetos de construção sem condições de continuar durante todo o ano de 2009, a meta chinesa de eficiência energética acabou se transformando em um alvo tangível. No final, o governo celebraria o fato de o país ter adentrado o ano de 2010 apenas 0,9% acima de seu objetivo.

Em resumo, a dependência da China e do Ocidente em relação aos combustíveis fósseis é tão profunda e tão constante em termos históricos que, para conseguir substituir suas fontes energéticas, os seres humanos teriam de se desfazer da "fibra que compõe o próprio tecido de suas sociedades". Alterações radicais e irrevogáveis, equivalentes a trilhões de dólares, teriam de ocorrer em infraestrutura, nos meios de transporte e nas usinas geradoras de força. O próprio modo como comemos, estocamos e processamos nossos alimentos teria de ser completamente transformado. O pior cenário possível caso simplesmente ficássemos sem estoque de combustíveis fósseis antes de conseguirmos fontes alternativas suficientes seria um mundo ao melhor estilo *Mad Max*. Lembrando que *Mad Max* foi uma trilogia produzida ainda nos anos 1980. Na história, o ator australiano Mel Gibson, que interpreta o personagem do título, luta por sua própria sobrevivência em um mundo que valoriza, acima de tudo, o **petróleo** e a **gasolina** que alimentam veículos antigos e favelas dilapidadas. Na lúgubre narrativa, a sociedade civil se desintegrou e a força bruta comanda um planeta que já não consegue sustentar o nível de complexidade ao qual se acostumou no passado. Em níveis nacionais, os ancestrais dessa verdadeira distopia parecem não ter investido o suficiente em fontes energéticas alternativas (como energias eólica, solar e/ou nuclear), como, aliás, a China começou a fazer em 2008.

Embora o carvão e o petróleo continuem claramente a reinar sobre os esforços de modernização da China, o país já desenvolveu políticas nacionais para se tornar **independente** em termos energéticos. O gigante asiático não visa apenas se tornar o mais autossuficiente possível em relação a potenciais tiranias de instáveis fornecedores de combustíveis fora de suas fronteiras. Ele quer se proteger também dos caprichos dos mercados internacionais. Os líderes chineses compreendem a necessidade de buscar independência em relação aos combustíveis fósseis que, embora ainda estejam disponíveis, poderão, repentinamente, deixar de existir.

Capítulo 7

Considere as alternativas

De repente o almoço naquele restaurante de temperatura agradável foi interrompido e todos os convidados repousaram seus talheres sobre suas mesas para escutar atentamente as palavras do senhor Wang: "As usinas eólicas de alto mar sofrerão terríveis acidentes por conta de problemas de qualidade e da velocidade de sua construção." A despeito de ser um anfitrião jovem, distinto, espirituoso e de temperamento afável, seu tom, naquele momento, revelou-se sombrio. Até mesmo sua colega, uma jovem chinesa chamada Leslie, ficou com o rosto pálido diante da previsão. Wang era o gerente comercial sênior da divisão de turbinas eólicas da Daoda Heavy Industry, uma construtora naval privada. O estaleiro que visitei no final de 2010 fora completamente inundado há 3 anos pelas águas velozes, lamacentas e repletas de galhos e entulhos do rio Yangtzé. Agora, um casco com 30 mil toneladas de **porte bruto** de carga se equilibrava na nova doca. Empregados instalavam os equipamentos no deque enquanto, do lado oposto da embarcação, uma imponente turbina eólica com cerca de 80 m de altura, erguida à margem do rio, acompanhava o trabalho como uma verdadeira sentinela. O fabricante da turbina enviara o modelo para o estaleiro para testar a estabilidade de suas fundações de concreto. A Daoda, assim como várias fabricantes de turbinas eólicas da China, estava aprendendo por meio do **processo de tentativa e erro**. De fato, o grande salto da Daoda rumo à fabricação de fundações para turbinas eólicas dizia muito sobre todo o setor de energia alternativa no país.

Em 2005, o governo central articulou uma política no sentido de desenvolver fontes alternativas de energia para suplementar o uso de combustíveis fósseis no país. Para atingir seus objetivos, o governo central ofereceu aos fabricantes domésticos subsídios, isenções fiscais e proteção contra concorrentes internacionais. No período de três anos, toda essa generosidade por parte do governo chinês transformou as empresas de energia eólica e solar em grandes forças nos mercados internacionais e, em 2020, Pequim gostaria de conquistar essa mesma supremacia para as companhias domésticas que atuam nas áreas de tecnologia automotiva para veículos elétricos, usinas nucleares e hidroelétricas. Porém, os ambiciosos cronogramas estabelecidos para o desenvolvimento desse setor provocaram capacidade ociosa, falhas de *design*, problemas de qualidade, altos custos de manutenção e, por conseguinte, a irritação de potenciais parceiros internacionais. Foi então que a tragédia envolvendo a usina nuclear de Fukushima-Daiichi, no Japão, em março de 2011, provocou não apenas uma pausa, mas também a revisão dos planos do governo chinês de implementar um futuro mais sustentável.

Entretanto, já no início de 2012 as memórias ruins da tragédia pareciam ter ficado para traz, à medida que os mercados e os homens responsáveis pelo dinheiro começaram a estimular novos investimentos no setor. Estava claro, também, que o país continuaria a enfrentar uma crônica falta de energia, uma vez que a urbanização representava um componente primário nos esforços do país rumo à modernização. O impacto negativo sobre o meio ambiente e as doenças relacionadas à poluição também fizerem com que Pequim acelerasse a produção e o uso de tecnologias alternativas no setor energético. Parecia claro que a China não poderia aceitar a ideia de adentrar o futuro como refém dos combustíveis fósseis. O setor eólico do país estava decidido a negociar novos termos para o fornecimento desse tipo de energia à nova sociedade chinesa.

Vento pelas costas

Em 2010, no que diz respeito a capacidade instalada, a China ultrapassou os EUA na geração de energia eólica. Com a construção de um total de turbinas equivalente a 16 gigawatts, somente em 2010, a capacidade total da China saltou para mais de 42 gigawatts. Naquele mesmo ano, os EUA haviam instalado cerca de cinco gigawatts, aumentando sua geração de energia eólica para um total de 40 gigawatts.[1]

Então, no início de 2011, o governo central da China revisou suas metas originais de instalar 100 gigawatts de capacidade de geração de energia eólica em 2020. O objetivo original havia sido 30 gigawatts, um número que o país já havia alcançado em 2010. A nova meta para 2020 significava que a China precisaria construir uma turbina e meia por dia de 2015 até 2020, para atender às exigências do governo. O modelo mais popular de turbina construído durante a década do novo século gerava 2,5 megawatts de potência, o que seria suficiente para fornecer energia para 2.500 lares norte-americanos. As torres que ostentam as típicas turbinas de três hélices alcançavam entre 75 m e 100 m de altura, e as lâminas variavam em comprimento, de 20 m a 40 m.

O governo central chinês já promovia o setor de energia eólica no país de maneira agressiva desde 2005. Na época, quase 80% do mercado interno estava nas mãos de concorrentes estrangeiros, como a dinamarquesa Vestas, a espanhola Gamesa e a indiana Suzlon. Em meados dos anos 2000, o governo chinês identificou três fabricantes de turbinas que gostaria de cultivar internamente: a Sinovel, a Goldwind e a Dongfang Electric. No período de três anos dessa iniciativa, os fabricantes de turbinas ocidentais perceberam que só controlavam agora 20% do mercado chinês. Pequim alcançou, portanto, seu objetivo de isolar o mercado doméstico de usinas eólicas e reservar **importantes zonas de vento** para a **indústria nacional**. O governo central também aplicou outra restrição aos fabricantes internacionais de turbinas.

Em 2005, a NDRC impôs sobre os fabricantes de turbinas no país uma regra crucial. Sendo um dos mais poderosos ministérios da China – responsável por controlar não somente a direção do processo de modernização do gigante asiático, mas também o ritmo em que qualquer desenvolvimento deverá ocorrer e o grau em que a nação se abrirá para investimentos diretos estrangeiros –, o órgão definiu que todas as turbinas eólicas usadas no país precisariam conter pelo menos 70% de componentes produzidos localmente. Os fabricantes estrangeiros reclamaram dessa política, alegando que isso seria prejudicial a empresas de fora e, inclusive, contrário às regras estabelecidas pela OMC. O objetivo da OMC é justamente assegurar um campo de jogo equilibrado no comércio internacional. A NDRC sabia que os fabricantes estrangeiros dependiam de cadeias de fornecimento fora da China para manter o nível de qualidade e sofisticação tecnológica que as turbinas eólicas exigiam. Os planejadores do governo central desejavam, portanto, que mais fabricantes de componentes usados nessas turbinas se realocassem em solo chinês. Pequim queria que mais tecnologia e *know-how* dos fornecedores ocidentais fossem transferidos para os fabricantes nacionais. Essa nova política de componentes também garantiu aos fornecedores domésticos tempo para amadurecer e aperfeiçoar suas próprias mercadorias enquanto as empresas estrangeiras estabeleciam suas operações no país. Todavia, muitos fabricantes estrangeiros de componentes se negaram a transferir seus negócios para um ambiente em que já sabiam que seus **direitos de propriedade intelectual estariam ameaçados**.

Por fim, no final de 2009, a NDRC decidiu abrandar suas exigências. Em uma tentativa de preservar sua imagem, as autoridades chinesas explicaram a mudança de política afirmando que a China era não apenas um país moderno, mas uma economia internacional e plenamente aberta a todos os fabricantes, independentemente de sua origem. Contudo, a explicação que me foi dada para a repentina mudança pelo então presidente da Danish Wind Energy Association (Associação Dinamarquesa de Energia Eólica), na China, Poul Kristensen, foi bem diferente: os fornecedores chineses não possuíam a tecnologia, a experiência ou o treinamento necessários para fabricar os componentes que as turbinas eólicas realmente precisariam para funcionar bem em um país de geografia tão variada quanto a China, composta por grandes desertos no noroeste; savanas na Mongólia Interior; subtrópicos úmidos no sudeste; e o corrosivo ambiente das regiões costeiras. O gigante asiático se viu obrigado a tornar o ambiente comercial para os fornecedores estrangeiros de componentes mais convidativo que no passado.

Na verdade, a lacuna tecnológica entre os fornecedores chineses e os ocidentais era tão grande em 2010 que estes últimos tiveram de ensinar as especificações do produto aos potenciais compradores do país. Por exemplo, um CEO de uma empresa de componentes dinamarquesa contou-me que quando sua empresa perguntou aos compradores chineses as dimensões das lâminas ou hélices que eles estavam construindo, estes responderam que **não sabiam**. Na verdade, os fabricantes chineses insistiram que os vendedores dinamarqueses eram os especialistas e que, portanto, eles deveriam informar aos compradores chineses o quão grandes os produtos chineses deveriam ser.

As ambições chinesas no setor de energia eólica para 2020 pareciam estar bem além das reais possibilidades do país em 2010. Os fabricantes nacionais simplesmente desconheciam o funcionamento dos sofisticados componentes internos das turbinas, os produtos químicos secretos presentes nas camadas de tinta que recobriam as lâminas e, inclusive, os processos de manutenção dos equipamentos. O problema é que, em última análise, a maior parte dos custos de instalação e manutenção depende justamente da qualidade das próprias turbinas. Torben Jorgensen, chefe do departamento de tecnologia da Fritz Schur Energy, um fabricante dinamarquês de sistemas hidráulicos para inclinação de hélices, explicou-me que os fabricantes chineses pareciam desconhecer o conceito de Custo Total de Propriedade, que envolve não somente o gerenciamento dos custos envolvidos na fabricação do produto, mas também os de manutenção desse mesmo produto ao longo de toda a sua vida útil. A prevalência de altos subsídios, de compadrios e de uma abordagem mercenária nos processos de manufatura e venda de turbinas significava que os fabricantes produziam turbinas com o objetivo de vendê-las o mais rápido possível, sem assumir muita – ou qualquer – responsabilidade por seu desempenho e/ou por sua durabilidade. A cultura de fabricação chinesa em que prevalece o conceito de **"suficientemente bom"** também implicava em um aumento significativo nos custos de manutenção, uma vez que equipamentos que deveriam durar 20 anos provavelmente **funcionariam de maneira adequada apenas por sete ou oito anos**. As turbinas fabricadas na China custavam apenas metade do preço das produzidas no Ocidente. Em média, as empresas ocidentais investiam US$ 3,5 milhões na construção de turbinas eólicas com capacidade típica de 2,5 megawatts. Considerando os subsídios praticados pelo governo sobre a energia derivada de turbinas, as empresas responsáveis por essas estações eólicas precisariam de pelo menos 15 anos para equilibrar os investimentos realizados. Os custos de manutenção tornariam a administração desses equipamentos **uma proposta de negócio absolutamente deficitária**.

Na tentativa do país de alcançar seus objetivos em termos de energia renovável em 2020, o baixo nível de *know-how* tecnológico, as questões de qualidade e os crescentes custos de manutenção dentro do setor acabaram fazendo com que as turbinas eólicas chinesas se transformassem mais em um fardo que em um patrimônio nacional. No ano de 2011, a NDRC suspendeu a construção de novas fazendas eólicas. A Comissão exigiu uma auditoria nas turbinas já instaladas – metade das quais estava inoperante e desconectada da rede elétrica, e os outros 50%, já fisicamente ligados, enfrentavam constantes problemas de manutenção. Todavia, os problemas do governo com a implementação de um plano bem coordenado de energia eólica deram ao governo a pausa necessária para que ele implementasse o setor de exportação de produtos ligados a energia solar.

Um pequeno raio de sol

A empresa Hebei Zhongming Energy & Techonology Co., Ltd. foi obrigada pelos dirigentes do governo local a produzir 60 megawatts em baterias solares fotovoltaicas (PV, na sigla em inglês) até o final de 2010. O empreendimento foi inaugurado em um terreno de 40 mil m² em abril de 2010. Em maio do mesmo ano, Hebei Zhongming ainda construía sua fábrica de painéis solares e sequer havia contratado seus funcionários quando tive a oportunidade de me encontrar com representantes da empresa. Então, quando perguntei onde encontrariam toda a mão de obra necessária para dar conta das operações, o representante comercial explicou: "Aqui mesmo." Por "aqui mesmo", ele se referia ao delta do rio Yangtzé, local onde, desde 2005, centenas de outras companhias já fabricavam células fotovoltaicas para exportação. Na verdade, Hebei estava situada em uma região árida mais ao norte, próxima a Pequim. A empresa era uma subsidiária da Tangshan Mingshi Industry Co., Ltd., estatal responsável por comandar um parque logístico local e vários imóveis, e por gerenciar concessões de extração de petróleo. Essa estreante no mercado chinês no setor de células fotovoltaicas representava projetos domésticos de investidores locais privados e do governo, em busca de grandes retornos financeiros. Porém, os investidores da Hebei Zhongming não eram os únicos acionistas que ambicionavam lucros rápidos.

Hans Suo, diretor de vendas da SunLink PV, em Zhangjiagang, na Província de Jiangsu, disse-me em 2010: "Neste ano, 250 novas empresas estão entrando no mercado de PV." Contudo, no final de 2010 ficou bem claro que as projeções de Hans Suo estavam totalmente equivocadas, já que 600 estreantes (*start-ups*) haviam se aventurado na fabricação de células fotovoltaicas. A SunLink estava no negócio desde de 2004. As novas instalações que visitei tinham capacidade para construir 100 megawatts em PVs por ano, ou seja, o suficiente para fornecer energia para 100 mil lares norte-americanos, por ano. A companhia não planejava, entretanto, finalizar a construção do prédio nem ocupar os andares extras, pelo menos enquanto não se certificasse de que o mercado teria condições de absorver sua capacidade adicional. Se operasse com carga total, a SunLink seria capaz de dobrar sua produção em um ano. De fato, ao longo de todo o ano de 2010, novas empresas chinesas continuaram a invadir o mercado de painéis fotovoltaicos. O próspero mercado de exportação havia derrubado os preços da produção desses equipamentos e os governos locais continuaram a oferecer subsídios para *start-ups* no setor.

Então, em 2007, a NDRC alertou os fabricantes para o risco de capacidade ociosa no setor. Com a crise econômica de 2008-2009, os preços das PVs despencaram, conforme os compradores internacionais já não conseguiam fechar seus pedidos diante do excesso de solicitações feitas aos fornecedores e, ao mesmo tempo, das dificuldades por parte desses próprios compradores internacionais em conseguir crédito e/ou dinheiro para honrar suas compras. O mercado espanhol foi duramente atingido à medida que os subsídios do governo simplesmente evaporaram. De repente, a Espanha – cujo setor imobiliário fora um dos maiores consumidores da tecnologia fotovoltaica chinesa – se viu atolada em dívidas e afetada por uma elevada taxa de desemprego. Até então, a política nacional espanhola não apenas sustentara tarifas *feed-in* (FIT[A]) para reduzir os custos de agregação de painéis solares ao sistema de distribuição de energia elétrica, mas também oferecera incentivos fiscais para a compra de equipamento de geração de energia solar. O mercado alemão também foi fortemente impactado pela crise econômica global,

---

A - Trata-se de uma estrutura utilizada para incentivar a adoção de energias renováveis. Por meio de legislações específicas, as concessionárias regionais e nacionais são obrigadas a adquirir eletricidade renovável em valores estabelecidos pelo governo e acima do mercado. (Fonte: http://www.americadosol.org/glossario/) N.T.

mas conseguiu se reerguer no final de 2009. Todavia, o governo germânico reduziu em 16% os subsídios oferecidos em tarifas *feed-in*. Ao longo de vários anos, a Alemanha fora o maior mercado para os produtos chineses no setor de energia solar, portanto, essa mudança de estratégia representou um fortíssimo golpe nos fabricantes de PVs chineses.

Em outubro de 2010, a NDRC avisou aos fornecedores chineses sobre a superprodução de produtos fotovoltaicos. Na época, a capacidade ociosa das empresas estava derrubando os preços em uma taxa alarmante, o que tornaria difícil para as empresas do setor, exceto as de grande porte, lucrar neste mercado.[2] De fato, a capacidade ociosa dos produtos fotovoltaicos reduziu os preços em quase 50% entre 2008 e 2010.[3] Durante esse mesmo período, as exportações de PVs para os EUA quadruplicaram. A rápida queda nos preços desses produtos para o mercado de exportação fez com que os fabricantes com base nos EUA solicitassem ao governo norte-americano o estabelecimento de uma tarifa de 100% sobre a importação dos produtos chineses. O pedido mencionava o fato de os fabricantes chineses se beneficiarem de empréstimos governamentais, reduções fiscais, terras mais baratas e, inclusive, de uma moeda subvalorizada. Em 2012, os fabricantes chineses se deram conta de que restavam poucos mercados mundiais em que seus produtos ainda poderiam ser comercializados – lembrando que o mercado doméstico no setor era praticamente inexistente.

Cui Rongqiang, professor no Centro de Pesquisas sobre Energia Solar da Shanghai Jiao Tong University, acreditava que a capacidade total de consumo de painéis solares pelos chineses m 2010 era de apenas 130 megawatts.[4] Isso significava que uma única empresa como a SunLink, operando com força total, seria capaz de atender às necessidades de todo o país durante um ano. Todavia, ainda de acordo com Cui Rongqiang, no final de 2010, as empresas chinesas do setor já apresentavam uma capacidade anual combinada de 4 mil megawatts.[5] O problema é que, a despeito de toda essa capacidade de geração de potência, a energia solar continuava quase duas vezes mais cara no país do que aquela gerada com o uso do carvão.[6] Sendo assim, as operações de geração de energia e produção de carvão não tinham muito interesse em aumentar ainda mais sua capacidade de geração de eletricidade, pois isso tornaria seus contratos não competitivos. Os compromissos do governo em utilizar a capacidade energética adicional oriunda das turbinas eólicas tornaram a integração da energia solar no sistema de fornecimento de energia ainda menos atraente. Em vez de uma política de tarifas *feed-in* para subsidiar a venda de produtos fotovoltaicos para fornecedores de energia, os fabricantes chineses continuariam, portanto, a canibalizar as empresas domésticas. Ao longo de todo o ano de 2011, os fabricantes de PVs locais esperaram por uma política nacional tão robusta quanto à idealizada para o setor de energia eólica; algo que abrisse o mercado fotovoltaico doméstico. Afinal, sem o apoio do governo central, o mercado local de produtos fotovoltaicos considerava praticamente impossível obter algum lucro no implacável mercado nacional. Os fornecedores de produtos fotovoltaicos se tornaram, portanto, reféns dos mercados de exportação.

Enquanto isso, o governo central preferia apoiar grandes projetos que servissem como vitrines para o mundo. Por exemplo, embora instável, a energia eólica fornecia os megawatts necessários para que famintas sociedades em busca de modernização conseguissem crescer e prosperar. A grande escala das fazendas eólicas também tornava mais fácil para as autoridades do governo demonstrar o sucesso de suas políticas. Em contrapartida, os fabricantes tradicionais de PVs baseavam suas vendas em pequenos lotes de painéis para projeto que geravam poucos quilowatts de energia. O desempenho da maioria dos produtos fotovoltaicos chineses também era bem inferior àquele alcançado pelo petróleo e pelo carvão. Na melhor das hipóteses, as modernas células policristalinas operavam a um nível de eficiência inferior a 25% de sua capacidade – para se tornarem tecnológica e politicamente viáveis na China, as fazendas solares precisariam de grandes expansões de preciosa terra. Neste sentido, os governos provinciais e nacional propuseram aplicações tecnológicas para os produtos fotovoltaicos em uma escala jamais tentada em outros países.

Por exemplo, em maio de 2010, o sistema de veículo leve sobre trilhos (VLT[B]) adotado na estação de Hongqiao se tornou o maior projeto independente a utilizar Energia Fotovoltaica Integrada (BIPV[C]), pouco antes do início da Expo Xangai 2010. A transmissão de energia teve início no mesmo mês. Quando passageiros entravam ou saíam do trem na estação eles estavam de fato em uma usina elétrica. A estrutura conseguia produzir 6,3 milhões de quilowatts-hora (kWh) de

---

B - Também conhecido como *light rail*. (N.T.)

C - Sigla em inglês para Building Integrated Photovoltaic. (N.T.)

eletricidade por ano, ou seja, o suficiente para alimentar 12 mil residências em Xangai. Seus 20 mil painéis solares recobriam uma área total de 61 mil m². A estação é colossal; um retângulo gigantesco em cuja extremidade se encontra o aeroporto internacional de Hongqiao, um grande *hub* para vôos domésticos. Logo em seguida, outras cidades e províncias por todo o país promoveram seus próprios projetos envolvendo BIPV.

Em 2009, atuando de forma integrada, o Ministério das Finanças, o Ministério de Ciência e Tecnologia e a Administração Nacional de Energia – um departamento da NDRC – lançaram o programa Golden Sun (Sol Dourado), que ofereceria subsídios iniciais para projetos fotovoltaicos de grande escala no período de 2009 até final de 2011. Um dos maiores projetos do programa Golden Sun envolvia a empresa Astronergy.

No final de 2010, a Astronergy revelou seus planos para a construção da maior estrutura do mundo a utilizar o sistema BIPV. A Astronergy era uma fabricante de módulos solares com filme fino e cristalino, sediada em Hangzhou. O projeto envolveria a colocação de painéis solares sobre a estação ferroviária de Hangzhou. Em termos de renda *per capita*, a cidade de Hangzhou é tão rica quanto Xangai, mas é bem menor em tamanho. Ela está localizada a cerca de duas horas a oeste de Xangai. O projeto de 10 megawatt custaria ¥ 270 milhões e, segundo estimativas, geraria 9,8 milhões de quilowatts-hora por ano. O programa Golden Sun bancou cerca de 8 megawatts do projeto. Coube à National Solar Photovoltaic Building Demonstration Projetcts patrocinar os 2 megawatts restantes. Outras cidades também insistiram em participar dessa "corrida".

Para não ficar para trás em relação a Xangai e Hangzhou, a Beijing Economic and Technological Development Area (BDA) lançou seu próprio projeto no final de 2010. O Plano era instalar um sistema de energia solar com capacidade para 20 megawatts, com um orçamento estimado em ¥ 460 milhões (cerca de US$ 71 milhões).[7] Também em 2010, a China solicitou que os interessados enviassem suas propostas para a construção de uma usina termoelétrica solar. Pequim também convidou empresas a apresentarem projetos de energia solar baseados em tecnologias incomuns.

O governo central decidiu lançar um projeto de 50 megawatts no norte da China, em Hangjinqi, na região autônoma da Mongólia Interior. O trabalho seria supervisionado pela China Machinery and Equipment International Tendering Co., Ltd. O projeto de US$ 240 milhões seria controlado pela Administração Nacional de Energia da China, o novo braço governamental estabelecido em 2008 para fiscalizar o setor energético do país, sendo o primeiro do seu tipo na Ásia. De acordo com estatísticas do governo local, esse novo projeto poderia gerar até 120 milhões de quilowatts-hora de eletricidade. O aquecimento solar térmico utiliza espelhos para concentrar a radiação solar e transformar água em vapor, que é então estocado em um dispositivo de armazenamento. O calor pode então ser extraído para produzir energia durante a noite ou em dias nublados. O processo de Energia Solar Concentrada (CSP[D]) ainda se encontrava em estágios experimentais na China quando as autoridades governamentais anunciaram um projeto de 50 megawatts. De fato, a tecnologia para CSP na China havia acabado de sair do laboratório, portanto, grande quantidade de tecnologia estrangeira ainda seria necessária para amadurecer o conceito. Cientistas escolheram a região de Hangjinqi, na Mongólia, como uma das poucas áreas na órbita chinesa com recursos suficientes – luz solar e água – para suportar um projeto de tal magnitude. O processo de escolha do local relevou a fragilidade da tecnologia: a China está **ficando sem água** por conta de secas, evaporação da água, intenso uso industrial e desperdícios no setor agrícola. Todavia, os planos dos visionários chineses de alcançar um futuro energético baseado em energia solar não se deixariam abater por essas restrições nos recursos naturais.

Após a definição do local – o deserto de Gobi –, um gigantesco complexo de vidro foi construído pelos cientistas chineses. O projeto envolvia a retirada do calor da areia e a canalização de correntes de convecção através de uma chaminé para movimentar uma turbina no topo da estrutura. Turbinas eólicas próximas da chaminé suplementavam a geração de energia elétrica durante o inverno, quando o sol não era tão forte quanto nos meses de verão. A turbina também funcionava durante a noite, já que o processo de resfriamento da areia fornecia correntes quentes suficientes para movimentar o gerador. A primeira fase do projeto começou a operar em 10 de dezembro de 2010, com uma capacidade de 200 quilowatts. Em 2011, esse gerador já forneceria 400 mil quilowatts de eletricidade por ano, economizando o equivalente a 100 toneladas de carvão e 900 toneladas de água. Financiado por uma companhia local da Mongólia Interior, com ¥ 1,38 bilhão

---

D - Concentrated Solar Power. (N.T.)

(US$ 208 milhões), o projeto contaria ainda com duas outras fases de construção antes de estar completo em 2012. O projeto final cobriria uma área de 277 hectares e teria uma capacidade total de 27,5 megawatts. A energia gerada pela usina alimentaria a rede elétrica do centro-norte do país, responsável por atender Pequim.

A China possui quase 2,6 milhões de quilômetros quadrados de áreas desérticas no norte do país, como um dos principais cientistas do projeto descreveu a região de Gobi. Pode-se imaginar, portanto, que à medida que as areias invadam Pequim, o mundo poderá um dia vislumbrar chaminés solares em pleno centro da capital chinesa. Mas embora o norte possa ser uma região árida, o sul do país oferece grande potencial para uma fonte energética rica e, ao mesmo tempo, controversa – a **energia hidrelétrica**.

Barrando os vizinhos

Em outubro de 2011, a junta militar da República da União de Mianmar (antiga Birmânia) tomou uma medida sem precedentes ao cancelar o projeto de US$ 3,6 bilhões para a construção de uma barragem hidrelétrica em Myitsone, cidade próxima da fronteira norte do país com a China. A barragem, um projeto conjunto entre os governos birmanês e chinês, extrairia energia do lendário rio Irauádi. Porém, o governo da União de Mianmar considerou que a obra destruiria os lares e o estilo de vida de milhares de residentes locais. O cancelamento enfureceu as lideranças chinesas. A barragem de Myitsone, porém, não seria o primeiro projeto hidrelétrico da China a preocupar os vizinhos do país. Infelizmente para todas as nações do sul asiático, os planos chineses de construir barragens nos maiores rios do continente não seriam facilmente abortados.

Em 2010, a eletricidade gerada por usinas hidrelétricas já representava 20% da matriz energética do país, ou seja, quase 200 gigawatts. De fato, somente o projeto das Três Gargantas gera quase 10% de toda a hidroeletricidade produzida no país, o que seria suficiente para fornecer energia a 20 milhões de lares ao estilo norte-americano. Em 2011, as lideranças do governo tornaram públicas suas intenções de dobrar essa capacidade até 2020.[8] O fato é que os incansáveis processos de urbanização, industrialização e consumismo no país acabaram acelerando não apenas a busca de novos projetos, como a própria construção de instalações geradoras de energia, convencionais e/ou alternativas. A partir da perspectiva da engenharia, a **energia hidrelétrica** é como uma **fruta** que pode ser **facilmente apanhada**: os rios estão abertos ao uso e são plenamente acessíveis, e os engenheiros chineses têm ampla experiência em construção nesse setor. Os planos da China de construir barragens nas águas que alimentam o sudeste da Ásia não passaram em branco na região.

Os Estados do sul já culpam as hidrelétricas chinesas por reduzirem as torrenciais águas do Mekong a praticamente um filete de água. O Mekong (Méigonghé, em chinês) nasce nas grandes geleiras do platô tibetano e corta a China (na Província de Yunnan), a União de Mianmar, o Laos, a Tailândia, o Camboja e o Vietnã. Mais de 60 milhões de pessoas dependem do rio para viver – de acordo com a Mekong River Commission (Comissão do rio Mekong), trata-se da maior pesca não marítima do mundo.[9] Alguns analistas também culpam os projetos de hidrelétricas, de modo parcial, pelas secas que afetaram o sudeste da China nas primaveras de 2010 e 2011 – águas que normalmente fluiriam livremente pela região foram mantidas em reservatórios e não irrigaram as terras. Durante as secas na China, o nível de água ao longo do rio Mekong caiu em vários metros no sudeste asiático, atingindo os índices mais baixos da história. A seca matou os peixes e destruiu os estoques existentes. A ocorrência também interrompeu as operações das estações hidrelétricas na província de Yunnan e, essencialmente, provocou o desligamento de 90% das estações na região autônoma vizinha de Guangxi Zhuang. Durante esse período condições climáticas descontroladas também debilitaram prejudicaram o fornecimento de energia elétrica em Guangdong, que recebia uma parte substancial de sua energia das estações hidrelétricas estabelecidas em Guangxi. Mas a despeito dos problemas com a geração de energia na província de Yunnan, os olhos de Pequim estavam voltados para além do rio Mekong.

O rio Salween (Nùjiang, em chinês) – um dos maiores rios do mundo em comprimento, que corta a União de Mianmar e a Tailândia –, ainda não contava com nenhuma barragem até 2011. Mas a China desejava mudar essa situação, instalando várias usinas hidrelétricas ao longo do trecho que corria dentro de suas fronteiras. Todavia, inúmeros obstáculos de ordem política – além fronteiras e internos de Mianmar e da Tailândia – retardavam repetidamente os projetos. No verão de 2010, o governo central chinês aprovou projetos no rio que haviam sido anteriormente suspensos por conta das preocupações verbalizadas pelos vizinhos. Essa atitude demonstrou claramente que os dias de paz para o rio Salween estavam contados. Porém, a China não se contentaria em apenas alterar a situação nas regiões pantaneiras.

No final de 2010, a China começou a trabalhar no maior projeto hidrelétrico do planeta. As equipes de engenheiros chineses represaram o rio Yarlung Zangbo, nas montanhas do Himalaia, para construir a primeira de uma série de barragens hidrelétricas e atender às necessidades energéticas de desenvolvimento do Tibete. Esse rio sagrado, também denominado de Bramaputra, flui diretamente das geleiras do Himalaia para a Índia. A Sinohidro Bureau Nº 8 começou a represar o rio em 8 de novembro.[10] O projeto foi o primeiro desse tipo no Tibete. O investimento de ¥ 7.9 bilhões (US$ 1,2 bilhão) significaria uma capacidade instalada de 51 megawatts de potência.

De modo compreensível, os oficiais indianos sentiram-se preocupados pelo que estava ocorrendo no rio Bramaputra. As autoridades chinesas proibiram a entrada de inspetores indianos nas obras, localizadas na região de Gyaca, a 325 km ao sudeste de Lhasa, capital tibetana.[11] Aquele seria o primeiro de um conjunto de quatro projetos que seriam desenvolvidos nas proximidades da fronteira de Arunachal Pradesh, um território que há muito tempo vinha sendo disputado entre os dois países. Ocorre que a maioria dos cidadãos chineses não presta atenção aos projetos indianos, ao contrário dos próprios indianos, que observam atentamente, e com ansiedade, tudo o que acontece no país vizinho. Neste caso específico, os projetos chineses tocariam fundo na devoção indiana ao rio Bramaputra.

Os projetos da China para alguns dos rios mais vitais do planeta somente serviram para convencer a Índia, o Laos, o Vietnã, a Tailândia e a União Mianmar de que o gigante asiático estaria se afastando de sua política de **"Ascensão pacífica"** em prol de outra bem diferente: a de **"Energia – a qualquer custo"**. Todavia, a interrupção temporária no desenvolvimento do programa nuclear chinês demonstrou que as lideranças do país eram de fato capazes de evidenciar certa humildade.

Dissuasores nucleares

O desastre nuclear ocorrido na usina de Fukushima-Daiichi, no Japão, em meados de março de 2011, forçou a China a anunciar uma moratória nas aprovações e construções de seus próprios projetos nucleares. Essa medida se revelou constrangedora para uma liderança que adorava proclamar aos sete ventos sua enorme perícia no setor. A decisão também representou uma grande virada nos projetos do governo, depois do anúncio do 12º Plano de Cinco Anos do país, que propunha investimentos agressivos na área de energia nuclear. Os planos originais para a construção de algumas usinas ao longo da costa leste logo se transformaram em um megaprojeto composto de mais de 50 usinas nucleares – das quais a metade ficaria no interior do país – até 2020, que garantiriam à China uma produção de 40 gigawatts. Contudo, o dramático histórico chinês no que diz respeito a terremotos, e também a escassez de recursos hídricos, fez com que os planos de instalar usinas nucleares nas regiões interioranas do país se mostrassem, na melhor das hipóteses, **temerários** e **imprudentes**, e na pior, possivelmente **catastróficos**. No âmago dessa aceleração do cronograma nuclear chinês, residia o relacionamento "amoroso" que a China mantinha com o carvão.

A falta de carvão durante as comemorações do Festival da Primavera de 2008 fez com que as regiões mais densamente povoadas da China simplesmente parassem. Em alguns lugares, o gigante asiático enfrentou as piores nevascas em cem anos. O estabelecimento de um limite máximo de preço para o carvão interrompeu o seu fornecimento para usinas elétricas; o acúmulo de neve e gelo sobre os trilhos também impediu a entrega do precioso carvão ainda disponível para as usinas. Meses mais tarde, a NDRC decidiu acelerar dramaticamente o desenvolvimento de usinas nucleares no país.

A China iria superar a "mãe Natureza" e os aspectos econômicos relacionados aos recursos naturais construindo usinas nucleares no interior de seu território. Porém, a própria geografia do país representava riscos fortes o suficiente para sobrepujar quaisquer esforços no sentido de relevar a razão. As instalações mais problemáticas planejadas para o interior incluíam a que seria erguida na região autônoma de Ningxia, no centro do país, e também as idealizadas ao longo do rio Yangtzé, nas províncias de Chongqing, Sichuan, Hunan e Hubei.

Em abril de 2009, o diretor da National Nuclear Safety Administration (Administração Nacional de Segurança Nuclear), Li Ganjie, listou as principais preocupações acerca da nova política de desenvolvimento de energia nuclear no país.

- Falta de **pessoal** experiente e bem-treinado neste setor.
- Falta de **maturidade** do país em termos de capacidade de P&D e ausência de um currículo (histórico) na área de energia nuclear.
- **Escassez** de experiência na construção e instalação de estações nucleares modernas e sofisticadas.
- Falta de *expertise* **na administração**/supervisão dessas unidades.
- Falta de experiência na **supervisão da segurança** e da mão de obra.
- A **natimorta regulamentação ambiental** em instalações nucleares.
- Falta de experiência e de instalações para o **gerenciamento do lixo nuclear**.
- Falta de um **discurso adequado** e convincente capaz de ganhar o apoio das pessoas para a construção de usinas nucleares próximas de suas casas.

Entretanto, as questões mais básicas para a viabilidade de usinas nucleares também estavam sendo ignoradas em um país que enfrenta uma enorme quantidade de fortes terremotos e tremores menores. Por exemplo, apenas algumas horas antes de o fatídico terremoto de 9 pontos na escala Richter atingir a costa do Japão e danificar a usina de Fukushima, a província de Yunnan, na China, sofrera um tremor de 6 graus nessa mesma escala. Esse episódio feriu quase 350 pessoas. Dezoito mil casas foram destruídas e outras 30 mil sofreram danos. Apenas três anos antes, a poucas centenas de quilômetros do marco zero, ocorreu o trágico terremoto de Sichuan, que provocou a morte de quase 100 mil habitantes.

Uma das poucas **linhas de defesa** no caso de danos estruturais às instalações nucleares é a abundância de água. Com a água é possível ganhar tempo caso as emissões radioativas violem (ou escapem) os vasos de controle e a área de contenção. Ela manterá as temperaturas mais baixas, evitando assim que a carcaça se rompa e permita uma contaminação nuclear. No caso das instalações em Fukishima, operadores banharam o núcleo dos reatores com milhares de toneladas de água do mar, em um esforço para ganhar tempo e permitir que os reatores pudessem ser desligados com segurança. No final, a água contaminada com radiação acabou indo para em alto-mar.

Os planos de alocar reatores ao longo do rio Yangtzé, no interior da China, partiam do pressuposto de que o rio sempre estaria com um nível de água suficiente para resfriar os reatores durante operações normais. Além disso, esses planos também assumiam que o rio contaria com as milhares de toneladas de água necessárias no caso de uma emergência. Todavia, durante a década de 2000, os níveis de água do rio Yangtzé baixaram. Em 2009, lembro-me de uma ocasião em que me apoiei em um corrimão numa praça pública em Chongqing e observei o ponto de junção entre os rios Yangtzé e Jialing. De onde eu estava pude ver alguns bancos de areia e barcos de fundo chato – que tipicamente deslizam por águas lamacentas – encalhados como baleias indefesas. Ou seja, os planos energéticos da China incluíam o desenvolvimento de inúmeros projetos hidrelétricos ao longo de rotas fluviais que já estavam seriamente afetadas pela seca, pela urbanização, pela poluição e por práticas agrícolas devastadoras. É óbvio, portanto, que quaisquer intenções dos operadores nucleares de usar a água dos rios para resfriar os núcleos dos reatores também seriam fortemente combatidas pelos moradores locais. O acidente nuclear no Japão também evidenciou o tipo de tecnologia que a China planejava usar em seus projetos nucleares.

Após o *tsunami* de 2011 que aniquilou a costa japonesa, empresas de serviços chinesas rapidamente começaram a defender as tecnologias que utilizavam em seus programas. A usina de Fukushima, a mais afetada durante o *tsunami*, se tornou operacional no ano de 1971. Quando foi destruído, o complexo utilizava a mesma tecnologia que fora criada há mais de 40 anos. Porém, na ocasião da catástrofe, a China já estava na terceira fase de implementação de sua tecnologia nuclear. A maior parte do *design* dos reatores fora inspirada no modelo Westinghouse AP1000[E], considerado um sistema testado, aprovado e eficiente em termos de custos. Cada um dos reatores era capaz de produzir 1.250 megawatts de energia, ou o suficiente para manter mais de 1 milhão de lares com um nível de consumo ao estilo norte-americano. No início, esperava-se que os primeiros reatores fossem entregues em 2013, porém, com o

---

E - Trata-se de um modelo de reator que opera com água leve pressurizada. Ele é comercializado pela empresa Westinghouse, que pertence e é operada pelo grupo Toshiba e cuja sede está localizada na Pensilvânia, nos EUA. (N.T.)

adiamento, os prazos de entrega foram suspensos. Os planos chineses em relação aos projetos AP1000 – assim como normalmente ocorria com a maioria de tecnologias por eles importadas – envolviam adaptações para que eles atendessem às necessidades domésticas, em especial no que se referia ao uso de urânio local. O problema é que, assim como ocorre com qualquer outro mineral, ao ser extraído o urânio vem com uma série de impurezas que são bastante específicas de cada região em que ele é minerado. Todavia, Pequim não permitiria que esse pequeno contratempo interferisse em seus planos ousados e agressivos de expandir sua rede energética nuclear.

Atendendo às necessidades chinesas de adquirir a tecnologia já com a intenção de adaptá-la aos seus próprios usos comerciais, a Westinghouse estabeleceu uma *joint venture* com a State Nuclear Power Tecnology Corporation e com o Shanghai Nuclear Engineering Research & Design Institute. Juntos, eles desenvolveram o CAP1400, uma variação do AP1000. O Huaneng Group planejava construir seu reator na província de Shandong. Quando fosse acionado, em 2017, o CAP1400 seria capaz de produzir 1.400 megawatts de energia. Porém, o Huaneng Group não era a única empresa que intencionava implementar o uso de tecnologia nuclear na China.

Nos anos de 2009 e 2010, respectivamente, a China Guangdong Nuclear Power Company iniciou a construção de dois reatores, utilizando *designs* da Areva, uma companhia francesa. Os equipamentos com capacidade para 1.660 megawatts utilizariam uma tecnologia denominada European Pressurized Reactor (EPR[F]). De fato, os *designs* físicos do EPR se revelavam bastante atraentes, uma vez que privilegiavam a máxima segurança em situações de catástrofe, como o derretimento do núcleo radioativo. Entretanto, em 2009, agências reguladoras na França, na Finlândia e no Reino Unido se mostraram preocupadas em relação à Areva, apontando uma falta de independência entre os sistemas operacional e de controle eletrônico emergencial. Os agentes defendiam que se um controle deixasse de funcionar, este jamais poderia desligar o outro.[12] Essa questão se tornou um ponto de grande preocupação para os chineses quando estes resolveram suspender o desenvolvimento de seus projetos nucleares para discutir questões de segurança.

F - Sigla em inglês para reator pressurizado europeu. (N.T.)

Porém, durante esse período de moratória, algumas empresas independentes e até mesmo alguns governos locais fizeram questão de alardear seus progressos no setor nuclear. Por exemplo, Cui Shaozhang, gerente geral adjunto da Huaneng Nuclear Power Development Co, anunciou que o primeiro reator de alta temperatura resfriado a gás do mundo seria instalado em Rongcheng, na província de Shandong. A usina de Rongcheng utilizaria gás hélio em seu sistema de refrigeração. Teoricamente, o núcleo dos reatores seria capaz de resistir a temperaturas acima de 1600°C por várias horas sem derreter.[13] Ao contrário do hidrogênio, o hélio é um gás inerte e não sujeito a explosões. Então, um mês após o desastre nuclear de Fukushima, tornou-se óbvio que a caminhada da China rumo a um futuro nuclear estaria sujeita a vários desvios.

O governo central decidiu aprovar somente quatro dos dez projetos que havia planejado antes do incidente no Japão. Os riscos nucleares pareciam elevados demais para que o país continuasse com suas apostas. Os objetivos das lideranças no sentido de modernizar a sociedade e instalar mecanismos que possibilitassem um elevado crescimento econômico do país eram louváveis, porém, até mesmo o PCC precisava admitir que não exercia nenhum controle sobre terremotos e águas. Os habitantes de Pengze, na província de Anhui, também perceberam as limitações na aparente onisciência do governo central quando começaram a protestar contra a construção de uma usina nuclear em sua região. Anhui fica a cerca de duas horas de automóvel a oeste de Xangai. Então, em 2011, moradores do local, ex-oficiais do governo e cientistas se reuniram para demonstrar que eram contrários ao projeto.

He Zuoxiu, um proeminente físico já aposentado que ajudou a desenvolver o programa nuclear chinês na década de 1960, disse ao *Financial Times*: "A China precisa interromper sua abordagem de **'grande salto adiante'** no que se refere à energia nuclear." O grande salto adiante fora uma tentativa de Mao Tsé-tung de fazer com que a China rapidamente se equipasse ao Ocidente em termos industriais nos anos 1950. O esforço se revelou um completo desastre. "A China precisa possuir energia nuclear – precisamos dessa energia – mas temos de diminuir o ritmo e adotar uma abordagem mais segura e aprender com o que aconteceu em Fukishima",[14] complementou He Zuoxin. Outro programa nacional chinês ambicioso e, ao mesmo tempo, problemático, envolvia o que o gigante asiático e muitos outros países consideram como uma bala de prata energética – e/ou ambiental: os **veículos elétricos**.

Bem-vindos à avenida elétrica

Então o motorista engatou a quinta marcha, pisou fundo e conduziu o veículo de 31 lugares, a toda velocidade, até a extremidade do estacionamento da Zonda Bus, uma nova fábrica de ônibus chinesa. Foi ali que eu e um grupo de passageiros desembarcamos do veículo em uma bela manhã de sábado, já no final do verão de 2010. A Zonda Bus é uma das maiores empresas de ônibus do país, exportando veículos tanto para o Oriente Médio quanto para a Europa. A companhia também está na vanguarda nas pesquisas de tecnologias para baterias. O objetivo era fazer com que seus veículos fossem mais rápidos e mais autossuficientes que quaisquer outros ônibus a bateria, da mesma classe, produzidos no país. O setor de operações que tive a oportunidade de acompanhar ficava em Yancheng, na província de Jiangsu, a cerca de 2 h de carro de Xangai. Vários gerentes da fábrica e autoridades do governo acompanharam a delegação com a qual caminhei por uma série de salas do complexo. Cada um desses cômodos estava ocupado por um único componente que se revelaria vital para a construção da enorme bateria. O porta-voz da empresa anunciou que as baterias dos ônibus Zonda poderiam ser carregadas e recarregadas mais de mil vezes e seriam capazes de operar por mais de 500.000 km. A velocidade dos veículos chegaria a quase 110 km/h. Os 50 ônibus que a empresa havia fornecido à cidade de Tianjin para o fórum de Davos, em setembro de 2010, conseguiam rodar 500 km com uma única carga de bateria ou 300 km caso o ar-condicionado permanecesse ligado durante todo o dia.

Em 2008, o governo chinês deixara claro para o mundo que planejava introduzir a tecnologia de **veículos elétricos** (VEs) nas estradas de todo o país. Em outubro de 2010, o ministro de Ciências e Tecnologia, Wan Gang, anunciou que a China produziria um milhão de automóveis elétricos até 2020. O número ainda significava apenas uma ínfima porção do total de veículos que o país esperava comercializar naquele ano – que variava entre 46 milhões e 71 milhões de unidades –, mas, ainda assim, representava o maior mercado de VEs do mundo. De acordo com o Energy-Saving and New Energy Vehicle Development Plan – 2011-2020 (Novo Plano de Desenvolvimento de Veículos Elétricos e de Economia de Energia), por volta de 2015, as estradas chinesas já contariam com 1,5 milhão de novos automóveis elétricos. Em 2020, esse número já seria de 5 milhões de unidades. Para alcançar esse objetivo, e manter o setor a pleno vapor, o governo planejava investir ¥ 100 milhões de renminbis entre 2011 e 2020. Durante o verão de 2010, o governo central também anunciou que estimularia o mercado consumidor de VEs oferecendo um subsídio de ¥ 60 mil (quase US$ 10 mil) para cada comprador de veículo elétrico. Todavia, na melhor das hipóteses, a tecnologia para a manufatura em massa de automóveis elétricos chineses – que atendessem a todos os padrões internacionais em termos de qualidade, segurança e confiabilidade – somente estaria disponível em 2015.

Os governos locais também estavam estabelecendo esse novo ritmo para o mercado consumidor ao criar frotas de transporte público totalmente acionadas por eletricidade. Por exemplo, no final de 2008, Pequim colocou para rodar nas ruas da cidade **mil novos ônibus** movidos a **energia elétrica**. Na primavera de 2011, a capital também introduziu 50 taxis elétricos da marca Foton Midi nas ruas de Yanqing, um subúrbio de Pequim. Em 30 min o automóvel podia ser recarregado em 80% de sua capacidade. Os planos para a primeira estação de recarga de Yanqing incluíam 25 torres simples de energia. As próximas fases, que deveriam estar completas até 2015, incluiriam a instalação de outras 36 mil torres simples, 100 torres de recarga rápida, uma estação para troca de baterias, dois pontos para reciclagem de baterias e 10 postos de serviço. O governo de Pequim também planejava oferecer a cada estação de recarga subsídios de mais de 30% em seu investimento inicial. Os planos de longo prazo do governo local, para 2012, envolviam a colocação de 5 mil novos veículos elétricos em operação, dos quais 500 seriam taxis. O apoio do governo de Pequim a esse florescente setor industrial estimulou investidores por todo o país.

A despeito de todos esses planos, uma visita à Jiangsu Aoxin New Energy Automobile Company, Ltd., também em Yancheng, revelou um hangar quase vazio em que pequenas equipes de trabalhadores lentamente montavam compactos veículos elétricos. Os chassis extremamente leves e as carcaças super finas dos sete modelos em exposição ressaltavam o quanto a indústria chinesa precisaria percorrer em sua curva de aprendizagem para alcançar o mesmo nível de robustez e sofisticação exigido pelos veículos de motor a combustão. Por exemplo, os modelos AV2 e AV3, que se pareciam com joaninhas, eram desenhados para acomodar duas pessoas, mas de maneira bastante desconfortável – no caso dos ocidentais, por exemplo, os joelhos ficariam bem pressionados contra o painel dos veículos. No caso do caminhão de lixo que seria usado pela cidade – dentro do "Dinâmico Sonho de Liberdade" –, o veículo precisaria ser descarregado após uma única visita a cada um dos gigantescos conjuntos habitacionais da região. Já o microônibus AXG, com sua velocidade máxima de 40 km/h e autonomia de apenas 100 km, seria facilmente ultrapassado nas estradas pelos onipresentes enxames de lambretas. Era óbvio que aquela fábrica somente poderia fornecer veículos em quantidades sob encomenda.

Independentemente dessa situação, por volta de 2010, as empresas chinesas estavam se mobilizando em torno do setor de VEs do mesmo modo como fizeram em relação às outras fontes energéticas. De fato, quando visitei a recém-inaugurada Chery, em Wuhu, na província de Anhui, logo percebi que o estágio em que se encontrava a indústria de VEs no país naquele ano era bastante similar à situação enfrentada pelo setor automotivo em 2002. A Chery é a fabricante de um dos veículos mais populares que circulam nas estradas chinesas, o QQ. No ano de 2010, a empresa abriu seu próprio centro de P&D em Wuhu, com o intuito de criar novas tecnologias para VEs, concentrando-se primordialmente em sistemas de controle. Em busca de lucros, outros fabricantes de automóveis da China também mergulhariam de cabeça nesse novo setor industrial.

Porém, ainda há muita preocupação em todo o mundo quanto à qualidade dos veículos elétricos chineses. Analistas ocidentais consideram que tecnologias mais sofisticadas em termos de baterias, materiais e sistemas de controle representam um salto maior do que aquele que os fabricantes chineses são capazes de dar por conta própria. O espaço de tempo entre a entrada de fabricantes no mercado de VEs e a consolidação desse mercado representa uma ótima oportunidade para empresas de tecnologia norte-americanas, alemãs e japonesas – que detêm maior experiência nesse campo – marcarem sua presença no país. Como no caso das energias eólica e solar, as empresas estrangeiras poderão encontrar na China um ambiente mais receptivo e lucrativo para fechar negócios que em seus próprios territórios. Como afirmou à *Fortune Magazine* o ex-engenheiro automotivo e consultor do Boston Consulting Group (BCG) em Pequim, Marco Gerrits, as empresas estrangeiras poderiam capturar até 50% do setor industrial de VEs na China.[15] Todavia, se considerarmos nossa viagem no ônibus da Zonda como um indicador do futuro, a janela de oportunidades para os fabricantes de veículos internacionais como fornecedores alternativos de tecnologias está se fechando rapidamente.

Uma bateria de novas tecnologias energéticas

A abordagem do governo central chinês na implantação de fontes de energia alternativas tem provocado capacidade ociosa em todo o setor energético, e de modo consistente. O país tem se utilizado de uma forma simplista: ele 1º) adquire tecnologias de outros países; 2º) adapta essas tecnologias para o uso doméstico; e, 3º) então, exporta os produtos já modificados. Agressivos cronogramas de produção têm exacerbado essa capacidade ociosa ao introduzir problemas relacionados à qualidade e à manutenção dos produtos/serviços, em especial no que diz respeito à indústria eólica. Como já mencionado, concorrentes estrangeiros nos setores de energia eólica e solar já registraram reclamações contra o governo chinês, pelo fato de este apoiar práticas comerciais injustas. Se o acidente nuclear envolvendo a usina de Fukushima-Daiichi não tivesse ocorrido, Pequim teria continuado a construir dezenas de usinas nucleares em um ritmo acelerado e **sem os devidos controles de qualidade e segurança**. Contudo, um ano após a tragédia japonesa, residentes de algumas cidades chinesas se mobilizaram e protestaram contra a construção de usinas nucleares em suas regiões. Essas pessoas reclamaram que as autoridades estavam estabelecendo seus projetos sem o consentimento das autoridades locais e dos cidadãos, principalmente, sem os cuidados necessários em termos de segurança. O programa hidrelétrico chinês também gerou problemas entre a China e seus vizinhos. As barragens hidrelétricas estão no âmago do plano de segurança energética do país, porém, Estados fronteiriços acusam essas mesmas barragens de destruírem rios que há milênios sustentam as famílias que vivem em regiões ribeirinhas. Segundo essas pessoas, as barragens também contribuem para as mudanças climáticas na região. O fato é que os veículos elétricos ainda escapam dessas duras críticas já enfrentadas pelas energias **eólica**, **solar**, **nuclear** e **hidrelétrica**, uma vez que este setor ainda está engatinhando e, portanto, está repleto de desafios tecnológicos.

Em 2007, os planejadores do governo central estavam focados no desenvolvimento de tecnologias que permitissem o armazenamento de carga de bateria para fabricantes domésticos de VEs. Empresas estatais também iriam licenciar essas tecnologias para empresas de todo o mundo. Tecnologias inovadoras para o armazenamento de energia ajudariam a ampliar as distâncias cobertas por VEs. Essa capacidade de armazenamento também resolveria questões de variação na produção de eletricidade, tanto a partir de fontes convencionais como das mais erráticas, como a solar e a eólica. Durante os picos de produção elétrica e a simultânea queda no consumo, instalações de armazenamento manteriam o excesso em estoque. Em contrapartida, durante os picos de consumo, as companhias elétricas seriam capazes de usar seus estoques para reduzir o custo final para os consumidores.

Em 2010, a China iniciou esforços no sentido de desenvolver uma rede elétrica "inteligente" que cobrisse todo o país. Esse tipo de rede permite o monitoramento da produção e do consumo de eletricidade por residência, o que, por sua vez, possibilita um aumento de sua eficiência em termos de distribuição. A atual tecnologia utilizada para transportar a eletricidade desde os geradores até as residências, os comércios e as indústrias onde ela será consumida – tecnologia esta que já data de pelo menos um século – se assemelha ao uso de uma mangueira de incêndio esguichando água de maneira constante. Ou seja, neste sistema, independentemente de o usuário precisar ligar uma, dez ou cem lâmpadas, ou de não precisar de nenhuma, a fonte de energia está sempre disponível. Tomando emprestado um termo da gestão de cadeia de abastecimento, a fonte energética mais eficiente seria aquela em que o usuário se utilizasse de energia gerada *just in time*.[G] Na manufatura enxuta, as tecnologias de comunicações permitem aos fornecedores saber quando produzir determinada quantidade de um produto para atender às necessidades do consumidor em um momento específico. A tecnologia de rede elétrica inteligente busca alcançar esse mesmo nível de *expertise* em termos de conhecimento das necessidades, da produção e da distribuição de energia. Espera-se também que essas redes inteligentes ajudem a reduzir a poluição ambiental por meio de uma abordagem mais adequada à produção de eletricidade pela queima carvão.

Entretanto, a **poluição** produzida pelos combustíveis fósseis não é o único problema ambiental com o qual Pequim precisa lidar. A

G - Em tradução livre, "no tempo justo". (N.T.)

manufatura de tecnologias energéticas alternativas também cria seus próprios perigos para a saúde. Vale ressaltar que a maior parte da poluição gerada na produção das energias eólica e solar, assim como nas tecnologias para veículos elétricos, é bastante **tóxica** – ao ponto de deixar inabitáveis comunidades inteiras na China, envenenando milhares de pessoas e matando centenas de indivíduos. A produção de quotas absurdas e a aplicação de cronogramas irrealistas também têm exacerbado a crise nacional. Parece que a **tecnologia limpa**, pelo menos do modo como ela é produzida na China, não é assim tão limpa quanto o nome poderia sugerir!

Capítulo 8

Erros de emissão

Em setembro de 2011, uma multidão de 500 aldeões ultrapassou a cerca de arame que protegia a Jinko Solar Holding Company, uma fábrica de baterias solares, e saqueou as instalações. A água proveniente de chuvas torrenciais se infiltrara em barris de lixo tóxico armazenados de maneira inadequada e o líquido contaminado acabou escorrendo para um riacho em Haining, na província de Zhejiang. Após o dilúvio, residentes do local afirmaram ter visto milhares de peixes mortos flutuando em outros rios e córregos da região. A falta de ação por parte do governo provocou a ira da comunidade.

De fato, embora cinco meses antes do incidente a Agência de Proteção Ambiental local (EPB na sigla em inglês) tivesse punido as instalações por conta do armazenamento e manuseio inadequados do lixo tóxico, a fábrica continuara a funcionar normalmente. A empresa deveria ter pagado uma multa no valor de ¥ 470 mil (US$ 76.600) e as operações deveriam ter sido suspensas até que fosse instalado um sistema de gerenciamento seguro de lixo. Todavia, quando as chuvas do outono despencaram sobre a região, ficou claro que a empresa havia ignorado as determinações da EPB. O resultado foi a violenta manifestação por parte dos furiosos cidadãos da região. Os danos causados acabariam custando muitos milhares de dólares à companhia. O incidente também afetaria negativamente as "credenciais ambientais" da Jinko Solar Holding Company, que está listada na Bolsa de Valores de Nova York.

A ironia por trás da fabricação de tecnologias verdes ou ambientalmente limpas na China está justamente no quanto os **processos** utilizados neste setor se revelam **poluentes** sem a utilização de tecnologias, controles de segurança e procedimentos administrativos adequados. De fato, a pressa da China em garantir sua fatia de mercado, assim como sua luta para satisfazer seu apetite voraz por energia, fizeram com que várias questões de segurança fossem deixadas de lado em sua luta para atingir objetivos de produção totalmente desarticulados de fundamentos econômicos. Na verdade, empresas privadas e governos locais vêem medidas de segurança e de proteção à saúde como **terríveis empecilhos** para o alcance de **lucros** no setor de tecnologia limpa. Este, por sua vez, não pode ser considerado exatamente como "não poluente" durante a fase de manufatura de muitos de seus produtos. As áreas de fabricação dos setores de energia solar, eólica e de baterias para automóveis elétricos apresentam novos perigos para a saúde dos seres humanos e de seus habitats. Os residentes de Haining não foram as primeiras vítimas do lixo tóxico oriundo da manufatura de produtos fotovoltaicos na China, e é bem provável que também não sejam as últimas.

O lado negro do sol

Enquanto no ano de 2000 havia somente um fabricante de lingotes de silício (LS) em todo o mundo, em 2009 já existiam mais de 20. De fato, em 2011, a cadeia de suprimentos *on-line* Alibaba, identificou 29 fabricantes de lingotes de polissilício (LSs) na China. Richard Winegarner, presidente da Sage Concepts, uma empresa de consultoria da Califórnia, mencionou que, em geral, leva cerca de dois anos para que um fabricante de polissilício se torne operacional. Porém, ainda segundo ele, muitas companhias chinesas estavam tentando fazê-lo na metade do tempo necessário,[1] o que significava que várias fases do processo estavam simplesmente sendo negligenciadas. Todavia, há uma razão bem simples para o uso de tecnologias específicas e o estabelecimento de margens estreitas de controle ao longo do processo: reduzir ao máximo a pegada tóxica no ambiente e na vida das pessoas. Afinal, o **motivo principal** de se fabricar painéis solares é justamente fornecer uma fonte de energia que possa complementar, e quem sabe um dia até substituir, os combustíveis fósseis como fontes primárias de energia. Espera-se que a energia extraída do Sol, e manipulada para ser utilizada por seres humanos, seja abundante e limpa, reduzindo assim nossa pegada de carbono a praticamente zero. Oportunidades para oferecer aos desejosos compradores internacionais componentes para a energia solar em meados dos anos 2000 eram raras demais para serem ignoradas. Investidores e fabricantes chineses com pouca experiência ou sofisticação no setor criaram uma verdadeira agitação no mercado.

Estimulados por tarifas *feed-in* na Espanha e na Alemanha, ávidos compradores acabaram impulsionando um forte aumento nos preços do polissilício, que, entre 2003 e o final de 2008, subiu de US$ 20 dólares por quilo para US$ 300 por quilo.[2] As novas fábricas que apareciam nas pesquisas *on-line* em 2009 possuíam uma capacidade estimada de produção de 80 mil a 100 mil toneladas de polissilício – o que mais que dobrava o total de 40 mil toneladas produzido em todo o mundo até 2008. Porém, tanto compradores quanto fabricantes de produtos de polissilício pareciam ignorar os verdadeiros custos envolvidos no processo de manufatura na China.

A produção de LSs envolve o superaquecimento de cascalho de quartzito ou de quartzo triturado para a criação do silício. O subsequente aquecimento do material e a adição de substâncias químicas promovem a redução de cerca de 80% da graduação metalúrgica do silício. Um subproduto altamente tóxico desse processo é o tetracloreto de silício. As próximas fases da produção exigem o uso de solventes venenosos que se tornam ainda mais letais após interagirem com o silício. Um dos subprodutos dessa mistura é o fluoreto, que, em grandes quantidades se torna perigoso. Retornando ao caso ocorrido em Haining, foram justamente as altas concentrações de fluoreto nas águas que provocaram a invasão e a destruição parcial das instalações da Jinko Solar. Mas vale lembrar que a manufatura do produto final requer ainda mais produtos químicos.

A produção das células de silício que posteriormente serão colocadas lado a lado para formarem os painéis solares envolve o fatiamento do lingote fotovoltaico em **finos discos**, conhecidos como *wafers*. O equipamento de corte utiliza uma mistura abrasiva aplicada a um fino condutor para "lubrificar" o processo de fatiamento. Essa mistura é composta de glicol e carboneto de silício em pó, ingredientes que são inseridos pelos operadores no equipamento de corte com fio diamantado. A mistura abrasiva usada contém **partículas** superfinas de silício, denominadas *kerf*. O processo de corte submerge cerca da metade do LS na mistura e na água usada para limpar os *wafers*. Se os responsáveis pelo processo de fabricação dos discos optarem por reciclar a mistura abrasiva em vez de descartá-la no meio ambiente, em geral, eles contratarão pessoal terceirizado para transportar todo o material para um local adequado e reaver ingredientes reutilizáveis. Porém, pouco se sabe sobre os produtos químicos e o processo de descarte/eliminação que os profissionais terceirizados chineses usam para separar os produtos químicos mais tóxicos (o joio) do restante da mistura abrasiva (o trigo). Muitos simplesmente empilham sacos do produto químico carregado com a mistura abrasiva em suas propriedades.

Ao perceberem o enorme potencial do mercado chinês, os gerentes da CRS Reprocessing Services, empresa com sede em Louisville, no Kentucky, pareciam absolutamente enlouquecidos quando os encontrei em Xangai, em 2010. Desde 2003, a CRS já estava acostumada a cuidar do processo de limpeza para os fabricantes de produtos fotovoltaicos dos EUA, da Europa e também do Japão, e estavam prestes a entrar na China. Essa empresa constrói os equipamentos e implanta os processos necessários para a reciclagem da mistura abrasiva para que esta possa ser reutilizada. A CRS afirma conseguir uma taxa de reaproveitamento de 98%. Operando no mercado chinês, as possibilidades de crescimento para a empresa eram enormes, uma vez que, até há pouco tempo, quando ocorreu uma mudança na política do governo do país, as empresas costumavam literalmente empilhar os sacos plásticos com resíduos nos fundos de suas instalações. Um dos diretores da CRS contou-me que um dos clientes em potencial possuía tantos sacos de lixo tóxico empilhados em sua propriedade que "sabendo aonde olhar, seria possível visualizar a 'pilha' de detritos em fotos tiradas por satélite." Porém, foi justamente o lixo tóxico que não pôde ser facilmente detectado por quaisquer outros meios que não o sofrimento do ser humano que causou o maior escândalo na mídia.

Em 2008, depois que fazendeiros começaram a desmaiar no meio de seus campos de plantio, por conta de um misterioso pó branco que empregados de uma fábrica local passaram a despejar no solo, aldeões da região decidiram reclamar com a Luoyang Zhonggui, fabricante chinesa de polissilício. Para economizar nos elevados custos energéticos gerados pelo aquecimento das fornalhas de derretimento, que chegam a quase 1000°C, e também nos preços dos produtos químicos que dispararam justamente por causa do aumento no número de fabricantes de polissilício em início de operações em um setor em plena ascensão, os donos da fábrica resolveram simplesmente eliminar os processos de eliminação e tratamento do lixo tóxico e de reciclagem de produtos. Neste caso, os lucros marginalizaram as pessoas que viviam no vilarejo de Gaolong, na província de Henan, próxima ao rio Amarelo. Entretanto, analistas acreditam que a Luoyang Zhonggui seja apenas um exemplo do que acontece com a absoluta maioria das empresas que surgiram nesse setor da noite para o dia na China.[4] Os conhecimentos do uso e dos métodos de aplicação das tecnologias necessárias para o funcionamento adequado da fábrica – que haviam surgido 50 anos antes na Alemanha, mais precisamente com a Siemens –, estavam **incompletos**. Sendo assim, o instituto nacional de pesquisas chinês, responsável pelo estabelecimento da fábrica Luoyang Zhonggui, simplesmente complementou o *know-how* alemão com seus próprios achados. As expectativas dos governos local e nacional eram de que os processos de manufatura desenvolvidos para a Luoyang Zhonggui servissem no futuro como uma espécie de base de sustentação para a cadeia de fornecimento de energia solar na região. Em vez disso, a fábrica se transformou em um **marco zero** em termos de **poluição do solo** e da **água**, uma vez que os próprios funcionários da empresa estavam se desfazendo de lixo tóxico, neste caso, do tetracloreto de silício líquido, nas terras que os fazendeiros cultivavam.

Amostras do solo apresentaram altas concentrações de cloro e ácido hidroclórico, substâncias que não existem na natureza. Esses produtos químicos são subprodutos da manipulação do tetracloreto de silício. A decomposição química libera uma mistura de ácidos e um **gás altamente tóxico** conhecido como **cloreto de hidrogênio**. Esse gás dificulta a respiração e, às vezes, provoca tontura.[5] O fino pó que permanece após a evaporação, se deposita nos pulmões e nos intestinos dos residentes, recobre as colheitas totalmente prejudicadas e se acumula no fundo de chaleiras, onde, após a evaporação da água volta a aparecer no formato de pequenas pedras. O grau de sofrimento provocado nos seres humanos se igualou a outro também registrado na China, em que pessoas estavam sendo **envenenadas por chumbo**, outro subproduto das boas intenções da tecnologia limpa no país. Neste caso, a produção de baterias que utilizavam o chumbo em sua composição – usadas nas bicicletas elétricas chinesas – estava provocando uma verdadeira epidemia em todo o país, algo que os governos local e central consideravam difícil de controlar.

É hora de livrar-se do chumbo

Admirada com a paisagem, minha hospede norte-americana, uma senhora de meia idade, observava o grande fluxo de **bicicletas elétricas** (*e-bikes*) que circulava pelas movimentadas ruas de Suzhou, cidade que adotei como minha. Suzhou está situada a mais ou menos 150 km a oeste de Xangai, e o nível de renda dos moradores locais é similar ao da grande cidade. Todavia, a cidade de Suzhou, com seus 1,5 milhão de moradores – considerada pequena, pelos padrões chineses –, ainda mantém um ar provinciano. A maioria das ruas da cidade, assim como das remotas zonas de desenvolvimento econômico, ainda possui **pistas de bicicletas**. Ainda assim, automóveis fumarentos ocupam as ruas estreitas que compõem o velho centro da cidade e então desaparecem rumo aos subúrbios distantes. Porém, a posse e a manutenção de carros ainda permanecem além dos limites da maioria dos cidadãos comuns. Lembro-me de minha visitante comentando o quanto os chineses pareciam conscientes em relação ao meio ambiente ao optarem por bicicletas elétricas em vez de automóveis. Mas é claro que o uso desses veículos, assim como a própria transição entre as bicicletas comuns e as elétricas, estavam mais relacionados a questões econômicas, políticas e à própria preguiça dos seres humanos que a algum tipo de preocupação com o meio ambiente – os chineses estavam se tornando mais ricos e desejavam locomover-se de maneira mais rápida sem ter de se esforçar muito nessa empreitada!!!

Desde os anos 1950 a China é famosa pelo enorme número de bicicletas que ocupam desde as ruas pavimentadas mais movimentadas aos mais esburacados caminhos de terra desse país socialista. A bicicleta sempre se mostrou o mais **igualitário** meio de transporte

– **trabalhadores**, **fazendeiros**, **intelectuais** e **militares**, todos, indiscriminadamente, as utilizam para se locomover, seja para ir ao trabalho ou às compras. Somente os *apparatchiks* do mais alto escalão possuíam e utilizavam automóveis. Em seu auge, o mercado chinês de bicicletas alcançou **500 milhões de unidades**.

Em 1999, tive a oportunidade de andar de bicicleta ao lado de milhares de chineses pelas amplas ciclovias de Pequim, rotas que se mantinham livres e protegidas dos agressivos automóveis. De fato, é bem fácil experimentar quietude sendo apenas um entre milhares de outros ciclistas – a camaradagem se instala no momento em que você para em um sinal e começa a bater papo com um completo estranho que já vem pedalando ao seu lado vários quilômetros. Entretanto, já por volta de 2011, quase 150 milhões desses ciclistas já haviam substituído suas bicicletas da marca *Flying Pigeon* por modelos elétricos, que, aliás, somavam apenas 200 mil unidades em 2001.[6] Vale lembrar que a posse de automóveis particulares na China também alcançou a marca de 100 milhões na mesma época. A questão é que o custo de uma bicicleta elétrica varia entre US$ 250 a US$ 400, enquanto o custo de abastecimento é de apenas ¥ 1 por dia.[7] Essa viabilidade em termos de custos significa que as vendas de bicicletas elétricas continuarão a crescer em quase 20% ao ano durante a próxima década. Todavia, os verdadeiros custos ambientais e de saúde gerados por esses veículos elétricos estão fora do alcance da visão dos consumidores chineses.

O índice – de dois dígitos – de crescimento na produção e no uso de bicicletas elétricas na China tem contribuído enormemente para o problema de envenenamento por chumbo no país. Pois é: 98% de todas as bicicletas elétricas produzidas utilizam baterias de chumbo-ácido; o restante do mercado usa baterias de níquel-hidreto metálico ou de íons de lítio, ambas relativamente não poluentes.[8] Christopher Cherry, professor da Universidade do Tennessee, em Knoxville, afirmou que as baterias feitas na China que possuem aproximadamente 10 kg de chumbo podem gerar quase 7 kg de poluição por chumbo.[9] Ele explica que, durante sua vida útil, as bicicletas elétricas consomem até cinco baterias. "Portanto, as bicicletas elétricas produzem mais emissões de chumbo que os próprios automóveis," acrescentou Cherry. Em termos comparativos, "essas bicicletas sempre usarão mais baterias por quilômetro rodado que praticamente qualquer outro veículo."[10] Embora essas baterias sejam supostamente recicláveis, é difícil saber o que de fato acontece com o chumbo nas baterias antigas, uma vez que o processo de reciclagem ocorre em pequenas mecânicas locais espalhadas pelas ruas das cidades.

Em 2006, estimou-se que 34% das crianças chinesas apresentavam em seu sangue níveis de contaminação por chumbo que excediam os limites estabelecidos pela OMC.[11] Na segunda metade de 2009, revoltas de moradores locais forçaram autoridades chinesas de todo o país a tornarem públicos seis escândalos envolvendo envenenamentos por chumbo. Altos níveis de chumbo no sangue podem provocar **ataques convulsivos**, coma e, finalmente, a **morte**. O envenenamento por chumbo também pode prejudicar os sistemas nervoso e reprodutivo. Moradores de vilarejos viram suas crianças serem intoxicadas pelo chumbo contido na fumaça e na água liberadas pelas fábricas de baterias localizadas nas imediações. Um total de 3.300 jovens nas províncias de Shaanxi, Hunan, Yunnan, Fujian e Henan, que viviam próximos a caldeiras de fundição de chumbo de fábricas de baterias foram diagnosticados com altos e perigosíssimos níveis de chumbo no sangue.[12] Cidade após cidade, as amostras sanguíneas das crianças revelava índices três a cinco vezes acima do níveis já considerados prejudiciais à saúde. A contaminação por chumbo é a principal causa de concentrações geográficas de portadores de câncer na China.

Wang Jingzhong, vice-diretor da China Battery Industry Association, disse ao *The Wall Street Journal* que, desde 2005, o setor de baterias para bicicletas elétricas havia crescido em 20% ao ano, e que não havia sinais de mudança no futuro. Ele mencionou a existência de duas mil fábricas e mil empresas de reciclagem de baterias no país. Wang Jingzhong acrescentou: "A situação é caótica."[13] Em 2011, a China possuía cerca de 2.300 fabricantes de bicicletas elétricas e lambretas (*e-scooters*) que continham o chumbo-ácido dos fabricantes de baterias. A fragmentação do setor contribuiu para uma epidemia nos casos de envenenamentos por chumbo. Isso, juntamente com o crescimento na área, não permitia grandes esperanças de alívio imediato.

Em dezembro de 2009, as autoridades de Guangzhou, no sul da China, fecharam uma fábrica de baterias depois de serem informados de que 25 crianças que viviam próximas da empresa apresentavam elevados índices de chumbo no sangue.[14] Um mês depois, a província de Jiangsu viu mais de 50 crianças, e um número equivalente de adultos, que viviam ao lado da Dafeng Shengxiang Power Supply Co, Ltd., uma fábrica de baterias no vilarejo de Hekou, apresentarem envenenamento por chumbo.[15] Semanas depois do incidente em Hekou, autoridades da província de Hubei anunciaram que 30 pessoas – incluindo 16 crianças – foram diagnosticadas com níveis excessivos de chumbo no sangue, e imediatamente interromperam as atividades da Hubei Jitong Battery Company.[16] Em janeiro de 2011, um hospital testou amostras de sangue de 280 crianças que viviam no distrito de Gaohe, na região de Huaining. Do total, 200 apresentaram altos níveis de chumbo no sangue. O distrito mencionado fica na província de Anhui, cerca de três horas de carro a oeste de Xangai. A maioria das crianças vivia em um vilarejo chamado Xinshan, que abrigava duas fábricas de baterias – a Borui Battery Co, Ltd. e a Guangfa Battery Plant.[17] Nos primeiros meses de 2011, a polícia prendeu quase 75 pessoas envolvidas na fabricação de produtos com base em chumbo, e, supostamente, fechou centenas de caldeiras de fundição e fábricas de baterias.[18] Todavia, o fechamento de fábricas na China não necessariamente significa o encerramento dos negócios.

A trabalhadora migrante Xiang Hongfen, e seu marido, descobriram que seu próprio empregador, a Guangfa Battery Plant, havia envenenado sua filha de 12 anos e seu filho de sete anos. O governo local declarou o fechamento dessa empresa e também de outra fábrica de baterias no vilarejo de Borui. Porém, Xiang Hongfen e seu marido foram ambos instruídos a continuar a trabalhar na Guangfa, cujas operações prosseguiram normalmente.[19] Nem a fábrica nem o governo local se responsabilizaram pelo tratamento das crianças. As autoridades alegaram que a permissão de moradia (*hukou*) da família era para outra cidade, o que a tornava inelegível para tratamento médico local. Sem outra oportunidade de emprego no pobre distrito, o casal continuou a desempenhar suas perigosas e ameaçadoras funções. Em geral, a relação entre os governos locais e as fábricas vai além da simples ignorância de ordens de fechamento. Às vezes, prevalece um nível de conivência que frustra tentativas no sentido de impor leis que visam proteger os residentes locais.

Por exemplo, Guo Linyu trabalhava na Dafeng Shengxiang Power Supply Co. ltd., como fabricante de baterias. Em 2010, ele disse ao *The China Daily*: "A empresa era sempre avisada com antecedência sobre visitas (de inspetores das áreas de saúde e segurança). Cada vez que uma autoridade do departamento ambiental estava se preparando para avaliar a fábrica, nosso chefe nos mandava interromper o trabalho e limpar a fábrica."20 A fábrica Haijiu também ilustrava o fraterno relacionamento entre empresa e governo. A aplicação das regras ambientais pela empresa era, na melhor das hipóteses, parcial. Todavia, ao longo de seis anos da primeira década do novo século, suas operações sempre foram aprovadas nas inspeções. Shen Yulin, diretor de proteção ambiental da região, justificou dizendo que só contava com 65 inspetores para cobrir mais de 2 mil fábricas espalhadas por 1.000 km^2.[21] Por seis anos, trabalhadores precisaram recorrer ao hospital local para tratar de doenças relacionadas ao envenenamento por chumbo. Porém, a Haijiu não seria punida pelas autoridades até que a revolta dos moradores da região, na primavera de 2011, impedisse que a cidade continuasse encobrindo a epidemia.[22] Logo os habitantes de Zhejiang que viviam nas proximidades da fábrica de baterias Suji perceberiam similaridades em suas histórias.

A fábrica de baterias Suji para as *e-bikes* estava localizada no interior, próximo de Hangzhou, uma antiga cidade de veraneio. Desde 2005, o empreendimento era responsável por garantir mil empregos no setor agrícola. A arrecadação fiscal e os benefícios adicionais pagos aos oficiais locais fizeram com que eles ficassem eufóricos com a recém-descoberta riqueza na região. Ye Cai'e, que vivia perto da fábrica, disse que os gestores públicos locais ameaçavam o povo, dizendo: "Aqueles que reclamarem não receberão compensações nem tratamento médico."[23] Porém, independentemente das ameaças, as obscuras relações entre o proprietário e os integrantes do governo não foram suficientes para protegê-lo da acusação de conduta ilegal pelas autoridades centrais do país.

De qualquer modo, foi necessário o envenenamento de 53 crianças e 120 adultos, e um protesto de alta visibilidade, para que o governo de Pequim interviesse em benefício das vítimas da região.

No final de 2011, a comunidade empresarial estrangeira na China também foi afetada por um escândalo envolvendo intoxicação pelo chumbo. Autoridades de Xangai suspenderam as operações da Johnson Controls, uma fabricante norte-americana de baterias. Também foram fechadas 14 caldeiras de fundição de chumbo na municipalidade. A Johnson Controls havia comprado a fábrica de um empreendedor local, em 2005. Os oficiais de Xangai fecharam a fábrica do distrito de Pudong depois que exames médicos realizados na volta às aulas detectaram que 25 crianças apresentavam elevado nível de contaminação por chumbo no sangue. O governo optou por diminuir levemente o ritmo do desenvolvimento econômico local ao fechar as fábricas, uma vez que seria difícil encontrar a fonte exata da contaminação. A Johnson Controls, fornecedora considerada de primeira linha (*Tier-1*) para fabricantes automotivos listados na Global 500, respondeu às acusações afirmando que sua fábrica obedecia a padrões ainda mais rígidos que os estabelecidos pelos próprios chineses.[24] Todavia, em fevereiro de 2012, a Johnson Controls anunciou que sua fábrica na China seria fechada para sempre. A resposta para o envenenamento por chumbo na fabricação, reciclagem e eliminação de baterias de chumbo-ácido para as *e-bikes* está na migração para baterias de íons de lítio, elemento que representa a base tecnológica para veículos maiores como automóveis, *vans* e ônibus elétricos. Entretanto, o lítio, assim como outros elementos terras raras, esconde seus próprios segredos.

Terras dispersas, poluição em comum

Na fabricação de baterias, a tecnologia íon-lítio é bem mais cara de se implantar que aquela baseada em chumbo. Neste sentido, dentro do implacável mercado chinês, a adoção dessa tecnologia mais sofisticada pode, inclusive, representar o fechamento permanente da maioria dos fabricantes de baterias e dos varejistas de bicicletas elétricas no país. O fato é que a elevação dos padrões ambientais tem gradualmente forçado os fabricantes de *e-bikes* que desejam entrar no mercado ocidental a adotar a tecnologia íon-lítio. Todavia, assim como seus primos que ocupam a parte inferior da tabela periódica, o **elemento raro lítio** encontra-se entranhado em camadas de detritos geológicos **radioativos** – e **políticos**.

O lítio, o neodímio, o disprósio, o európio, o lantânio, o térbio, o cério e outros minerais raros são considerados elementos fundamentais em uma série de aplicações: produtos eletrônicos, tecnologias limpas e até mesmo equipamentos/usos militares. O lítio, por exemplo, é crucial para as reações químicas que ocorrem no coração do VE, cujo propósito é substituir o tradicional transporte movido pela queima do petróleo. O neodímio é usado na fabricação de ímãs de altíssima resistência que ajudam a gerar eletricidade nas turbinas eólicas e motores de alta potência nos VEs. O motor de cada turbina eólica precisa de uma tonelada de neodímio para gerar um megawatt de potência, o suficiente para alimentar 100 mil casas ao estilo norte-americano.[25] O disprósio é crucial na manufatura de discos rígidos para computadores, e também na composição de ímãs usados na propulsão de veículos elétricos. O óxido de európio é fundamental na fabricação de lâmpadas fluorescentes compactas, que são usadas em substituição às famintas lâmpadas incandescentes. O cério e o paládio se tornarão elementos cada vez mais importantes na fabricação de conversores catalíticos (catalisadores) de baixo custo usados para reduzir a quantidade de gás carbônico expelida pelos automóveis. De fato, o uso do cério e do paládio será ainda mais crucial à medida que a China e a Índia adotarem cada vez mais os carros ao estilo norte-americano em suas culturas. A despeito do nome dado à família desses elementos, de acordo com a British Geological Survey (Pesquisa Geológica Britânica), os minerais terras raras podem ser tão abundantes na crosta terrestre quanto o cobre e o chumbo.[26]

Como parte de um plano nacional colocado em andamento no final dos anos 1990, a China conseguiu estabelecer o **monopólio** do mercado de **minerais terras raras**. O país produzia os minérios a custos tão baixos que as minas dos EUA e da Austrália se tornaram incapazes de competir. Os governos norte-americano e, particularmente, o australiano, decidiram apoiar o fechamento de suas minas no início dos anos 2000 e ceder a liderança do mercado aos chineses. A China possui cerca de 37% das reservas mundiais estimadas, ou seja, 36 milhões de toneladas de minério. Porém, a China passou a controlar mais de 97% da produção. Países que compunham o bloco soviético abrigam quase 20 milhões de toneladas de minerais terras taras, enquanto os EUA possuem perto de 15 milhões de toneladas. A Austrália, a Índia, o Brasil e a Malásia também ostentam grandes depósitos de minérios.[27] Entretanto, o maior uso de elementos terras raras visando a diminuição da poluição causada pelos combustíveis fósseis, gera um tipo diferente de poluição – além de um grande enigma para os ativistas ambientais.

Durante o processo de extração, para retirar a lama que envolve esses elementos, os mineradores bombeiam sobre eles **ácido sulfúrico**. Posteriormente, para separar cada um dos elementos desejados, os operadores enxáguam os depósitos minerais com ainda mais ácido e com outros produtos químicos. Esses banhos ácidos são drenados pelo solo e chegam às fontes subterrâneas, aos riachos e aos lagos mais próximos. Porém, esses venenos não são apenas produtos químicos em sua natureza, mas também radioativos. Os **efeitos** desse tipo de poluição nas vidas dos moradores locais é simplesmente **devastador**.

Por exemplo, em 2005, Baishazhen, um vilarejo da província de Guangdong, próxima a Hong Kong, se tornou o lugar preferido para a máfia local praticar a mineração a **céu aberto** (*strip mine*).[28] Na época, todos os fabricantes de *gadgets* possuíam cadeias de suprimentos entranhadas naquela região. Também nessa época, a China e outras potências internacionais começaram a aumentar a produção de turbinas eólicas. O fato é que, logo depois que Baishazhen se tornou um entreposto para o tráfico de minerais terras raras, os rios da região – outrora limpos e cristalinos – tornaram-se lamacentos, imundos e tóxicos. Os lagos locais transformaram-se em verdadeiros coquetéis de solventes venenosos, que levavam à morte todos os animais que neles se aventuravam e todas as plantas que cresciam ao seu redor.

Baishazhen fora o lar do senhor Song durante toda sua vida. O fazendeiro de 81 anos de idade viu com seus próprios olhos o riacho que corria paralelo à casa em que vivia se tornar fétido e nevoento, e a água, **impossível de ser bebida**.[29] Os representantes do governo da Província de Guangdong afirmaram que o vazamento de produtos químicos havia envenenado milhares de acres de terras até então produtivas. O fato é que qualquer planta que Song e outros moradores da região plantassem próximas dos riachos rapidamente morriam. Até mesmo as águas do seu poço exalavam o cheiro dos ácidos que os mineiros ilegais utilizavam em suas escavações. Então, finalmente em meados de 2011, o governo central tomou medidas no sentido de interromper as ações dos mineradores clandestinos no sul da China. Porém, nas fronteiras do norte do país a situação era bem diferente. Lá, os vazamentos em grandes lagos de toxinas corrosivas usadas na extração dos elementos terras raras eram literalmente a **regra, não a exceção**, e as operações eram comandadas pelo próprio governo.

A Mongólia Interior abriga um dos mais ricos depósitos de minerais terras raras do mundo. Desde a metade da década de 1980, um vasto complexo industrial foi instalado na cidade de Baotou, que permanece perpetuamente encoberta por uma poeira e um vapor nocivos. Esquadrões de guardas de segurança protegidos com capacetes patrulham a área para manter os curiosos à distância e também para silenciar quaisquer demonstrações de discordância entre os moradores que se reúnem para protestar a respeito da toxidade do local. Talvez ainda mais venenoso que as próprias instalações de produção seja o reservatório artificial de lixo tóxico que é retirado das operações. Por volta de 2010, o lago já havia se tornado bem maior que seu tamanho original, alcançando mais de 8 km de largura e 30 m de profundidade – lembrando que esta última tem se ampliado em quase 1 m por ano. Também a cada ano, as operações de refinamento dos elementos terras raras têm bombeado um total de 7 milhões de toneladas de terras estéreis e contaminadas para dentro do lago mal-construído. Aliás, a precária estrutura desse lago artificial tem permitido o vazamento de toxinas para o solo e a intoxicação dos lençóis freáticos que são utilizados pelos fazendeiros locais na irrigação de suas plantações. Os moradores também dependem dessa água contaminada para tomar banho e até para cozinhar.[30]

Um local que tem sofrido de maneira extraordinária com os poluentes é o vilarejo de Dalahai, nas proximidades da região. Su Bairen contou aos visitantes sobre o lago artificial: "Ele se transformou em uma montanha que foi crescendo sobre nós. Qualquer coisa que plantávamos ali simplesmente morria; então nossos animais também começaram a enfraquecer e perecer." Os próprios residentes sofriam com problemas respiratórios enquanto seus cabelos tornavam-se prematuramente brancos e seus dentes caíam. Os índices de incidência de câncer aumentaram de modo dramático e as gerações nascidas após a construção do lago apresentaram fragilidade nos ossos. Estudos realizados na região no final da década de 2000, determinaram que o reservatório emitia dez vezes mais radiação que qualquer outra área nos arredores. O longo período durante o qual esses níveis de degradação ambiental e envenenamento humano têm prevalecido, e com pleno conhecimento dos governos local e central, coloca em dúvida as afirmações da China de que o país estaria restringindo suas exportações de elementos terras raras pelo bem do meio ambiente.

No outono de 2010, a China protestou contra o Japão pela prisão do capitão de uma traineira chinesa que teria praticado pesca com arrastão em local proibido e, em seguida, abalroado veículos da guarda-costeira nipônica. Na ocasião, Pequim impôs um embargo à exportação de elementos terras raras para o Japão. Ao longo de quase todo o ano de 2011, o governo central chinês optou por pressionar os mercados internacionais estabelecendo cotas de exportação 30% inferiores às praticadas no ano anterior. Tais restrições impactaram fortemente os resultados de desenvolvedores de tecnologias limpas e fabricantes de equipamentos eletrônicos, tanto nos EUA quanto na Europa. Governos estrangeiros registraram um queixa junto à OMC, afirmando que a China estaria reservando os elementos terras raras para suas próprias indústrias, mas Pequim se justificou afirmando que precisava racionalizar a mineração desses elementos por conta dos elevados níveis de poluição que estavam sendo gerados por mineradores informais.

Do mesmo modo como ocorrera no setor de mineração de carvão, o governo central chinês estava descobrindo que oferecer apoio à mineração ilegal de elementos terras raras já não estava valendo a pena. O fato é que as minas ilegais no norte do país já haviam sido palco de graves acidentes que tiraram a vida de milhares de trabalhadores; outras dezenas de milhares de mineiros tiveram sua expectativa de vida reduzida sua por conta da inalação de poeira cancerígena. O governo central comandou a aquisição ou o fechamento de centenas de minas de carvão mercenárias para reduzir o embaraçoso número de acidentes no país. Pequim também começou a implantar medidas no sentido de aumentar a produtividade de suas minas legais e reduzir a poluição e a destruição de terras e comunidades circunvizinhas. Porém, empresas e governos estrangeiros não se mostraram satisfeitos com as explicações apresentadas por Pequim para as restrições impostas à exportação de minerais terras raras.

Há anos os estrangeiros desenvolvedores de tecnologias ambientais e fabricantes de produtos eletrônicos já sabiam que a China pretendia dominar esses setores em caráter mundial. No âmbito doméstico, o país já havia anunciado em seu plano de 5 anos que iria acelerar o desenvolvimento de turbinas eólicas até 2015. Os planejadores do governo também já haviam previsto a inserção de um milhão de veículos elétricos nas estradas do país até 2020. Também em nome da eficiência energética, a China cada vez mais estimulava seus consumidores a investirem em lâmpadas compactas fluorescentes. Entretanto, todas essas tecnologias exigiam o uso de minerais terras raras, seja em quantidades irrisórias ou em toneladas por unidade fabricada. De fato, os próprios requisitos da produção resultavam em um aumento no consumo dessas substâncias, sem que houvesse qualquer tipo de taxação que racionalizasse seu uso. Neste sentido, se considerarmos as questões ambientais e de segurança, os preços desses materiais não refletiam os verdadeiros custos envolvidos em sua utilização. As políticas do governo também não incentivavam nem financiavam pesquisas de materiais alternativos que fossem menos prejudiciais ao meio ambiente ou menos perigosos para a vida humana.

Toda essa mobilização por parte da China no sentido de restringir a exportação de minerais terras raras fez com que as minas produtoras desses elementos nos EUA e na Austrália exportassem esses minerais antes de 2015. De fato, analistas do setor esperavam que as minas do Vietnã do Norte também expandissem suas operações. Sendo assim, embora os preços dos elementos terras raras extraídos na China tenham quadruplicado nos cinco anos que antecederam 2010, essas novas fontes exportadoras provavelmente diminuirão o preço para entrega imediata desses minerais nos mercados internacionais. Por outro lado, esse aumento na mineração e a consequente queda nos preços materiais provavelmente encorajarão a produção de novas tecnologias ambientais destinadas a proteger o meio ambiente. Infelizmente, os meios utilizados pelos mineradores chineses para extrair minerais terras raras no país alcançavam resultados exatamente opostos: a destruição de terras e o envenenamento dos moradores locais. O mesmo, aliás, se aplica à produção de painéis solares e baterias para bicicletas elétricas. Pode-se, portanto, concluir que a produção de tecnologia ambiental na China precisa urgentemente ser revista e contar com a devida fiscalização.

Quando já não existem quintais

Em teoria, o conceito de **"energia limpa e renovável"** é absolutamente louvável: essencialmente, ele diz respeito a um tipo de energia gratuita e desenvolvida a partir de tecnologias que, no cômputo geral, são positivas para a Mãe Natureza. A promessa por trás da "tecnologia limpa" é de que, talvez, as sociedades possam inclusive deixar nosso planeta um pouco melhor do que na época em que utilizavam combustíveis fósseis. A realidade, entretanto, é de que a visão do mundo a partir de uma perspectiva de Revolução Industrial, combinada à apologia ao consumo, têm simplesmente envenenado a Terra. É óbvio que, em sua avidez para tornar o país mais rico e recuperar seu *status* como superpotência mundial, as lideranças chinesas são responsáveis pela situação, uma vez que elas desrespeitam a saúde e o bem estar de seu próprio povo. O país também está prejudicando seu futuro à medida que mais e mais crianças estão nascendo com problemas médicos que as impedem de contribuir para a sociedade e as tornam dependentes do Estado. A ambição desenfreada, a negligência, a ignorância e a complacência por parte de governos, oficiais da lei, agências de proteção ambiental, máfias e magnatas, transformaram grandes porções de terras do país em regiões absolutamente **inabitáveis** para várias gerações do futuro. Os solventes de silicato, as misturas tóxicas, os processos de refino de chumbo e a extração de elementos terras raras estão cobrando custos velados da sociedade. Gerações futuras, entretanto, terão de pagar o preço por essa impaciência do governo pela modernização. Porém, a China não é o único país que deve ser responsabilizado. Outras nações também já cometeram ou estão cometendo crimes contra a natureza e as comunidades em nome da energia "limpa".

Países desenvolvidos como os EUA, a Alemanha e a Dinamarca já deslocaram suas fabricações de produtos de tecnologia ambiental para a China. Há vários anos essas nações ricas contam com legislações que proíbem claramente o refino dos materiais necessários para o desenvolvimento de tecnologias limpas e tornam a produção doméstica proibitivamente cara. Pois foram justamente: 1º) a observância dessas regulamentações ambientais, 2º) a atenção ao bem-estar do ser humano e 3º) os altos custos envolvidos na exploração local por esses países ricos que permitiram que os chineses barateassem os preços da extração desses minerais para os mercados mundiais: o flagrante desrespeito pela segurança ou pelas questões ambientais forjou os verdadeiros custos da mineração intensiva. Porém, um dia sociedades e corporações terão de encarar essa dívida, que, aliás, se revelará bem mais cara do que se, desde o início, governos e empresas tivessem investido em uma abordagem sustentável para a escavação desses minérios.

Por exemplo, em 2011, a Mitsubishi, o conglomerado japonês, se atolou em uma despesa de US$ 100 milhões para limpar a mina de Bukit Merah, na Malásia. Cerca de doze pessoas do vilarejo desenvolveram leucemia depois que a mineração começou, e a maioria já morreu por conta da doença. Os administradores do processo esperavam que a extração gerasse 11 mil caminhões lotados de material radioativo que teria de ser enterrado no topo de uma montanha nas redondezas. O esforço também exigiria a estocagem de 80 mil barris de aço com a mistura. A limpeza ampla e profunda de terrenos impregnados de chumbo, de resíduos de silicato e de lixo tóxico se comprovará ser uma das maiores despesas para companhias e governos locais na China. Todavia, parece que a maior prioridade dos acionistas continua sendo o enriquecimento rápido, antes que os custos totais de se ignorar as questões de poluição ambiental se tornem proibitivos. Em alguns casos, esse preço inclui a morte de certo número mínimo de pessoas que são envenenadas ao longo do processo. Essas mortes e doenças forçam os moradores locais a realizarem manifestações em massa com o propósito de atrapalhar e preocupar o governo e a iniciativa privada, fazendo com que ambos tentem corrigir as violações. A sustentabilidade dos processos intrínsecos à produção de tecnologias ambientais – independentemente do país de origem – está se tornando uma questão cada vez mais importante a ser enfrentada por todo o mundo.

O fato é que à medida que a população mundial se prepara para superar a marca de 9 bilhões de habitantes em 2050, o planeta já está ficando sem áreas habitáveis. Espaços físicos cada vez menores, ar irrespirável e água tóxica logo deixarão de ser importantes desafios ambientais para se transformar em **questões sociais absolutamente críticas**. Ao aderirem a um modelo de modernização baseado na Revolução Industrial, sociedades inteiras – a despeito do seu nível de desenvolvimento econômico – terão de enfrentar elevados custos monetários e humanos. A exploração desmedida e rudimentar de recursos naturais, para produzir energia e fabricar produtos que nos permitam manter nosso padrão de vida, está se tornando cada vez mais problemática. Sustentabilidade se tornou uma palavra da moda – um conceito vago e confuso que a teoria econômica atual parece ignorar. Enquanto disciplina, a economia se baseia amplamente no antiquado modelo de cosmovisão, de Adam Smith. Ela (a economia) e os conceitos modernos de riqueza certamente seriam diferentes se os seres humanos levassem em consideração o atual custo de vida – não subsidiado – em um sistema fechado. **Vivemos em um ecossistema chamado Terra!**

Os subsídios governamentais e o tratamento diferenciado para a extração e o processamento de recursos naturais dão a ilusão de que fontes alternativas de energia são um desperdício. E, dentro das limitações da atual teoria econômica, isso certamente parece correto. Todavia, um inventário mais fiel da situação incluiria os custos dos processos nocivos de mineração e de fabricação. Cálculos mais fidedignos também levariam em consideração os custos sociais envolvidos no atendimento a comunidades que já não conseguem mais funcionar sozinhas por conta de envenenamentos. Só então o mundo moderno teria um quadro mais verídico dos verdadeiros problemas que a humanidade terá de enfrentar ao tentar pagar suas dívidas com o planeta. Sem dúvida, a promissória que a China assinou junto à natureza vencerá bem antes do que o país espera.

Uma região tão populosa quanto a China jamais possuiu tantos quintais em que moradores locais recusaram a instalação dos processos altamente poluentes de mineração, refino e produção. No final das contas, dentro do atual modelo de industrialização, uma forma de poluição pesada ou outra sempre acabará surgindo em algum desses quintais. Isso, aliás, é tão inevitável quanto as nuvens cruzarem os céus, os ventos ultrapassarem as cercas de arame ou os rios correrem por seus leitos. O aumento da frequência e do tamanho dos protestos contra atos descarados de afronta ao meio ambiente já são um indicação de que os chineses estão se tornando mais conscientes de sua codependência em relação aos ecossistemas locais. A erupção social ocorrida em função do envenenamento de crianças por chumbo em 2011, no município de Xangai, afetou o coração dos mais abastados do país. A poluição na China se recusa a aceitar limitações geográficas ou de classe social. A natureza já começou a alertar os cidadãos do país de que certamente eles terão algo a perder se continuarem a justificar seus processos produtivos e hábitos de consumos por meio de desestabilizadoras tramoias que visam simplesmente camuflar os verdadeiros custos da modernização com características de revolução industrial.

O fato de uma grande parte da produção mundial ter sido transferida para a China tem acelerado o reconhecimento do país das verdadeiras metas e do verdadeiro significado intrínsecos ao conceito de sustentabilidade ambiental. Os EUA, com seu amplo território, sua densidade demográfica relativamente baixa e a transferência da maior parte de suas indústrias poluentes para o exterior mostrar-se-á mais lento que a China em suas ações no sentido de reequilibrar a contabilidade que a própria natureza tem feito. O gigante asiático tem o potencial de largar na frente dos EUA na solução de problemas envolvendo a poluição e a exaustão dos recursos naturais do planeta. Cada vez mais, a China precisa levar em consideração os custos totais de aplicar a lógica da Revolução Industrial ao desenvolvimento de sua sociedade. À medida que novos problemas ambientais e energéticos surgem, nasce também uma nova forma de pensar sobre as relações da sociedade moderna com a natureza.

Capítulo 9

O dragão em dieta

Era primavera de 2011. Old Zhang deixou sua casa e caminhou com dificuldade pela sua propriedade rural, seguindo diretamente rumo ao rio Nanpan. Assim como fizera em quase todas as manhãs dos últimos vinte anos de sua aposentadoria, ele trazia nas mãos uma longa vara de pesca. Nascido e criado no condado de Luliang, na província de Yunnan, ele sempre tivera o Nanpan como seu grande companheiro: ainda criança, ele costumava correr pelas margens do rio vociferando com os pescadores mais velhos; mais tarde, já na posição de marido e pai, ele ocupava um barco de pesca e deslizava pelas águas que escoavam diretamente das geleiras do Himalaia. Todavia, nos últimos anos, e a exemplo do que ocorrera com seus vizinhos mais idosos, o rio também pereceu. Isso, entretanto, não impedia que Zhang insistisse em visitar o que ainda restava do grande reservatório formado pelo poderoso afluente. Na época em que ele ainda era um adolescente, o local abrigava mais de 1,5 milhão de metros cúbicos de água. De fato, por várias décadas, Luliang fora considerada a planície mais abundante em água de toda a província, sendo responsável pelo fornecimento dos recursos hídricos utilizados na irrigação em todo o Estado.

Agora, entretanto, o único lembrete de que houvera no passado um grande reservatório no local eram os pequenos peixinhos secos encontrados nos depósitos de lama totalmente endurecida pelo sol e o vento. De fato, a situação era tão grave que Zhang já não tinha certeza de onde terminavam os bancos de areia e começava o leito do rio. Toda a região ostentava uma cor vermelho terracota. O terreno estava tão seco e trincado que as fendas abertas no solo eram capazes de esconder a mão totalmente aberta de um homem grande. Algumas rachaduras eram tão profundas que alcançavam um metro. O rico manancial de alimentos da província de Yunnan já não via chuvas há mais de quatro meses. Luliang realmente enfrentava tempos difíceis. Graças à TV e às conversas com amigos e vizinhos, Zhang sabia que outras partes do país também estavam em situação complicada. A Província de Shandong, no norte da China, se via ameaçada pela maior seca que a região testemunhara em 200 anos. Além disso, os agressivos processos de industrialização e urbanização estavam simplesmente drenando toda a água do país.

De fato, depois de 2005, a escassez de recursos hídricos na China iria sabotar todas as conquistas que a nação celebrara em termos de desenvolvimento econômico desde o início da década de 1980. A privatização da agricultura, ocorrida logo depois da morte de Mao Tsé-tung, no final dos anos 1970, observava uma enorme explosão no uso agrícola da água. De fato, assim que o PCC autorizou a abertura dos primeiros negócios privados na região – de modo relutante, vale ressaltar –, os fazendeiros logo perceberam a enorme riqueza que brotaria do empreendedorismo local. Rapidamente, o pequeno gotejamento de negócios se transformaria em um verdadeiro dilúvio de comércio com as cidades. O grande problema é que o principal recurso natural demandado por essa atividade, ou seja, a **água** – cujo uso era absolutamente indiscriminado – jamais havia sido considerado pelo PCC dentro das realidades econômicas do país.

A China possui cerca de 7% dos recursos hídricos mundiais, porém, a distribuição dessa água pelo país ocorre de modo desequilibrado. Por exemplo, enquanto o sul abriga somente pouco mais da metade de toda a população do país, cerca de 85% dos recursos hídricos encontram-se naquela região. O sul também é responsável por 40% das terras cultiváveis do gigante asiático. O norte, em contrapartida, guarda apenas 15%

de toda a água da nação, 55% de toda a população e 60% das terras férteis do país.[1] Os governo da região portuária de Tianjin, que fica de frente para a península coreana, só conseguem fornecer à sua população de 10 milhões de habitantes **um décimo** da quantidade da água consumida por um indivíduo comum no planeta.[2] De fato, o consumo *per capita* de água no município de Tianjin, no norte da China, é de apenas 0,0001% em relação ao registrado no Tibet.[3]

Então, para corrigir esse problema de ordem sistêmica – o encolhimento de seus lençóis freáticos –as lideranças chinesas estão apostando em tecnologia. A verdade é que a **extinção de água na China** representa a única grande ameaça real para o crescimento e a estabilidade do país, e a urbanização agressiva de 20 por cento da população mundial e o florescimento do consumismo em massa – **impulsionado pela globalização** –, estão exacerbando esse problema. Atuando de maneira bastante positiva, o governo chinês preferiu não perder tempo debatendo se havia ou não um problema de falta de água no país, de quem seria a culpa ou quem deveria pagar a conta. Em vez disso, de modo a assegurar a segurança do país em termos de recursos hídricos, o grupo de tecnocratas rapidamente se voltou para a engenharia. Neste sentido, foram estabelecidas políticas que implementaram os **maiores projetos já vistos** no campo de desvio de águas. Estes visavam redirecionar os recursos do centro-sul do país até as cidades-províncias de Pequim e Tianjin, na árida região norte. Usinas de dessalinização foram criadas para garantir o fornecimento de água para os municípios. Os governos locais também trataram de aumentar as tarifas de fornecimento para demonstrar o quão precioso o produto se tornara no país. Vale ressaltar, entretanto, que o uso da água é bem mais diversificado do que engenheiros e economistas jamais conseguiriam imaginar.

Energia proveniente da água (*watergy*)

Ao encarar os crescentes desafios do país em relação à água, as lideranças governamentais chinesas deixaram de levar em conta uma equação bastante simples, porém, crucial: **a relação entre água, energia e alimentos**. Porém, as pressões sobre tal relação tornaram-se ainda mais restritivas com a rápida urbanização na China. De modo geral, em um país onde a água limpa e potável é **abundante**, consome-se relativamente pouca energia para transportá-la de sua fonte original até os campos de irrigação. Também demandam pouca energia as tarefas de cultivar alimentos, saciar a sede, alimentar o gado, lavar roupas e tomar banho. Porém, à medida que se torna mais difícil encontrar, extrair e distribuir água fresca, e, ao mesmo tempo, à proporção em que a sociedade precisa gerar mais energia para atender suas próprias necessidades, os custos também sobem. Além disso, conforme a população cresce e se torna mais rica, a dependência da água também aumenta. Por exemplo, indivíduos que vivem nas cidades consomem mais carne que seus pares que habitam regiões interioranas; eles também **tomam banho** com mais frequência e bebem mais refrigerantes que moradores de áreas rurais. Analistas chamam essa relação entre água, energia e alimentos de *watergy* (água + energia = **"aguergia"**).

Em 2004, para gerar o equivalente a ¥ 10.000 (cerca de U$ 1.500) em riqueza, a China consumiu oito vezes mais água que outros países desenvolvidos, como os EUA, e quatro vezes a média global. As iniciativas da China rumo à industrialização registraram um consumo quatro vezes superior de água para cada ¥ 10.000 de valor agregado gerados na produção industrial. Durante o início dos anos 2000, os produtos fabricados na China eram, em sua maioria, baratos e pouco sofisticados – tênis, brinquedos e têxteis. Nesse mesmo período, os projetos de infraestrutura do país, como a construção de pontes, estradas e arranha-céus, absorviam a maioria simples de sua produção econômica. Enquanto as modernas economias ocidentais reciclavam cerca de 85% da água usada na indústria, o gigante asiático reciclava entre 60% e 65% do seu consumo industrial.[4] Vale lembrar, entretanto, que o uso mais intensivo de água, para fins industriais, ocorre justamente na produção de energia.

Transformando água em petróleo

A **escassez de água** para usos industriais representa um enorme problema para o setor de geração de energia chinês. Com cerca de 70% de toda a eletricidade consumida no país sendo gerada pela queima de carvão, a China terá de implementar mudanças significativas no modo como utiliza a água em regiões que se mantém perpetuamente em estado de seca. Em áreas onde impera a mineração de carvão, assim como em usinas de queima de carvão, o uso de água é abundante. Em alguns casos, o carvão encontra-se depositado em profundos aquíferos. Nestes casos, a água precisa ser bombeada para permitir que os profissionais retirem o mineral da terra.[5] Além disso, o próprio processo de mineração requer que cada tonelada de carvão extraída seja lavada com quatro a cinco metros cúbicos de água. A cada ano, a China consome 40 milhões de metros cúbicos de água somente para lavar o carvão extraído. A água suja resultante desse processo de lavagem está repleta de substâncias venenosas, como metais pesados, sal e sulfatos.[6]

O uso excessivo e desregulado de água no processo de mineração de carvão está provocando o fenecimento das fontes subterrâneas e a queda nos níveis dos lençóis freáticos em todo o país. A falta do recurso prevalece nas cidades que dependem de poços e aquíferos para a realização de seus negócios e do desenrolar da vida cotidiana. A erosão e o ressecamento das terras utilizadas para o cultivo de alimentos estão se tornando problemas cada vez maiores. Cerca de 75% das quase 100 minas de carvão estatais encontram-se nas regiões de Shanxi, Shaanxi e na parte ocidental da Mongólia Interior.[7] Casas inteiras são engolidas por enormes buracos que surgem de maneira espontânea nesses locais. Isso ocorre por conta da extinção dos lençóis subterrâneos de água que sustentam as camadas superiores de terra e, por conseguinte, as moradias nelas construídas.

Para gerar recursos energéticos alternativos, em meados da década de 2000 as empresas mineradoras chinesas investiram no desenvolvimento de uma iniciativa bem intencionada – embora ecologicamente desastrosa: a tecnologia *coal to liquid* (CTL). Como já mencionado, o processo CTL é mais popularmente conhecido como **"gasificação"** do carvão. Essa tecnologia transforma o carvão em líquido, antes ou depois de minerá-lo. O carvão líquido pode então ser refinado e transformado em diesel para ser utilizado em veículos. A intenção aqui era fazer com que a China se livrasse da importação de petróleo. Porém, no processo de gasificação de carvão, a geração de uma única tonelada de diesel para automóveis pode demandar entre três e cinco toneladas do mineral.

A China se tornou uma importadora líquida de petróleo em 1993, depois de se revelar incapaz de produzir mais de 3 milhões de barris por dia. Em 2009, a AIE projetou que, até 2030, a importação de petróleo pela China chegaria a 13 milhões de barris por dia.[8] A causa primária para esse salto dramático no consumo de petróleo no país foi a adoção pela China do conceito de **"automóvel como um direito de consumo privado"**. Desde o início da década de 2000, o país realmente almejava desenvolver sua indústria automotiva e cultivar uma forte base de consumidores urbanos. Por quase dez anos, a comercialização de veículos na China cresceu, anualmente, em taxas de dois dígitos. Atrás desse dinâmico mercado automotivo estava o setor petroquímico doméstico, profundamente envolvido no refino de petróleo para a fabricação de plásticos e fertilizantes, entre outros usos.

A crescente demanda de petróleo para garantir a modernização da China – em especial no que diz respeito à importação do produto – transformou a questão de segurança energética no ponto fundamental das políticas do governo. Os lideres do país sempre afirmaram que a China jamais se tornaria refém de outras nações em relação a suprimentos energéticos. Entretanto, o governo central sabia que a importação era inevitável, uma vez que a capacidade de extração chinesa já havia claramente alcançado seu pico no final dos anos 1990.

No ano de 2008, a NDRC suspendeu todos os projetos CTL na China, exceto dois. Em seu *website* a agência publicou que o processo CTL era "um projeto que demandava enormes recursos tecnológicos, de *expertise* e capital; que se encontrava em um estágio experimental e apresentava elevados riscos comerciais" – além disso, o processo também exigiria 10 toneladas de água para se produzir uma única tonelada de combustível.[9] Os dois projetos autorizados a prosseguir pela NDRC já estavam em andamento e eram comandadas pelo grupo Shenhua, na Mongólia Interior e na região autônoma de Ningxia Hui. Ironicamente, as regiões chinesas com as maiores reservas de carvão – Mongólia Interior, Shanxi e Shaanxi – estão também entre as mais áridas do país. As operações de mineração que, ao longo de décadas, funcionaram a todo o vapor naqueles locais haviam simplesmente desperdiçado enormes quantidades de água. É possível que nem mesmo a tecnologia seja capaz de sobrepujar as profundas limitações impostas pela natureza na China.

Produzindo água

Em uma região em que a falta de água é crônica e cada vez maior, o pensamento que imediatamente surge em nossa mente é o de **"pro-**

dução de água potável". O oceano é, sem dúvida alguma, a maior fonte de água do planeta, independentemente do quanto essa água seja imprópria para o consumo humano ou até mesmo para a vida com base terrestre. A **dessalinização** é o processo pelo qual enormes compressores de ar usam tubulações para sugar a água do mar e evaporar o sal nela contido. A primeira usina de dessalinização de água chinesa entrou em operação em 2010, em Tianjin, uma cidade-província na costa nordeste do país. O suprimento de água local estava ameaçado. Os habitantes da região e a indústria local haviam desperdiçado e poluído a maior parte de seus recursos naturais potáveis. A dessalinização passou então a ser vista como uma resposta para o dilema de falta de água e as necessidades energéticas da região.

O projeto da usina de dessalinização Beijiang custou ¥ 1,2 bilhão (quase US$ 200 milhões). Ele abrigava, ao mesmo tempo, um complexo gerador de eletricidade, alimentado por carvão, e uma fonte de água potável com capacidade para produzir 200 milhões de metros cúbicos de água por ano para suprir as necessidades dos residentes de Tainjin. A usina elétrica agregada – que produzia a energia para separar o sal e os outros minerais da água – produzia 400 megawatts de eletricidade por ano.[10] Porém, a cidade de Tianjin decidiu simplesmente abrir mão da água produzida pela operação de dessalinização[11] – os moradores da região não aceitaram pagar ¥ 10 (quase US$ 2) por metro cúbico de água bombeada da usina, visto que estavam acostumados a pagar metade desse preço pela água retirada dos rios e lagos da região. Os líderes do governo local, por sua vez, também reclamaram da eletricidade gerada pela usina, enquanto os responsáveis pela rede elétrica local anunciaram que, a despeito das necessidades crescentes de energia da cidade, as instalações não seriam capazes de receber mais de um terço da energia gerada pela nova usina movida a carvão.

Tianjin ilustra muito bem o paradoxo do modelo de urbanização chinês: o gigante asiático precisa que a maioria de sua população se transfira para as cidades para equilibrar as economias de escala em termos de utilização de recursos. Porém, as cidades chinesas representam sozinhas as maiores responsáveis pelo rápido aumento no consumo de eletricidade, e também os organismos mais dependentes da energia barata e subsidiada pelo governo.

Construindo cidades sustentáveis

Por volta de 2011, a população urbana do país era de quase 700 milhões de pessoas, quase o dobro do registrado em 1990.[12] Por volta de 2035, é provável que cerca de 70% da população chinesa viva em cidades.[13] Considerando que os cidadãos urbanos do país consumiram quatro vezes o total de energia utilizada por seus pares campesinos,[14] as cidades chinesas absorveram 75% da energia gerada por suas usinas elétricas em 2010. Por volta de 2030, é possível que as cidades utilizem quase 85% de toda a energia produzida no país.[15] Embora o governo central afirme ter atingido as metas de eficiência energética estabelecidas em seu 11º plano de cinco anos – de 20% entre 2005-2010 –, de modo geral, o consumo energético do país poderá dobrar dos mil gigawatts registrados em 2010 para mais de 2.000 gigawatts em 2020.[16] As lideranças chinesas claramente compreendem que quanto mais energia a sociedade gerar para atender suas próprias necessidades, mais essas necessidades alcançarão níveis ainda mais elevados.

Em uma tentativa de imprimir uma abordagem mais holística para a eficiência energética, e reduzir os níveis de poluição atmosférica nas cidades, em agosto de 2010, a NDRC lançou um programa piloto de baixa emissão de carbono. A comissão identificou cinco províncias e oito cidades chinesas que deveriam liderar os esforços do país no sentido de reduzir o consumo energético e as emissões de carbono locais, em proporção a seus PIBs. O programa prometeu apoio às províncias de Guangdong, Liaoning, Hubei, Shaanxi and Yunnan, e às cidades de Tianjin, Chongqing, Shenzhen, Xiamen, Hangzhou, Nanchang, Guiyang e Baoding. Essas cidades foram todas intimadas a reduzir substancialmente suas **"pegadas de carbono"** antes de 2015, estabelecendo e promovendo estilos de vida, planos de desenvolvimento e setores industriais que primassem pela baixa emissão de carbono. A pegada de carbono é a quantidade de dióxido de carbono (CO_2) que cada indivíduo, animal ou indústria libera na atmosfera ao longo de um determinado período de tempo. O dióxido de carbono é a causa primária das mudanças climáticas. Algumas das cidades foram escolhidas pelo fato de já representarem centros de desenvolvimento de tecnologia limpa, ou já estarem concentradas em questões ecológicas há algum tempo.

Hangzhou, por exemplo, abriga o lago Oeste, famoso destino turístico sobre o qual filósofos e poetas chineses discorrem com nostalgia ao longo de mais de mil anos. A cidade fica a 2 h de carro a sudoeste de Xangai. Desde 1992, o distrito ecológico do lago Oeste tem sido responsável por manter elevada a qualidade da água e do ar no entorno do lago, a despeito do rápido crescimento da cidade. A municipalidade também abriga várias zonas de desenvolvimento econômico que se orgulham de promover serviços e setores manufatureiros de alto valor e, ao mesmo tempo, pouco poluentes.

Em 2008, o governo e algumas empresas de Cingapura investiram em um projeto conjunto com a China denominado Tianjin Eco-city (Cidade Ecológica Tianjin). Esse projeto seria parte da Tianjin Binhai New Area (Nova Área de Tianjin Binhai), aparentemente uma nova cidade que, um dia, se unirá à velha Tianjin. A intenção dessa **cidade ecológica** era se integrar à natureza em seu entorno. Para isso, ela tentaria reciclar seu lixo e implementar um moderníssimo sistema de transporte público para levar os moradores de um lado para o outro da região, que não **contaria com automóveis**.

Perguntei certa vez a Richard Brubaker – um professor norte-americano que leciona na China Europe International Businees School (CEIBS) de Xangai – se os esforços de locais como Hangzhou e Tianjin ajudariam a criar cidades realmente sustentáveis na China. **Afinal, será que de fato existem cidades sustentáveis?** Brubaker, que além de ser um acadêmico ponderado e servir de consultor nessa área, também é um homem bastante tranquilo e demonstra um irônico senso de humor, respondeu:

> *"Bem, na verdade isso depende do contexto, e, infelizmente, uma* **'cidade sustentável'** *nunca é considerada algo* **'realista'**. *Trata-se de uma cidade que não oferece 5% de taxa de crescimento econômico contínuo. Ela requer um investimento, mas também precisa ser avaliada por outros tipos de retorno que não sejam apenas produção econômica. Já em um mundo 'realista', eu diria que, em termos ambientais, os itens críticos que procuro verificar são prédios, transporte, segurança alimentar e água; no âmbito social, considero a educação, as taxas de violência e os serviços à comunidade; economicamente, avalio o oferecimento de oportunidades econômicas e a existência de uma economia variada que disponibilize empregos tanto para executivos quanto para operários."*

Todavia, em última análise, o desafio por trás da construção de novas cidades ou do aperfeiçoamento de cidades antigas em busca de sustentabilidade está desviando moradores e indústrias locais dos combustíveis fósseis com os quais as sociedades modernas estão tão acostumadas, e de maneira bem-sucedida. Bruebaker continuou:

"A razão pela qual a economia se afastará de ambas é de ordem econômica, à medida que pressões inflacionárias forcem os preços de ambas para cima e os setores industriais tentem proporcionar ganhos em eficiência para reduzir gastos de longo prazo. Neste momento, a grande dificuldade está no fato de que ambos os combustíveis – carvão e petróleo – são recursos altamente subsidiados pelo governo. Por outro lado, prevalecem duas pressões sobre cada um deles: 1º) pressões de fornecimento por conta da busca, da extração e do transporte estão se tornando maiores; e 2º) as externalidades são mais difíceis de manter fora do balanço geral. Por exemplo, a BP (British Petroleum) terá de pagar logo de antemão pelo 'custo total' de sua próxima plataforma; e não só isso, além de as minas de carvão terem de pagar mais pela reabilitação das terras por elas destruídas, também têm perdido os processos disputados. Tenho a impressão de que existe agora uma nova tendência pela qual externalidades que outrora eram facilmente ignoradas estão se tornando mais difíceis de ser deixadas de lado."

Sendo uma das cidades mais ricas e de crescimento mais rápido da China, Xangai tem se revelado uma das primeiras regiões do mundo a sentir o peso de modelos não sustentáveis de desenvolvimento econômico e social. Comparada a outras metrópoles globais, Xangai encontra-se em uma posição única no sentido de imprimir iniciativas no campo da sustentabilidade. O tipo de comando centralizado, apoiado por claras diretrizes governamentais, significa que a cidade poderá implantar rapidamente iniciativas que outras metrópoles fora da China talvez precisem de anos para colocar em prática. Brubaker continua sua explicação:

"Xangai está implantando uma estratégia variada que parece alavancar incentivos econômicos, novas regulamentações e investimentos governamentais. Muitos apontariam para investimentos em projetos de custo elevado, como sistemas de metrô e distribuição de água, mas o distrito de Minhang optou por investir na instalação de 500 mil m^2 de telhados verdes – e, ao fazê-lo, já planejava dobrar a área instalada até

2013. Porém, de modo ainda mais essencial, o planejamento urbano de Xangai nos revela um sistema bastante eficiente que minimiza muitas das ineficiências que tanto prejudicam as economias ocidentais. Os distritos da região são integrados, as comunidades são planejadas e os automóveis são amplamente desnecessários no local."

Porém, um aspecto do modelo de desenvolvimento urbano chinês que está contribuindo para uma verdadeira hemorragia energética no país envolve um de seus patrimônios mais básicos: **suas construções**.

Construindo eficiência energética

Sem qualquer nostalgia, lembro-me de ficar de pé bem no meio da sala de estar de uma família chinesa na região de Suzhou: meu casaco estava abotoado até o pescoço e eu segurava nas mãos uma xícara de água bem quente, mas, mesmo assim, meus dentes não paravam de bater, **tamanho era o frio**. Embora meus anfitriões insistissem para que eu me sentasse no velho sofá de couro – endurecido pela temperatura congelante –, ambos também permaneciam de pé ao meu lado. Aparentemente, assim como eu, nenhum dos dois se sentia capaz de dobrar os joelhos. Todos nós tentávamos assistir um pouco de TV enquanto a dona da casa e seu marido retiravam da mesa os restos da refeição apreciada durante a celebração do Festival da Primavera. Não havia aquecimento no apartamento ocupado por aquela família de classe média. Cada cômodo da moradia possuía um enorme aparelho de ar condicionado que poderia ser usado para aquecer o espaço, porém, era óbvio que a família preferia economizar dinheiro simplesmente **mantendo-os desligados**. Em vez disso, todos preferiam se acomodar sob camadas de roupas e vestir casacos acolchoados.

Entretanto, cada vez mais as famílias têm optado por manter ligados seus equipamentos de aquecimento e/ou ar condicionado, mesmo que somente nas épocas mais frias ou quentes do ano. Além disso, novos hotéis, *spas* e restaurantes, e também novas lojas, butiques e uma série de outras facilidades dos tempos modernos, surgem em todas as cidades chinesas e, obviamente, os clientes esperam que a temperatura dentro desses estabelecimentos seja mantida em níveis agradáveis. O número de apartamentos e escritórios nas cidades do país também está crescendo muito e transformando a nação na maior consumidora de energia do planeta. Todavia, os **altos valores das contas** também revelam que, em termos energéticos, as construções chinesas estão entre as menos eficientes da sociedade moderna.

De acordo com Li Bingren, economista-chefe do Ministério da Habitação e Desenvolvimento Urbano-Rural da China, os serviços de iluminação, aquecimento e ventilação dos prédios consomem mais de um quarto de toda a energia gerada no país.[17] Segundo o Worldwatch Institute, outros 15% de energia são utilizados na manufatura, no transporte de materiais e na própria construção de imóveis residenciais e comerciais.[18] Li Bingren reconheceu ainda que o consumo diário de energia *per capita* mas áreas rurais do país também quase dobrou durante o período de sete anos a partir de 2000.[19]

Li Bingren admitiu que a eficiência nas construções era relativamente baixa, ou seja, de 50%. "Mesmo que o padrão suba para 65% em 2020, o consumo energético para o aquecimento dos prédios chineses ainda será 50% mais elevado que a média nos países desenvolvidos, mesmo se considerarmos climas similares," disse ele.[20]

Em um país que é considerado um dos maiores importadores de carvão e petróleo do mundo, a **eficiência energética** é absolutamente **crucial**. Além disso, levando em consideração que seu uso de carvão deverá dobrar nos próximos dez anos à medida que sua economia cresce, a China já tem meios de reduzir sua dependência em relação a combustíveis fósseis sem ter de enfrentar as pesadas condições impostas pelas fontes de energia alternativas promovidas pelas lideranças do país. Desde o ano de 2006, o governo central estava convencido de que, em 2020, já não conseguiria atender às demandas energéticas de suas próprias construções.[21] O plano de desenvolvimento chinês de 2011, que privilegiava apenas o setor de fornecimento, parecia estar simplesmente colocando cada vez mais água em um balde repleto de buracos, enquanto este, aliás, crescia em tamanho. Avaliando as tendências para o crescimento da demanda energética para 2030, Conselho de Defesa dos Recursos Naturais (CDRN) acreditava que um aumento na eficiência energética do país poderia diminuir pela metade essas perspectivas. De acordo com os cálculos de Barbara Finamore, fundadora e diretora do programa chinês do CDRN, economizar um quilowatt de energia custa apenas **um quarto** do total usado para gerar um novo quilowatt.[22]

Porém, com um total de 2 bilhões de metros quadrados de área útil construídos anualmente, a China ostenta a maior quantidade de construções do planeta, segundo as palavras do dr. Liu, do Energy Research Institute – um departamento do CDRN – durante uma palestra em Bangcoc, em 2010. Certamente, a abordagem acelerada da China em relação a suas construções não permite grandes considerações em relação a eficiência energética, mesmo quando o próprio *design* assim o exige. De fato, segundo Qiu Baoxing, vice-ministro de Desenvolvimento Habitacional Urbano-Rural, em alguns prédios chineses a conservação de energia costuma cair em cerca de 6% a 7% em relação aos projetos originais.[23] É claro que, em parte, os incorporadores imobiliários não regulamentados são culpados por isso. A questão é que os próprios compradores em potencial não apreciam muito a ideia de gastar entre ¥ 100 e ¥ 150 a mais, por metro quadrado, apenas para adquirir prédios dotados de isolamento adicional, instalações de aquecimento e ar condicionado e/ou painéis de vidro duplos[24] – embora os vendedores sempre possam argumentar que, a despeito de custarem entre 2% a 5% a mais em relação aos preços básicos, o retorno sobre o investimento (ROI) em construções que economizam energia poderia chegar a 10 vezes a diferença investida dentro de um prazo de 20 anos.[25] Todavia, quando conversei com Franz Lang – engenheiro alemão especializado em eficiência energética na China –, percebi que ele não estava muito otimista em relação à própria longevidade das construções chinesas.

Na ocasião, perguntei a Franz Lang o que Pequim poderia fazer para reestruturar completamente o sistema de eficiência energética de suas construções, e ele disse (não em tom de brincadeira, vale ressaltar): "Em cerca de cinco anos, os governos perceberão que as construções chinesas não permanecerão de pé por muito tempo (devido à baixa qualidade das obras). Daí eles verão que seus prédios também são totalmente ineficientes em termos de energia. Eles então os derrubarão e começarão tudo outra vez." Porém, Franz Lang estava ávido para me mostrar um projeto eficiente em termos energéticos em Suzhou, a cerca de uma hora e meia de carro de Xangai. Franz Lang havia trabalhado para uma fábrica nos limites da cidade e oferecido consultoria na implantação de tecnologias e *designs* voltados para a economia energética. Na época, ele insistiu que muitos aspectos de eficiência energética em ambientes urbanos na China poderiam ser facilmente alcançados, já que muitos deles se baseavam em pequenos ajustes norteados pelo uso do bom senso.

Encontrei-me com Johann Wiebe, gerente-geral da Austral Refrigeration, no terceiro andar da fábrica, local totalmente banhado pela luz do sol. Johann Wiebe, um homem de temperamento afável e aparência querúbica, tinha quase dez anos de experiência na China. Ele me explicou que os incentivos fiscais locais encorajavam a empresa a fazer um *leasing* (arrendamento) daquele prédio de 10 mil metros quadrados. Ele também esclareceu que os funcionários jamais precisavam acender a luz nos galpões porque a luz do sol passa pelas janelas do escritório, mantendo-o devidamente iluminado. "Desde o início desse projeto, acreditei que a empresa seria eficiente em termos de consumo de energia", salientou o gerente-geral. Wiebe inaugurou o empreendimento em fevereiro de 2010, e em julho do mesmo ano já estava em produção. De fato, a fábrica não apenas despacharia seu primeiro *container* de unidades de refrigeração para a Austrália no final do verão de 2010, mas também registraria seus primeiros lucros na ocasião. Uma vez que a companhia fabricava refrigeradores de baixo consumo para a estocagem de carnes, vegetais, leite e outros produtos laticínios, Johann Wiebe acreditava que era importante que a própria empresa se mostrasse eficiente em seu consumo energético. "Meus chefes, na Austrália, jamais teriam investido em eficiência energética se o retorno fosse demorar mais de um ano", acrescentou.

Por seu turno, Franz Lang atribuiu o rápido retorno de seus investimentos devido à eficiência operacional dos processos criados pela empresa para tornar os negócios mais autossuficientes e menos dependentes em termos da eletricidade, tanto no que diz respeito à iluminação do local quanto ao aquecimento e ao resfriamento do ambiente. A empresa terceirizou a fabricação de todos os seus componentes e equipamentos a fornecedores chineses, sendo que alguns deles contavam com investimentos estrangeiros.

A chave para os ganhos em eficiência energética nas operações baseava-se na criação de uma "circulação" de energia térmica por toda a fábrica, que se utilizava de pouquíssimos aparelhos de alta tecnologia para garantir a economia. Processos e métodos alternativos de observar as maneiras pelas quais os consumidores tipicamente desperdiçavam calor eram, em outras palavras, mais importantes para se estabelecer eficiência energética que novas tecnologias. Johann Wiebe me mostrou os nove aquecedores de água instalados em painéis solares de cerca de um metro quadrado presos no telhado quase plano da fábrica, bem de fronte ao seu escritório. "Podemos acrescentar mais painéis, conforme nossa necessidade," explicou. Os painéis ocupavam apenas 5% de todo o espaço disponível no telhado.

Se não houvesse suficiente luz do sol para que os painéis gerassem o calor necessário para a modelagem das grandes placas de aço, então o calor dos compressores a ar utilizados para resfriar os equipamentos era desviado para as máquinas retificadoras. A empresa também usava esse sistema de recuperação para estocar o calor irradiado dos fornos e aquecer todo o ambiente durante o inverno. O piso da fábrica também possuía dúzias de lâmpadas de 446 watts suspensas a partir do teto rebaixado. Elas criavam um teto falso que mantinha o calor mais próximo do solo e ajudavam a reduzir os gastos com aquecimento.

Contudo, o **elo mais frágil** no sistema era justamente o **fator humano**. Wiebe explicou que os chineses não se mostravam muito interessados em adotar hábitos e procedimentos que ajudariam a economizar grandes quantidades de energia e dinheiro. Neste sentido, a gerência criou um conjunto de incentivos e dissuasores para mostrar aos funcionários que a companhia estava realmente engajada em promover eficiência energética e em moldar os hábitos de sua equipe. "O simples ato de desligar a luz quando necessário exigia educação", disse Johann Wiebe. "Tínhamos de implantar bônus e penalidades para alcançar nossos objetivos nos gastos de energia. Alguns empregados não gostavam do novo sistema, então eles simplesmente nos deixaram quando o implementamos", enfatizou Wiebe. Todavia, a empresa conseguia rapidamente substituir os que saíam por indivíduos que se adaptavam à mentalidade da companhia. Educar os consumidores chineses sobre questões de sustentabilidade seria, entretanto, uma tarefa bem mais desafiadora, como logo descobririam os proprietários da Bambu, um empreendimento ambientalmente correto.

Green shoots (vertentes sustentáveis de negócios)

No início dos anos 2000, Rachel Speth e Jeff Delkin iniciaram a Bambu, um empreendimento sustentável. A empresa fabricava utensílios para cozinha feitos de bambu, casca de coco, fibra e cortiça. Entre os produtos estavam tigelas, pratos e talheres, grandes e pequenos. O estilo adotado foi o minimalista, orgânico e o material era pintado em cores vibrantes e marcantes. A Bambu utilizava o material plantado em florestas chinesas e tailandesas, e engajava as comunidades locais que tinham pouco trabalho para desenvolver de maneira totalmente artesanal os belos utensílios e acessórios, e então laqueá-los. De acordo com Delkin, atualmente "a sustentabilidade é a opção dos mais ricos" na China.

Empreendimentos que visam desde o início a sustentabilidade são inevitavelmente locais, em termos de foco. Eles assumem a responsabilidade de educar suas comunidades, seus *designers* e artesãos locais em relação a seus métodos e também às exigências e especificações do mercado internacional. Eles operam no sentido de manter vivas e até mesmo desenvolver técnicas tradicionais desses grupos locais e, assim, manter uma vantagem competitiva que ajude a impedir que esses indivíduos sofram prejuízos praticamente irreversíveis em sua qualidade de vida por conta da perda de suas tradições. Porém, às vezes, essas comunidades simplesmente não compreendem a ideia de comércio.

Rachel Speth explicou-me o modo como a Bambu havia trabalhado de maneira conjunta com um vilarejo tailandês que se sobressaia em um tipo específico de trançado de bambu. "Não importava o que fizéssemos ou o quanto os ensinássemos o processo de produção, eles simplesmente não compreendiam", disse Rachel Speth. A questão mais problemática para a empresa era a pintura dos cestos; os compradores ocidentais preferiam a cor natural: o manuseio, a pulverização e a reciclagem das tintas – que eram, inerentemente, produtos químicos – eram processos altamente complicados para aquele remoto vilarejo. No final, a Bambu acabou desistindo depois de dois anos de tentativas e retornou para a China. Outro grande desafio em seu objetivo de desenvolver um negócio verdadeiramente responsável em termos ambientais era alcançar os mercados de exportação.

A maioria dos consumidores de seus produtos em 2011 eram países que ficavam distantes da China, explicou Speth. "Investimos tanto tempo e esforço para criar e produzir produtos 'ambientalmente corretos' e no final tivemos de transportá-los em navios altamente 'malcheirosos'", disse Rachel Speth. Por "malcheirosos" ela se referia não apenas à enorme pegada de carbono deixada por aqueles cargueiros altamente poluentes movidos a diesel, mas também a todo o lixo que as tripulações marítimas costumavam atirar ao mar durante cada viagem. Então, em 2012, eles começaram a alterar seu modelo de negócios e desenvolveram o conceito de **"produtos locais para moradores locais"**. A ideia era reduzir ainda mais a pegada de carbono de seus produtos. Em outras palavras, os produtos para o mercado asiático seriam fabricados em solo asiático, enquanto os voltados para o mercado norte-americano seriam produzidos nos EUA. O empacotamento representava outro obstáculo para solidificar seus objetivos de sustentabilidade na China.

As regulamentações do governo chinês exigiam a inclusão de um tipo específico de plástico no empacotamento dos utensílios comercializados no mercado local. Porém, o processo de manufatura do referido plástico não se baseava em um modelo sustentável, tampouco era **biodegradável**. Isso exigiu que Rachel Speth e Jeff Delkin investissem mais tempo projetando um tipo de pacote sustentável que no desenvolvimento do *design* de seu próprio produto.

Mesmo assim, a Bambu, assim como outras empresas que se baseavam em modelos sustentáveis, considerava importante educar os usuários de seus produtos quanto à riqueza dos produtos artesanais tradicionais produzidos nos vilarejos. Essencialmente, o que a Bambu e outras empresa criaram foi um ecossistema de produtores locais. As empresas da região se tornaram parte das comunidades, contribuindo para a sustentabilidade das vilas e de seus costumes. Entretanto, a globalização mantém esse modelo bem aberto.

Rachel Speth identificou a globalização como o calcanhar de Aquiles dos modelos sustentáveis para as sociedades. Atualmente, os consumidores dependem da pronta disponibilidade de produtos em todos os lugares do mundo. Rachel Speth propôs a seguinte ideia: "Não dependamos mais de outros países para aquilo do que já não dispomos." Essa proposta se baseia em uma afirmação feita pelo renomado arquiteto norte-americano William McDonough, cuja observação bastante simples exerceu grande impacto sobre a visão de Rachel Speth: **"Já não existe mais 'fora'."**

"Não tenho ideia de onde isso vem"

A **globalização** e a **urbanização** contribuíram para o aumento da riqueza dos países em desenvolvimento de uma maneira jamais vista na história humana. A **era dos produtos baratos** garantiu a todos (exceto àqueles na mais absoluta pobreza) a oportunidade de consumir produtos que definem o conceito de "vida confortável" em sociedades com rendas mais elevadas – algo que, aliás, a maioria das pessoas nunca terá a chance de acessar, exceto pelo visual, pelos sons e/ou pelos sabores adquiridos em mercados locais. A globalização nos ofereceu os meios pelos quais tantos sonhos – considerados impossíveis de se realizar até a virada do novo século – se tornariam realidade. Um axioma da modernização é a existência de uma quantidade enorme de recursos com os quais poderemos criar novas coisas, assim como de vasto um espaço onde poderemos jogar nosso lixo.

Nossas sociedades de consumo acreditam que quando **"jogamos algo fora"** esse objeto simplesmente desaparece da Terra; ele **some**, **esvanece**. Porém, segundo McDonough, esse lixo – em especial os produtos utilizados para empacotar outras coisas – continua a existir por muito tempo e, em alguns casos, por várias gerações. Em comparação com a China, os EUA, cuja população é relativamente pequena comparada com a chinesa e o espaço territorial é amplo, acreditam que ainda podem se dar ao luxo de manter padrões de produção e consumo não sustentáveis, porque, pelo menos em sua maioria, o lixo ali produzido ainda não acaba indo parar no "quintal alheio" (fica dentro de seus limites territoriais). Esse país é abençoado não somente pela abundância de suas terras, mas por uma densidade demográfica relativamente baixa. A China, entretanto, por possuir mais que quatro vezes a população norte-americana, distribuída em uma área similar àquela ocupada pelos EUA, tem graves problemas. Os EUA também possuem muito mais água limpa que a China, além de níveis de poluição atmosférica mais baixos que os registrados no gigante asiático. A seu favor, desde os anos 1970 os EUA têm trabalhado no sentido de preservar seu ecossistema e até mesmo reverter alguns dos efeitos adversos do processo de industrialização. A Europa e o Japão são certamente líderes na área de proteção ambiental, uma vez que nenhum deles dispõe do espaço territorial norte-americano. Além disso, os EUA – assim como outros países do Ocidente – enviam parte do seu lixo mais tóxico para a China.

Compradores chineses comercializam computadores, televisores, rádios e outros aparelhos eletrônicos usados que os ocidentais jogam fora. Trata-se de **reciclagem** em sua forma mais crua. Enormes montanhas de *hardware* velho se espalham pela costa leste da China. Dali, camponeses e crianças pobres, desprovidos de qualquer equipamento de segurança, retiram peças e partes que contêm metais valiosos e outros componentes que poderão ser reutilizados em outros processos de fabricação. Esse tipo de lixo libera toxinas que se infiltram no solo e alcançam os lençóis freáticos da região. Essas toxinas são altamente cancerígenas e representam a maior causa de deficiências e deformidades nos vilarejos próximos dos aterros poluídos. Esse tipo de comércio é o pior lado da globalização. Os efeitos dessas montanhas de lixo sobre o meio ambiente e as comunidades locais jamais se dissiparão.

A globalização permite aos consumidores sobrepujar limitações locais existentes sobre a oferta e a demanda. Os compradores poderão obter bens materiais, energia e até alimentos oriundos de regiões distantes de suas casas. Porém, o sistema de comércio tradicional é altamente subsidiado pelos governos e seus cidadãos. Tais subsídios garantem alimento, energia e água em abundância. Porém, em geral, os consumidores não percebem o verdadeiro preço dos produtos adquiridos. Esse preço real deveria levar em conta o impacto global que as cadeias de suprimento mundiais exercem sobre os recursos naturais e o meio ambiente, tanto em termos locais quanto globais. Essencial para o conceito de **"aguergia"** é o fato de as sociedades poderem importar alimentos e energia de fora; todavia, em termos econômicos, elas não conseguem importar água potável nas quantidades às quais os seres humanos estão habituados. O desalinhamento entre a globalização do comércio de produtos e a disponibilidade de água em níveis locais na China ameaça paralisar toda a sociedade.

Suponho que um resultado do axioma **"não existe mais 'fora'"** seja **"não tenho ideia de onde isso vem"**. Embora os ricos possam até saber que suas bolsas Louis Vuitton são "francesas", seus sapatos Ferragamo "italianos" e seus *iPads* "norte-americanos," em um mundo globalizado os consumidores não têm a menor ideia de onde esses produtos foram realmente fabricados. Os componentes plásticos podem ser sido moldados na Malásia; o couro pode ter sido retirado do gado nos EUA; a mão de obra pode ter sido formada por crianças de Bangladesh; os produtos podem ter sido transportados em navios fabricados na China. Não há registros fieis das origens dos recursos naturais utilizados nem da energia consumida na fabricação de muitos dos produtos que consumimos nos dias de hoje. Pelo fato de "não termos ideia de onde eles vêm," simplesmente "não nos importamos de onde eles vêm," desde que **possamos adquiri-los**, é **claro**. Porém, a cada nova aquisição prejudicamos ainda mais nosso próprio meio ambiente e os recursos nele existentes. Estamos desperdiçando a herança que recebemos desse planeta, e com o mais absoluto desprezo.

Todavia, a fatura por apoiarmos toda a nossa modernização em um modelo de Revolução Industrial não sustentável um dia nos será imposta e cobrada, e isso é incontestável. De maneira metafórica, poderemos dizer que o "garçom" já está se aproximando de nossa mesa, empunhando uma conta que – todos nós concordamos – será bem mais alta do que o valor de que dispomos em nossa carteira. Este será o preço que todos nós teremos de pagar por presumirmos que o nosso planeta seja inesgotável em toda sua plenitude. Porém, a Terra é um sistema fechado.

O ecossistema terrestre é considerado fechado pelo fato de somente a luz do sol ser capaz de penetrá-lo. Todo o resto fica preso em seu campo gravitacional. Não há, portanto, ar fresco ou água despoluída sendo bombeados do espaço sideral para dentro de nosso planeta. Em contrapartida, nossa água e nosso ar sujos também não podem ser atirados para fora da estratosfera. As terras sobre as quais vivemos são as mesmas terras sobre as quais pereceremos, pelo menos em um futuro próximo. Não há novos espaços para os quais possamos nos transferir para escapar de nosso próprio lixo. Políticas que visam reformatar nosso comportamento em termos de consumo e restabelecer uma boa relação com o nosso meio ambiente são o que mais precisamos para sustentar a modernidade. Pequenos consertos de caráter tecnológico – como os registrados no laboratório da Austral Refrigeration, em Suzhou – são **insuficientes**.

A sustentabilidade é uma atitude mental, um estado de espírito, não apenas outro mercado global em que possamos obter lucros. No início de 2012 a UE implantou a **"taxa de carbono"** para vôos internacionais que entram e saem do espaço aéreo europeu. Esse é o tipo de ajuste político de que o mundo precisava, desde o início, para reduzir os efeitos da globalização em nossos países. Porém, os EUA, a China e mais de 20 outros países hesitaram em acatá-la, puramente com base na economia dos combustíveis fósseis tradicionais. O fato é que o mantra da globalização se tornou um meio de escaparmos de nossas responsabilidades, evitando o papel de comandantes dessa nave – no caso, o planeta Terra – e atuando como meros comissários de voo.

Este é um conceito revolucionário na China, que sempre acreditou profundamente em sua responsabilidade de sobrepujar sua própria geografia. Desde os tempos em que os engenheiros chineses construíram suas primeiras barragens e seus primeiros aterros para desviar e controlar o fluxo de seus caudalosos rios – há milhares de anos – a China tem acreditado no triunfo de suas massas sobre a natureza. Todavia, o tipo de modernização rápida adotado pelo gigante asiático está desequilibrando o meio ambiente global e levando economias inteiras a uma condição de instabilidade jamais testemunhada na história da humanidade. Agora que o país alcançou seu limite, tanto no que diz respeito a crescimento futuro quanto à sustentabilidade, ele terá de desenvolver novas instituições e compreender as reais necessidades do meio ambiente. À medida que a seca, as mudanças climáticas, as limitações energéticas e o próprio envelhecimento de sua população atuam de maneira conjunta e alteram a compleição de toda a sociedade, **talvez a China se disponha finalmente a assinar um novo contrato social.**

Capítulo 10

Uma comunhão se faz necessária

E m um dia quente no verão de 2010, enquanto Chen Yulian esperava pelo marido diante de um alto portão de ferro fundido, ela percebeu a aproximação de um grupo de seis homens corpulentos que haviam se reunido na esquina. Chen Yulian era uma mulher pequena, frágil e tão magra que sua pele envelhecida e ressecada parecia incapaz de proteger seus delicados ossos. Aos 58 anos de idade, ela não considerava necessário ostentar o mesmo visual das roliças e bem penteadas esposas dos demais oficiais do governo. Com 1,6 m altura e pesando menos de 40 kg, sempre que saía às ruas ela preferia usar calças largas e uma bata simples, principalmente por causa do calor que fazia em Wuhan, uma das cidades mais quentes do país. Então, olhando novamente para o grupo de homens que rumava em sua direção, ela viu que cinco deles vestiam roupas pretas – e um tanto ridículas naquela temperatura – e óculos escuros, mas que o cidadão que seguia na frente do grupo – que ela imaginou ser o líder – usava uma camisa preta e calção vermelho. Chen Yulian logo imaginou que tivesse ocorrido algum tipo de briga antes de sua chegada, ou que talvez eles estivessem se preparando para se unir a algum tipo de manifestação violenta. De qualquer modo, um fato parecia óbvio até mesmo para um cego: aqueles homens estavam prestes a machucar alguém e, possivelmente, qualquer um que aparecesse em sua frente. Então, tentando evitar problemas, ela se moveu em direção ao portão abrindo passagem para o grupo, e imediatamente sacou seu telefone celular para avisar seu marido que ela já o estava aguardando na entrada do Departamento de Segurança Pública (PSB).

Para fins de esclarecimento, o PSB era o último canal de recurso para qualquer cidadão que tivesse alguma reivindicação não atendida. Se, por exemplo, após a decisão de um juiz uma das partes se considerasse prejudicada, esta, teoricamente, teria o direito de levar o caso a uma instância superior. Isso, entretanto, raramente acontecia: em geral esses reclamantes logo se viam obrigados a acatar as decisões que lhes eram enfiadas goela abaixo. Todavia, esse tipo de recurso era considerado um jeito bem antigo (tão antigo quanto o próprio país) de os queixosos driblarem o sistema judiciário, alcançando autoridades do alto escalão na cidade – e até mesmo do país –, e garantirem uma nova audiência – e quem sabe até mesmo uma **decisão** final **favorável**. Vinte anos atrás, e antes mesmo dessa época, a maior parte das reclamações envolvia pessoas ou famílias, ou seja, eram causas civis; hoje, entretanto, a vasta maioria dos casos diz respeito a invasões ilegais de terras.

Retornando à história de Chen Yulian, conforme ela abriu espaço para os grandalhões, eles a encararam e, sem dizer uma única palavra, passaram a esmurrá-la, chutá-la e agredi-la com os joelhos e cotovelos. Mas ela não caiu imediatamente ao chão. De fato, ela se mostrou confusa diante da bizarrice do incidente e da dor que sentia por conta dos incessantes golpes. Chen Yulian tinha certeza de que se tratava de criminosos da Black Society (Sociedade Negra) – a **máfia chinesa** – que possivelmente a teriam confundido com alguém que lhes devesse dinheiro e estivesse atrasado com o pagamento. Em um dado momento, um dos marginais agarrou seus braços com força e, como um lutador de sumô, passou-lhe uma rasteira. Ela caiu violentamente sobre o chão.[1] A dor no quadril era intensa e somente depois de um grande esforço ela conseguiu se levantar e confrontar seus agressores, mas foi novamente golpeada e atirada ao chão. Logo ela percebeu que uma multidão se reunira para acompanhar o ataque feroz. Foi então que finalmente ouviu alguém gritar: "Pare de espancá-la! Ela é esposa de um alto oficial do governo!" Porém, ninguém ousou intervir.

Levada ao hospital, os médicos diagnosticaram uma concussão, ferimentos nos tecidos corporais, um pé quebrado (o esquerdo) e trauma nos tecidos nervosos. Ela vomitava com frequência e tinha escoriações e marcas roxas por todo o corpo. Depois do incidente Chen Yulian permaneceu internada por mais de um mês. Aos poucos, conforme as imagens se tornavam mais claras em sua mente, ela começou a pensar sobre o incidente e a tentar digerir aquele encontro fatídico, mas não sabia exatamente o que a deixara mais irritada, a surra propriamente dita ou a descoberta de quem de fato a havia espancado.

Na verdade, os agressores não eram integrantes de nenhuma máfia, apenas **policiais à paisana**. A tarefa do grupo era simplesmente desencorajar reclamantes em potencial de recorrer a cortes mais altas por causa de supostas injustiças cometidas. No dia do incidente o próprio diretor do PSB visitou-a no hospital para se desculpar. De cabeça baixa, ele disse:

> *"Quando soubemos sobre o incidente procuramos dar a ele toda a importância que merecia. Veja, procurei chegar aqui assim que tive tempo! [...] Trata-se de um mal-entendido, um simples mal-entendido; não sabíamos que havíamos espancado a esposa de um alto oficial."*[2]

Apesar dos esforços, vários artigos nos jornais, blogues e fóruns apelidaram o incidente de **"espancamento equivocado no portão"** (打错门). Internautas chineses comentaram: "Quer dizer que se não fosse ninguém importante, o espancamento seria um comportamento aceitável?" Ao ver as fotos de uma senhora coberta de hematomas em uma cama de hospital, um internauta questionou: "Isso é democracia? É assim que funcionam as leis? Isso é justiça?"[3] Wang Yong, colunista do jornal *Shanghai Daily*, afirmou: "Em vez de demitir essas maçãs podres (os policiais envolvidos), uma por uma, seria melhor perguntarmos quem afinal as enviou e as colocou para trabalhar contra o povo?"[4]. Vale lembrar que a versão digital da coluna foi deletada do *website* do jornal, logo depois de ser publicada. Todavia, a desafortunada senhora Chen acabaria se tornando a recipiente de um golpe que refletia 4 mil anos de **civil**ização chinesa – desprovida, aliás, de qualquer "**civilidade**".

Não podemos ser civilizados?

Entre as mais importantes inovações que a China terá de buscar, desenvolver e incorporar à sociedade moderna que suas próprias lideranças estão tentando construir e integrar ao resto do mundo estão as **instituições civis**. Essas instituições aceitam e até promovem a realidade de que nenhum governo é capaz de atender a todas as necessidades de seu povo. De fato, o desânimo e, em alguns países, a declaração de ilegalidade de **organizações não governamentais** (ONGs) é um indicador do **grau de autocracia** prevalente no governo. Administrações autocráticas se isolam das necessidades do seu povo e do resto do mundo, e ignoram a qualidade de vida à qual seus cidadãos têm acesso.

As sociedades civis também são um ótimo indicador do grau em que os cidadãos de um país conseguem congregar e intercambiar ideias e informações, e **inovar**. A existência de instituições civis, entretanto, não significa que as sociedades nas quais elas operam sejam **inerentemente inovadoras**. Sociedades civis em que o governo aceita o papel complementar dessas instituições são maduras, vibrantes e estão conscientes de que seu discurso será encorajado. Sociedades abertas cultivam a criatividade necessária ao atendimento de suas próprias exigências espirituais e materiais. Assim, embora a Europa, o Reino Unido e os EUA apoiem ONGs, instituições de caridade e uma grande variedade de organizações sem fins lucrativos, poucos discutem o fato de que, enquanto sociedade, os EUA ostentam uma cultura de inovação bem mais ativa que seus parceiros europeus e, mais especificamente, os britânicos. A China, por sua vez, já está enfrentando sérios desafios demográficos, ambientais e de recursos, o que têm colocado em dúvida a própria viabilidade de suas estruturas sociais.

Dentro de algum tempo, o governo chinês já não será capaz de atender as crescentes necessidades energéticas de seu país. Um dia, as autoridades se verão obrigadas a racionar os recursos naturais da nação – em especial a água. Uma grande parte da população **envelhecerá** e chegará à aposentadoria sem poder contar nem com benefícios suficientes por parte do governo nem com membros da família em condições de ajudá-los. Nesse momento, cidadãos chineses terão de aprender como ajudar uns aos outros por meio de **instituições** que complementem e suplementem os serviços do governo. Em contrapartida, o governo central terá de aceitar suas limitações e começar a confiar nos princípios de auto-organização desenvolvidos nos países do Ocidente para **enriquecer suas sociedades**, não para **desestabilizá-las**. Entretanto, durante a longa história do gigante asiático, e até mesmo na história moderna, toda a lealdade de cada cidadão chinês e de cada família chinesa era destinada única e exclusivamente ao imperador e aos seus representantes. Demonstrar o mesmo nível de lealdade a qualquer instituição — incluindo a própria família — significaria morte certa.

Ao longo de toda sua história imperial, a sociedade chinesa se assemelhou a uma "rosquinha": uma estrutura vazia em sua parte central, exceto pela presença do imperador. Este quase nunca deixava seu palácio e nunca se encontrava com os homens comuns. O país era essencialmente administrado por ministros que, independentemente de onde vivessem, estavam submetidos às mesmas tensões e cansativas cobranças. Essas "provas" não representavam apenas um teste para avaliar o quanto os potenciais administradores eram capazes de memorizar e regurgitar isso nos seus longos textos de cunho poético, filosófico e histórico; eles também serviam para assegurar a homogeneidade de pensamentos e crenças, assim como o grau de obediência dos servos imperiais em relação aos decretos dinásticos, independentemente da origem dos candidatos. O objetivo por trás desse sistema de 1.500 anos era alinhar todos os administradores do governo e harmonizar as diversas sociedades e geografias que compunham o país. Nos dias atuais, esses testes são aplicados a formandos universitários com ligações com o PCC, e buscam avaliar a compreensão desses indivíduos — e aplicação na vida cotidiana — dos conceitos e das teorias marxistas-leninistas e do próprio Mao Tsé-tung. Essas provas representam a manutenção de um meio histórico de assegurar uma rígida harmonização social através de um regime autoritário.

Fora dos canais governamentais, os cidadãos chineses apoiam-se mutuamente por meio de **círculos concêntricos**. O mais fechado entre eles representa a família estendida, chefiada por um patriarca. Em seguida vêm aqueles formados por colegas da escola e do trabalho. As cidades de origem dos chineses representam o último círculo de relações sociais periféricas que os chineses consideram fundamentais para sua sobrevivência — em especial quando o governo os **desaponta**. De vez em quando, círculos formados por estranhos se encontram em espaços públicos. Quando eles se intersectam em momentos de elevada tensão, os resultados podem ser extremos: a total passividade ou agressões explosivas. Em geral, os chineses raramente se comunicam ou auxiliam outros conterrâneos que não façam parte de seus próprios círculos pessoais, o que explica a razão pela qual ninguém tentou ajudar a senhora Chen Yulian. Aparentemente, o fato de ela ser uma cidadã local não fez com que os transeuntes e expectadores percebessem o elo relacional. Na China, a ideia de ajudar um semelhante sem o devido retorno – *guanxi*[A] – **não faz parte das relações sociais do país**, a menos, é claro, que a própria segurança da família ou de sua "honra" estejam em risco. É óbvio que tal sistema de valores é totalmente contrário aos objetivos de instituições que visam justamente auxiliar completos estranhos que não têm como contribuir ou beneficiar aqueles que lhes oferecem apoio.

Porém, governos altamente centralizados possuem suas próprias limitações – em especial quando se trata de um território geograficamente tão grande quanto a China continental e um grupo de indivíduos tão disperso dentro dele. Várias explosões demográficas durante diferentes períodos dinásticos esticaram demasiadamente os recursos do governo, tornando-os insuficientes. Inundações e episódios de escassez de alimentos, ambos fenômenos provocados por pressões insustentáveis sobre o meio ambiente, incapacitaram o modelo totalitarista de governo. Tudo o que restou para famílias e vilarejos (com frequência os mesmos na China histórica) foi agir no sentido de defender a si mesmos. No final do século XIX, esses locais precisavam defender-se de saques perpetrados pelos próprios soldados do governo, que há meses estavam sem receber salários e, em alguns casos, praticamente morrendo de fome. Embora os ricos administradores de algumas cidades chinesas de fato tenham criado sociedades benevolentes para ajudar os menos afortunados em suas próprias regiões, em geral, essas ONGs desenvolviam respostas violentas aos processos altamente desintegradores que se desenrolavam em seu entorno. Em meados dos anos 1800, o reino celestial de Taiping foi uma resposta direta ao colapso da administração manchu, que governava a China nessa época.

A rebelião de Taiping teve início pelas mãos de Hong Xiuquan. Depois que ele fracassou várias vezes nos exames para adentrar o serviço civil do governo, no início dos anos 1840, o outrora estudante passou a ter visões de si mesmo como o irmão mais novo de Jesus Cristo. Por volta de 1850, ele já contava com 30 milhões de seguidores, que saquearam tudo o que estava

---

A - Expressão chinesa cuja tradução literal é **"relação"**. Todavia, dentro da sociedade e da cultura chinesas, o termo é usado como uma expressão particular nos relacionamentos comerciais. O sentido implícito é o de "estabelecer laços de confiança que permitam às duas partes se beneficiar de condições mutuamente vantajosas." (N.T.)

pela frente em sua jornada para estabelecer a capital de seu reino celestial, em Nanquim. Esse reino foi uma resposta direta à decadência que se alastrava pela doente dinastia em vigor. Ele oferecia os meios para que seus seguidores cuidassem de suas famílias e amigos. De maneira irônica, o total de mortes no final de quase 20 anos de conflitos foi de quase **200 milhões de pessoas**. O levante dos *Boxers*,[B] ocorrido nos anos 1900, foi uma expressão similar do descontentamento dos cidadãos com a administração governamental e a intromissão do Ocidente na sociedade chinesa. Os *boxers* acreditavam piamente que a perfeita prática do *kung fu* os tornava invencíveis diante das balas inimigas. Eles também acreditavam que o próprio trono, personificado pela imperatriz viúva Tseu-Hi, os defenderia durante a grande revolta contra os ocidentais em 1900. O movimento Falun Gong, no final dos anos 1990, também foi uma declaração de descontentamento em relação aos serviços sociais do governo – particularmente no campo da saúde. O Falun Gong era um sistema hibrido que agregava crenças budistas, exercícios similares à ioga e mecanismos de apoio ao grupo. Esse movimento, que contava com milhões de membros, representou um enorme perigo para o PCC quando, durante uma manhã de 1999, reuniu milhares de praticantes na frente da sede do PCC, sem que a segurança oficial tomasse conhecimento prévio da iniciativa. Sem a menor intenção de permitir que o mesmo filme se repetisse – os protestos organizados em Taiping, as manifestações dos *boxers* ou, mais recentemente, as ocorridas na praça da Paz Celestial – o PCC desmantelou o Falun Gong de maneira rápida e violenta. Remanescentes do grupo de autoajuda ainda se encontram espalhados pelo mundo, e ocasionalmente renovam seu pedido ao PCC de que permita sua prática livre na China continental. A despeito do histórico imperial chinês violento, em seus embates com organizações religiosas e sociais, a prática da religião tem se alastrado no país – embora a nação permaneça dividida.

"Pois vivemos em um mundo material..."

Aqueles que possuem alguma inclinação religiosa acreditam que a causa principal para o colapso das dinastias chinesas esteja a falta de liberdade religiosa no país. Entretanto, a cultura chinesa é, historicamente, supers-

---

B - Evento também conhecido como guerra dos *Boxers*, rebelião dos *Boxers* ou movimento Yijetuan. (N.T.)

ticiosa, e conta com uma grande variedade de religiões e ídolos para qualquer indivíduo que precise de orientação supramaterial. Nos anos 1980, o PCC restaurou não apenas o Budismo, o Taoísmo, o Cristianismo e o Confucionismo, mas também antigos folclores, cultos ancestrais e até mesmo a própria civilização chinesa. O PCC percebeu que precisava urgentemente oferecer à sociedade sistemas de crença (religiões) capazes de suprir o vácuo que ele próprio deixara enquanto recuava de sua posição como grande símbolo do comunismo na Ásia.

Ainda assim, em seu artigo *A Religião na China às Vésperas das Olimpíadas de 2008 em Pequim*, Brian Grim, pesquisador sênior nas áreas de religião e questões mundiais, afirmou que, entre os chineses adultos entrevistados em seis cidades do país, a proporção de religiosos era inferior a 1 em cada 5 habitantes.[5] Nos EUA essa proporção, na mesma época, era de 8 em cada 10 adultos. Todavia, em números absolutos, a quantidade de chineses com inclinação religiosa ainda se revelava gigantesca, uma vez que eles representavam quase o total da população norte-americana – cerca de 300 milhões de pessoas.[6]

Em 2007, O jornal *China Daily* publicou que cerca de 200 milhões de chineses seguiam, de alguma forma, maneira ou em algum estilo, o Budismo, o Taoísmo ou demonstravam crença em alguma "figura lendária, como o rei Dragão ou o Deus da Fortuna."[7] Honestamente, acredito que todo chinês seja budista, pelo menos em algum nível; a maioria deles não vê problemas em adentrar um templo budista, em períodos de alguns anos; queimar alguns incensos e talvez até dizer algumas preces para garantir o sucesso nos negócios ou felicidade e saúde antes do nascimento de um filho. Aliás, com o intuito de garantir boa sorte, esses mesmos chineses também tão teriam nenhum problema em se relacionar com a burocrática hierarquia do **"paraíso taoísta"**, e, em seguida, rezar alguns Pai Nossos e algumas Ave Marias em uma igreja católica, se considerasse que isso os ajudaria. Até mesmo a ilegal movimento Falun Gong arrumou lugar para Buda e Jesus Cristo, na tentativa de oferecer proteção contra o **"espírito de raposa"**, encontrado no folclore do interior do país.

Na verdade, desde o final da Revolução Cultural, em 1976, o governo chinês, tanto em nível nacional quanto local, não apenas renovou, mas também construiu novos templos budistas e taoistas no país. A pequena cidade de Anshan, na província de Liaoning, situada a cerca de 2 h de carro da capital provincial de Shenyang, ostenta em seus arredores um novo complexo budista – lembro-me de acompanhar os últimos retoques quando visitei o local em 2007. O destaque do templo é uma enorme escultura monolítica – o Anshan Jade Buddha. Segundo o governo local, trata-se da maior estátua de Buda feita em jade em todo o mundo, com mais de 250 toneladas. A escultura foi encontrada em 1960, ao lado de uma montanha na cidade de Anshan. O então braço direito de Mao Tsé-tung, o premiê Zhou Enlai, declarou a descoberta um tesouro nacional. Nos anos 1990, vários caminhões do governo e tanques do exército transportaram as partes do Buda desde o local da escavação até seu destino final. Vale ressaltar, entretanto, que o governo não emprega o mesmo tipo de energia construtiva em relação ao cristianismo no país.

Avante, soldados cristãos

O Cristianismo já havia florescido ao longo de vários séculos e em várias partes da China quando o PCC decidiu considerá-lo **ilegal**, quando o PCC ganhou poder em 1949. Com uma série de políticas governamentais fracassadas desde os anos 1950 até a década de 1970, os chineses estavam prontos para adotar sistemas de crenças e valores que lhes parecessem mais duradouros em relação ao flexível ateísmo que permeava a doutrina do PCC. Na década de 1980, o Cristianismo se tornou atraente dentro da China. Ele parecia um sistema de valores capaz de ajudar a guiar os cidadãos chineses através das excentricidades de um período que não se parecia com nada testemunhado anteriormente no país. Essa antiga religião também ofereceria um canal pelo qual os seguidores poderiam desenvolver organizações que defendiam a **caridade** e o **altruísmo**.

Por volta de 2006, de acordo com o governo central chinês, cerca de **21 milhões** de adultos no país se diziam **cristãos**, o que representava um aumento de 50% em comparação há dez anos. Os protestantes superavam os católicos em uma proporção de três para um. De fato, o protestantismo cresceu mais de 20 vezes desde sua chegada na China, no século XIX. Instituições de pesquisa independentes acreditam que o número total de cristãos no país varie entre 50 milhões a 70 milhões, e que eles estejam associados a mais de 300 redes formadas por casas-igrejas – pequenos grupos de famílias e amigos que se reúnem nas residências uns dos outros para estudar a *Bíblia* e discutir o Evangelho. Embora eles não reconheçam o PCC como uma instituição superior a sua ordem religiosa, não parece existir entre essas casas-igrejas e o governo central chinês (nem mesmo local) o mesmo nível de animosidade registrado entre as lideranças governamentais e o movimento Falun Gong. Este costumava alardear que, em seu ápice, havia amealhado dezenas de milhões de seguidores. Já as casas-igrejas têm conseguido se desenvolver, presumivelmente desde que não se organizem em grandes massas e se transformem em um grande desafio para a hegemonia do PCC, como ocorrera com o Falun Gong em 1999. O fato é que, às vezes, os governos locais parecem absolutamente apáticos em relação às atividades dos cristãos.

Lembro-me de certa vez estar presente em um jantar em um município chinês, do qual participaram alguns advogados e oficiais do governo. De repente, um dos advogados começou a falar livremente não apenas sobre suas crenças cristãs pessoais, mas também as de sua esposa. Acredito que pelo fato de eu ser um cidadão norte-americano ele achou que eu também compartilhava suas crenças, pois me convidou para participar de um evento que reuniria alguns seguidores em um centro cívico local. Imediatamente olhei para uma oficial do governo que estava sentada ao nosso lado para observar sua reação ao convite. Fiquei muito surpreso em não perceber qualquer reação negativa. De qualquer modo, preferi declinar o convite, uma vez que jamais participara de grupos dessa natureza nem mesmo nos EUA. Todavia, o Cristianismo parece estar suplementando antigos valores chineses, e de um modo bastante inesperado.

Os aspectos filosóficos cristãos que parecem mais estimulantes aos olhos dos chineses continentais são o absolutismo de sua moralidade e seu sistema de valores, se comparados ao relativismo budista e taoista. Além disso, o fácil acesso e compartilhamento de sentimentos dentro dos grupos de estudo cristãos e dos confessionários dão aos chineses uma oportunidade de liberar suas emoções reprimidas e, ao mesmo tempo, manter sua dignidade. Canais de expressão dentro da igreja também acalmam o turbilhão de emoções que naturalmente se instala nas pessoas por conta das frequentes injustiças que elas sofrem em uma sociedade totalmente abarrotada e volúvel. É óbvio que o Budismo sempre será parte do tecido da sociedade chinesa, de sua visão do mundo e da própria percepção dos cidadãos em relação a si mesmos, mas o Cristianismo certamente continuará a crescer, embora a partir de uma base bem menor de seguidores que os sistemas de crença mais clássicos do país. Todavia, em comparação a eles, o cristianismo tem conseguido oferecer alguns serviços sociais autorizados pelo Ministério de Assuntos Civis, órgão que supervisiona atividades caritativas no país.

A Amity Foundation (Fundação da Amizade), por exemplo, é uma organização cristã chinesa que tem recebido milhões de dólares por ano de grupos da igreja espalhados por todo o mundo. A Igreja Católica da China apoia o *Beifang Jinde*, um florescente jornal católico da província de Hebei. As instituições YMCA e YWCA também ressurgiram nos anos 1980. Ambas comandam programas de desenvolvimento para bairros e oferecem instalações para atividades recreativas voltadas para os jovens, programas de apoio a idosos realizado por voluntários e de treinamento para desempregados.[8] Um benefício inesperado desse rápido desenvolvimento econômico da China é o surgimento de uma maior consciência por parte da sociedade civil de que as pessoas precisam se **unir** para ajudar os **menos afortunados**, seja este processo ratificado ou não pelo governo.

Uma tendência à caridade

Grace era uma jovem residente de Xangai e trabalhava como gerente de projeto para uma empresa britânica no setor de **educação profissional**. Por conta do trabalho, ela frequentemente viajava para a Europa. No dia em que nos encontramos em Suzhou, em um hotel internacional de luxo, ela usava uma linda blusa branca decotada, saia preta de corte simples e sapatos coloridos de tecido, do tipo que seria facilmente encontrado em uma loja tibetana. Ela os havia adquirido em Hong Kong. Durante nossa reunião, bebemos cerveja, e sua escolha foi pela marca Guinness.

Grace representava muito bem a nova geração de jovens de vinte e poucos anos de Xangai: tinha um diploma universitário, possuía um emprego no setor de serviços, recebia um salário relativamente alto e viajava com frequência pela China e também ao exterior. Durante nossa conversa, perguntei a ela sobre a disposição religiosa dessa nova geração que, aliás, serviria de modelo para os jovens chineses de outros grandes centros urbanos. Ela disse: "Estive em uma igreja em Praga, na República Tcheca, mas não me senti inclinada a me tornar uma fiel." Então ela fez uma pausa para considerar a situação de seus amigos e finalmente completou. "Não conheço ninguém que tenha se tornado cristão." Confesso que fiquei um pouco surpreso com a resposta. Levantei a questão do Cristianismo presumindo que ele tivesse atraído os jovens profissionais chineses. Imaginei que talvez eles pensassem que suas vidas tinham pouco significado ou até se sentissem um pouco desorientados por todas as mudanças que estavam acontecendo ao seu redor. De fato, Suzhou possuía quatro igrejas, uma das quais havia sido finalizada há pouco tempo na cidade universitária, situada a cerca de meia hora de carro do centro. Dois anos antes a cidade vizinha de Kunshan, próxima de Xangai, terminara a construção de um enorme templo no estilo pós-modernista, financiado por Taiwan. Já Xangai havia preservado muitas de suas igrejas, e estava construindo outras novas também. Grace, entretanto, afirmou desconhecer qualquer forte tendência do povo chinês – jovens ou velhos, ricos, pobres ou da classe média – ao Cristianismo. Na verdade, ela pareceu absolutamente perplexa pelo fato de eu formular e perguntar pela segunda vez.

Seu rosto se iluminou quando me disse que ela e vários de seus amigos gostavam de oferecer apoio aos necessitados. Ela disse que já havia trabalhado com uma organização norte-americana chamada Up With People, no interior das Filipinas. Ela ajudara a construir casas para famílias pobres. "Morei com uma família filipina que costumava ir à igreja aos domingos. Eles insistiram que eu fosse com eles e então eu ia – todo domingo. Mesmo assim, nunca me senti estimulada a me tornar uma cristã" Ela e os amigos também já haviam viajado para Gansu, que, historicamente, é considerada uma das províncias mais pobres da China. O local é conhecido por suas poucas minas, pequena atividade agrícola e escassez de água. Ela e seus colegas deram aulas para algumas das crianças mais pobres do país, muitas das quais jamais cursariam os oito anos compulsórios estabelecidos pelo governo, justamente pela falta de professores, de escolas, de materiais e de um sistema de ensino no local. "A primeira vez que me envolvi em trabalho de caridade foi no colegial, quando colaborei na limpeza dos rios em Xangai. Considerei aquele trabalho extremamente gratificante", disse Grace. Ela admitiu que a prioridade para muitos de seus colegas era ganhar dinheiro. "Mas eles trabalham tanto; eles não têm tempo para se dedicar à igreja, mesmo que estivessem interessados em fazê-lo", complementou Grace.

Com otimismo crescente no campo beneficente, em 2009, Grace realizou sua festa de aniversário em uma badalada galeria em Suzhou Creek, na cidade de Xangai. No convite, escrito em chinês e inglês, ela pedia a seus amigos que, em vez de lhe oferecer presentes, fizessem uma doação em dinheiro para sua entidade favorita. A festa aconteceu no *loft* do River South Art Center, que, historicamente, funcionara como um armazém em um afluente do rio Huangpu. Eu sabia que não precisaria pesquisar muito para descobrir que, pouco mais de 100 anos antes, aquele local teria provavelmente sido utilizado por mercadores ocidentais para a estocagem e posterior transporte de ópio para venda no interior da China.

Na entrada da construção havia um balcão de registro e uma pequena urna para receber contribuições para o programa The One Egg, uma entidade beneficente chinesa. O projeto envolvia doações que ajudariam as crianças dos vilarejos mais pobres da China a consumirem **pelo menos um ovo por dia**. Aparentemente, essa fonte simples de proteínas representa uma enorme diferença para os beneficiários, tanto no que diz respeito à altura e ao peso das crianças, quanto ao seu desempenho acadêmico. Na ocasião de minha visita, tratei de contribuir com 100 renminbis. Um jovem usando óculos bastante estilosos me entregou um marcador de livros colorido e disse: "Esta é a criança que sua doação estará apoiando." Minha doação iria para um pequena garotinha chamada Huang Ling, aluna da oitava séria em Wangmin, um vilarejo do condado de Xiji, na província de Ningxia.

Havia cerca de 200 pessoas perambulando pela galeria, todos jovens profissionais chineses, de ambos os sexos. Alguns deles usavam *jeans* e carregavam nos ombros mochilas para *laptops*; outros vestiam roupas mais elegantes que emprestavam ao evento certo ar de sofisticação. Durante os intervalos na programação, uma música agradável preenchia o vazio e fazia com que todos se sentissem confortáveis. Havia poucos ocidentais na festa. Pessoalmente, vi apenas um jovem empresário, ainda vestido seu terno escuro, e um grupo de franceses reunido atrás de um dos *displays* do projeto.

Compartilhando o mesmo espaço havia uma série de outras campanhas beneficentes expondo suas causas em mesas, balcões e estandes: Raleigh, atividades *outdoor* para o desenvolvimento de liderança; Shanghai Young Bakers, que trabalha com jovens órfãos, oferecendo a eles treinamento para que se transformem em bons profissionais em padarias do Ocidente (predominantemente da França), restaurantes e hotéis; Shokay, que comercializa mercadorias feitas a partir da lã de iaques da Mongólia; The Zhejiang Xinhua Compassion Education

Foundation; e The Xingeng Workshop, organização voluntária que ajuda vilarejos atingidos por catástrofes a se reerguerem.

Logo depois da ampla porta de entrada, ao lado de uma plataforma, havia uma grande tela na qual algumas das entidades apresentavam vídeos com os resultados de seus esforços em algumas das regiões mais pobres da China. Um mestre de cerimônias apresentou, em chinês, cada uma das instituições presentes. Então foi a vez dos membros dos grupos exporem pequenos filmes profissionais e apresentações de *slides* que mostravam suas equipes em ação. No final da noite Grace anunciou que mais de 300 convidados haviam contribuído com mais de ¥ 38 mil (quase US$ 5.550) para o projeto The One Egg. Todavia, os admiráveis esforços de Grace aconteciam em uma área pouco supervisionada da política nacional.

Desde os anos 1950 até a década de 1970, o PCC considerava o trabalho beneficente como "uma ornamentação da classe dominante utilizada para enganar as pessoas." Porém, de acordo com a China Charity Federation (CCF), a maior instituição de caridade oficial do país, comandada pelo governo central, desde a legalização desse tipo de trabalho beneficente no país, em 1994, a China passou a contar com mais de 100 organizações de caridade. Ao longo dos quase vinte anos que se seguiram, esses órgãos oficiais já levantaram cerca de US$ 700 milhões.[9] Uma das razões para o nível relativamente baixo das doações está associada ao código tributário chinês para doadores: **na China, as pessoas pagam impostos para doar**. Embora seja possível efetuar doações livres de impostos, o doador terá de se embrenhar em uma série de procedimentos burocráticos para garantir esse *status*. Já a tarefa de reivindicar isenções é ainda mais complicada. Em 2008, o governo central fez uma emenda nas leis tributárias corporativas para oferecer deduções que iriam variar entre 3% e 13%. Ainda assim, os inspetores do governo acreditavam que a maioria dos cidadãos e empresas chinesas usaria essas **isenções** para **escapar** do pagamento de **impostos**. Por causa disso, o desenvolvimento dessas políticas segue lentamente.[10]

No ano de 2002, doações filantrópicas por meio de canais privados e "não registrados" na China totalizaram ¥ 2,2 bilhões (US$ 323 milhões). Quando finalmente as fundações privadas conseguiram se registrar no país, em 2004, o total anual de recebimentos excedeu os ¥ 100 milhões (US$ 14,6 bilhões). Por volta de 2010, já havia cerca de **1.500 fundações privadas** realizando trabalhos importantíssimos por todo o país. Uma das fundações privadas que se beneficiou bastante com a liberalização proposta pela nova política do país foi a do ator de cinema e lutador de *kung fu*, Jet Li – a One Foundation. Na época em que foi entrevistado, ele mencionou que sua organização contava com mais de um milhão de voluntários comprometidos com a obra. Desde 2007, quando a instituição foi inaugurada, o ator desejava estabelecer um novo modelo de **"empreendedorismo social"** através do qual indivíduos em condições de ajudar ofereceriam ajuda a pessoas menos afortunadas, tanto na China quanto no resto do mundo. A One Foundation já participou de iniciativas para ajudar a aliviar o sofrimento de pessoas afetadas por doze desastres nacionais e internacionais, que incluíram até mesmo o terremoto de 2008, em Sichuan. A fundação já recebeu doações de quase um milhão de indivíduos, por meio de telefones celulares e da Internet.[11] Todavia, de maneira geral, os cidadãos ainda desconfiam bastante das instituições oficiais.

Por exemplo, durante o verão de 2011, a Internet chinesa e o Weibo (o Twitter chinês) foram **incendiados** pela divulgação de fotos e dados pessoais de uma jovem de vinte anos que promovia a si mesma como gerente geral de negócios da Cruz Vermelha. Lembrando que a Red Cross Society da China não tem qualquer relação com a organização internacional de mesmo nome. A mulher, cujo nome é Guo Meimei, postou fotos de si mesma ao lado de um caríssimo automóvel esportivo e ostentando um estilo de vida luxuoso. Dois anos antes ela havia trabalhado como modelo e realizado cirurgias plásticas. O escândalo envolveu o vice-presidente da Cruz Vermelha chinesa, Guo Changjiang, que era o **"benfeitor"** de Guo Meimei. Internautas chineses acusaram Guo Changjiang de apropriar-se indevidamente de recursos da instituição e de distribuir dinheiro a bajuladores. Porém, a despeito de eventos como esse, alguns governos locais e cidadãos chineses compreendem claramente que os desafios que irão confrontar a nação demandarão bem mais que atos de nepotismo e cinismo.

A inovação final

Por intermédio de Grace consegui me encontrar com a equipe executiva da Non-Profit Incubator (NPI), em Xangai, no verão de 2011. A NPI era um experimento social que contava com total apoio do governo de Xangai e com o financiamento de algumas das maiores multinacionais do mundo. A intenção da NPI era ajudar a cultivar organizações capazes de ajudar comunidades a se tornarem autossuficientes. A sede na região central ocupava uma fábrica recém reformada que fora ocupada por uma extinta companhia estatal. Entrar no local era como voltar a ser criança novamente – o teto alto e abobadado elevava o espírito, enquanto as paredes coloridas recobertas por murais infantis aqueciam o coração.

Encontrei-me com a gerente assistente da NPI, a senhora Ding Li, na cafeteria da empresa, localizada no piso térreo e de frente para a entrada principal. Funcionários com uma variedade de limitações físicas limpavam a área de alimentação e atendiam no balcão após o almoço. Um deles sorriu para mim e disse **"olá"** em voz alta. O diretor executivo explicou-me que a NPI fora originalmente lançada em 2006, em Xangai, com o objetivo de enfrentar algumas das questões sociais que haviam começado a pressionar a cidade. Entre esses problemas estava cuidar de uma região de Xangai que estava **envelhecendo mais rápido** que o restante da China.

Lembro-me de uma conversa que tive com o professor Richard Brubaker, da CEIBS de Xangai, poucas semanas antes de visitar a NPI. Brubaker me dissera que, em 2011, alguns distritos de Xangai ostentavam populações nas quais 30% dos residentes estavam acima dos 60 anos de idade. Segundo ele, os governos locais já estavam sentindo a pressão por ter de manter um fundo de assistência social e aposentadoria para o qual um número cada vez menor de trabalhadores contribuía.

Xangai também já contava com um alto percentual de deficientes em sua população: autistas, surdos, mudos ou indivíduos com membros não completamente funcionais desde o nascimento.

O prédio da NPI no qual eu me encontrava ficava no Shanghai Social Innovation Park. O local era uma incubadora de empreendimentos que oferecia a essas pessoas especiais oportunidades de ajudarem a si mesmas à medida que colaboravam com as outras. Porém, a NPI era bem mais que uma **incubadora de negócios**.

A iniciativa filantrópica da NPI oferecia a organizações sem fins lucrativos, de pequeno e médio portes, financiamento inicial, suporte técnico e administrativo. A NPI também apoiava o que costumava chamar de Plataforma de Serviços da Comunidade (Comunity Service Platform – CSP), que administrava instalações públicas em comunidades no distrito de Pudong. A CSP também treinava assistentes sociais para melhor atender as comunidades e organizava vários programas comunitários. De fato, a CSP se mostrou tão bem-sucedida em

Xangai que a NPI a transferiu para a província de Sichuan, para ajudar a reconstruir as comunidades destruídas durante o terremoto de 2008, que matou quase 100 mil pessoas. A NPI também ofereceu serviços de consultoria na área de Responsabilidade Social Corporativa (Corporate Social Responsibility – CSR) a grandes empresas, como: Motorola, Novartis, Lenovo, Cannon, Nokia, Intel, entre outras, para ajudá-las a desenvolver programas voltados para as comunidades chinesas. A Agência de Assuntos Civis de Xangai também aprovou a criação pela NPI de uma instituição de caridade chamada Shanghai United Foundation, que não apenas levantaria fundos, mas também desembolsaria recursos para uma grande variedade de organizações sem fins lucrativos e empreendimentos sociais. O que mais me impressionou nisso tudo, entretanto, foi a fábrica recém reformada em que eu me encontrava, responsável por abrigar a incubadora de serviços sociais.

Ding Li me apresentou a Frank Wu, que comandava essa incubadora. Frank Wu era um homem entusiástico de trinta e poucos anos. Seus cabelos eram negros, com uma leve cobertura branca nas pontas. Embora ele fosse um homem bastante modesto e despretensioso, conforme visitávamos as instalações, tornava-se óbvio o quanto ele se orgulhava dos esforços da organização no sentido de oferecer melhores condições de vida àquela sociedade marcada por desafios tão grandes. Em nosso caminho rumo às escadas expostas que conectavam desde o piso térreo até o segundo andar, ele explicou que os coloridos murais haviam sido pintados pelos participantes do programa direcionado a indivíduos autistas. Já no segundo piso, ele me mostrou as instalações onde pessoas cegas aprendiam a aplicar massagem. Quando concluíssem o programa, elas poderiam conseguir empregos como **massagistas profissionais** na própria empresa que patrocinava esse treinamento. Dentro de outra sala envidraçada, uma mulher chinesa liderava um grupo de mais ou menos doze indivíduos, todos com dificuldades de aprendizado. O objetivo era ensiná-los a confeccionar ursinhos de pelúcia. Já no corredor seguinte, deparamos com uma mulher com **síndrome de Down** que, de maneira efusiva, disse "olá" duas vezes – para o caso de não ter sido ouvida da primeira – e então acenou.

Em um amplo salão dividido em cubículos por divisórias baixas, Frank Wu explicou que funcionavam vários diferentes negócios. Um dos espaços era ocupado pela Heifer International, que doava bezerros para famílias rurais pobres e as ensinava a cuidar dos animais para que pudessem passar esse conhecimento às novas gerações e a outras famílias. Outro cubículo era usado por uma companhia de desenho gráfico específica para profissionais com deficiência física – indivíduos que, embora formalmente treinados para exercer suas funções, não conseguiam empregos em outros locais simplesmente por serem deficientes. O empreendimento com fins lucrativos prepara *designers* para que estes possam promover a si mesmos e administrar portfólios de qualidade – materiais que evidenciam para os clientes o verdadeiro potencial desses profissionais. Outro setor do salão era utilizado por um *call center* formado por portadores de necessidades especiais. O local estava vazio quando o visitei, entretanto, Frank Wu esclareceu que cada membro da equipe conseguia realizar entre 400 e 800 contatos comerciais por dia. Aquele *tour* fez com que eu me sentisse bastante otimista em relação ao modo positivo e construtivo como a sociedade chinesa moderna poderia se desenvolver – desde que o PCC assim o quisesse, **é claro**.

Incubadora de inovações

O PCC acredita que conseguirá preparar seu próprio bolo de inovações tecnológicas e, ao mesmo tempo, consumi-lo. Ou seja, o PCC se considera capaz de comandar grandes porções de sua economia, visando tornar-se tecnologicamente inovativo e, simultaneamente, manter um rígido controle sobre toda a sociedade chinesa. Ele baseia suas ações em um modelo de governança pós-soviético que, aliás, até mesmo os próprios soviéticos acabaram considerando falho. A inovação ao estilo chinês parece mais preocupada em mostrar ao mundo o quanto os cidadãos do país são (e sempre foram) brilhantes – quando estrangeiros não se intrometem em sua vida – que em resolver os verdadeiros problemas que afetam sua sociedade. Como afirmou o professor Brubaker em um de nossos encontros: "**Inovação não diz respeito à inteligência, mas a incubação.**"

O fato é que o aumento da poluição, a degradação ambiental, a depleção dos recursos naturais e os problemas relacionados à saúde pública estão erodindo os ganhos sociais da nação de maneira tão rápida quanto ela se moderniza. As lideranças chinesas acreditam que simplesmente adquirindo tecnologias estrangeiras de maneira sistemática, implementado-as na solução de questões domésticas, reformulando-as com o uso de mão de obra barata e revendendo-as para outros países, a China se tornará uma **superpotência sustentável**.

Porém, o governo está enganado. Muitos dos controles sociais que ele aplica sobre seus cidadãos, suas famílias, suas empresas e seus bairros precisam ser completa e dramaticamente reavaliados e modificados. Se isso não for feito, indivíduos e organizações não se sentirão seguros o suficiente para assumir os riscos intrínsecos ao surgimento de inovações verdadeiramente grandiosas, significativas e com **"I" maiúsculo**. Em outras palavras, nem toda a tecnologia do mundo irá resolver a maior vulnerabilidade chinesa: a falta de uma sociedade civil. Os próprios cidadãos não se sentem livres o suficiente para estenderem suas mãos dentro das próprias comunidades, para trabalharem juntos, ajudar-se mutuamente, reunir-se e trocar ideias e pensamentos, e, finalmente, pleitearem novas possibilidades e um novo futuro. Sejam os banheiros imundos espalhados por todo o país – que ninguém se interessa em limpar por se tratar de domínio público – ou as escadas e os jardins abandonados e mal cuidados nos prédios de apartamento – pelos quais ninguém jamais se responsabiliza –, o fato é que a sociedade chinesa precisa compreender que terá bem mais a ganhar – e não a perder – se **aceitar trabalhar ao lado dos estrangeiros em prol do bem comum**.

No caso do espancamento da desafortunada senhora Chen, o sistema político considerou até mesmo aquela remota indicação de agrupamento ou descontentamento público como passível de punição com morte – ou quase morte, neste exemplo. Os observadores se mostraram demasiadamente apavorados e/ou até desinteressados para se envolverem naquele ato claramente equivocado. Mesmo que a senhora Chen fosse uma assassina em série condenada, alguns direitos civis ainda teriam de ser respeitados para que a justiça fosse feita de maneira adequada. Por outro lado, embora a senhora Chen tenha sido vítima neste caso, ela acreditava que, por ser a esposa de um oficial do governo, estaria imune ao tratamento ultrajante oferecido diariamente aos cidadãos de *status* socioeconômico mais baixo em todo o país. Dentro do sistema chinês, é provável que nem mesmo a senhora Chen tivesse intervindo ao testemunhar o espancamento de uma velha senhora por meia dúzia de brutamontes em plena luz do dia. Ninguém também teria pensado em chamar a polícia se o **"xerife da ciência"**, Fang Shimin – mencionado no início desse livro –, tivesse sido apanhado pelos criminosos que intencionavam surrá-lo bem no meio da rua. Todavia, a própria essência da revolução científica e tecnológica é justamente a **discordância**; trata-se do questionamento dos resultados; do desafio aos limites da autoridade. A China não terá acesso a inovações verdadeiras, dinâmicas, impactantes e com "I" maiúsculo até que sua sociedade e sua estrutura governamental aceitem e assimilem esses fatos.

Inovação é divergência; diz respeito à quebra de modelos e paradigmas, à assunção de riscos e ao desejo de interromper o funcionamento atual de uma sociedade por meio de um processo de **desconstrução criativa**. É muito fácil para os ocidentais menosprezarem ou até ridicularizarem iniciativas como o Social Innovation Park, considerando-as ingênuas ou até mesmo como um "golpe de relações públicas" do governo. Entretanto, todos que encontrei no local – **em especial os alunos, empreendedores, futuros professores e profissionais portadores de necessidades especiais, mas, ainda assim, plenamente capacitados e dispostos a trabalhar** – não consideravam o Park como uma vila Potemkin,[C] ou seja, como um cenário criado apenas para ludibriar os visitantes e desprovido de qualquer substância. Com filiais espalhadas pelas regiões de Shenzhen, Pequim e Chengdu, as comunidades sociais, educacionais e científicas da NPI têm grande potencial para servir como modelos importantes para a China.

A NPI enfatiza um modelo de compartilhamento que vai além dos limites de experiência e habilidade. Ele implica no aprendizado por meio de projetos criativos, não do processo maquinal tradicionalmente utilizado no país. Utilizando-se da experimentação e da observação – e não simplesmente de ideologia bruta – tal abordagem expande a consciência do indivíduo em relação ao seu entorno. O ambiente de trabalho, por sua vez, encoraja a todos os seus integrantes a cuidarem uns dos outros, compreendendo, em seu âmago, que estamos todos juntos neste planeta: chineses, norte-americanos, sul-americanos, europeus, muçulmanos, judeus, cristãos e todo o resto.

Como diz o velho ditado, **"só porque o buraco está do seu lado do barco, não significa que somente você irá afundar."** A ideia por trás das inovações pelas quais somos todos responsáveis

---

C - Esse termo é geralmente utilizado em referência a um vilarejo falso que teria sido construído pelo ministro russo Grigory Potemkin ao longo das margens do rio Dnieper, para impressionar a imperatriz Catarina II durante sua visita à Crimeia em 1787. Atualmente essa expressão é usada na política e na economia para descrever qualquer tipo de obra (literal ou figurativa) construída com o intuito de fazer com que as pessoas acreditem que uma determinada situação é **melhor** do que **parece**. (N.T.)

enquanto sociedade não é transformar em "vencedores" aqueles que conseguirem levar consigo mais para dentro de seus túmulos. O objetivo dever ser o trabalho conjunto na construção de ecossistemas sociais e tecnológicos por meio dos quais a sociedade moderna possa se desenvolver em harmonia com a natureza – em um ambiente em que cada um de nós tenha oportunidades de tornar o mundo só um pouquinho melhor do que aquele que encontramos.

Posfácio

A maldição de Steve Jobs

N ão há dúvidas de que o mundo moderno esteja intensamente associado às contribuições de Steve Jobs – antigo CEO da Apple – no campo de **inovações tecnológicas pessoais**. Por exemplo, depois de décadas de promessas, o *iPad* finalmente abriu o mercado para os *notepads*. Esses dispositivos, por sua vez, deram às pessoas acesso fácil e rápido a notícias, informações e entretenimentos que, de outro modo, seriam bem difíceis de acessar do outro lado do poderoso *firewall* chinês. Não é à toa que depois da morte de Jobs inúmeras coroas de flores tenham sido colocadas nas portas das lojas Apple espalhadas pelos EUA e também na China e condolências tenham sido prestadas aos funcionários da empresa por milhares de chineses desconsolados. De fato, alguns admiradores chegaram a chorar abertamente, enquanto milhões de pessoas usavam o Weibo para lamentar *on-line* o fato de a China não possuir um Steve Jobs para oferecer ao mundo.

Logo depois da morte de Jobs, em 2011, Wang Wei, presidente do Chinese Museum of Finance, disse de maneira direta: "Falar sobre um mestre da inovação em uma sociedade comandada por um sistema político autoritário, com um ambiente comercial monopolístico e uma cultura voltada para o passado, onde prevalece o roubo tecnológico? Impossível! Nem pense nisso."[1] Porém, tentar criar um ambiente social, político e econômico que encoraje pessoas com a mesma visão de um Steve Jobs pode ser um equívoco. Sérios desafios ainda virão pela frente durante o contínuo desenvolvimento da sociedade chinesa, e eles certamente afetarão toda a sociedade pós-industrial. Jobs pregava e praticava um tipo de inovação que promovia uma rápida geração de recursos. Todavia, esse tipo de abordagem não é adequada para solucionar as questões urgentes que envolvem a degradação ecológica e o definhamento dos recursos naturais.

Em seu livro *The Great Stagnation: How America Ate All the Low-Hanging Fruit of Modern History, Got Sick and Will (Eventually) Feel Better*,[A] Tyler Cowen argumenta que os EUA – e, por extensão, todo o Ocidente – chegaram a uma situação de **estagnação** no **campo de inovações** a partir da qual tem se tornado cada vez mais caro e complicado oferecer os tipos de descobertas realizadas cem anos atrás. Um século antes, as invenções costumavam alterar os padrões de vida de sociedades inteiras, e em períodos de décadas. Meus avós, por exemplo – ou pelo menos a geração nascida na virada do século XX –, testemunharam o surgimento dos automóveis, dos aparelhos de TV, dos rádios, das máquinas de lavar, da luz elétrica, dos aviões, das armas nucleares e de outras criações decisivas para o nosso planeta. Já para a maioria das pessoas de meia idade que vive atualmente em países ricos, os bens materiais básicos não mudaram muito.

Segundo Tyler Cowen, a taxa média de inovação atingiu seu pico em 1873, ano que demarcaria o auge da Revolução Industrial. Foi o inicio de uma **era de ruptura tecnológica** que, aliás, seria acompanhada por meus avós. "As inovações mais recentes e atuais estão mais voltadas para os **bens privados** do que **públicos**", explica Tyler Cowen. Esse foco na inovação de bens privados vai de encontro às necessidades e expectativas de uma sociedade de consumo e

---

A - Sem título em português. Em tradução livre: *A Grande Estagnação: Como a América Comeu Todas as Frutas Disponíveis na História Moderna, Passou Mal e (no Final das Contas) Acabará se Recuperando.* (N.T.)

uma economia de serviços que migraram de setores agrícola e de manufatura – ambos utilizadores de muita mão de obra –, considerados fontes primárias de renda nacional. As sociedades recompensam o foco do P&D em soluções de "alto luxo", independentemente de elas serem utilizadas em medicamentos, bolsas Gucci, *iPods* ou até mesmo com os jogadores de basquete. O cenário econômico dos últimos 30 anos ganhou um clima de **"o vencedor leva tudo"**. Nesse ambiente, a lacuna entre as **"superestrelas"** e o **"resto"** tem aumentado em um ritmo feroz.

Porém, desde o início dos anos 1970, essa abordagem de alto luxo para a inovação não tem apenas levado à criação de novas riquezas, mas se revelado um canal para redistribuição das rendas. São abundantes as estatísticas que revelam até que ponto os ricos se tornaram mais ricos no Ocidente enquanto a classe média encolhia e os pobres ficavam ainda mais pobres. O tamanho da mão de obra exigida nos processos de pesquisa, desenvolvimento e fabricação de serviços e produtos de consumo caros e sofisticados têm diminuído de maneira constante desde a década de 1980. Os **exércitos** de indivíduos **desempregados**, **subempregados** ou que simplesmente desistiram de buscar emprego se espalharam por todo o Ocidente.

E assim como ocorreu com meus antepassados há cem anos, os chineses que ocupam a área continental do país também têm visto suas vidas mudarem nos últimos 30 anos. Hoje, a China se aproxima dessa mesma estagnação alcançada pelo Ocidente nos anos 1970. As lideranças chinesas estão plenamente conscientes de que ao longo dos últimos 30 anos o país colheu a maioria dos frutos que estava à mão – provenientes da Revolução Industrial – e sustentava seu desenvolvimento econômico. Nas últimas três décadas, as condições na China favoreceram os investimentos estrangeiros diretos. A globalização apresentou ao país os mercados de consumo internacionais que não apenas queriam, mas também tinham dinheiro para adquirir produtos fabricados no gigante asiático. Uma enorme quantidade de jovens aptos para o trabalho também se mobilizou – eles consideravam a ideia de trabalhar 24 h por dia operando máquinas mais interessante que a vida que levavam no interior. Em seus esforços para alcançar o Ocidente, um país que praticamente não possuía qualquer infraestrutura empregou mais da metade de toda a sua recém-conquistada riqueza em estradas, pontes, aeroportos e imóveis. Em linha com o que Thomas Friedman escreveu em *O Mundo é Plano: Uma Breve História do Século XX*,[B] a desintegração das barreiras tecnológicas facilitou a transferência de qualquer riqueza real que ainda restasse no Ocidente para a China. Produtos financeiros "inovadores" davam ao Ocidente a ilusão de que suas sociedades seriam capazes de "fabricar" riquezas indefinidamente. De fato, a China tem sido a única e maior beneficiária não apenas do caos que se alastrou pelo sistema financeiro ocidental, mas da estagnação do Ocidente no campo das inovações. Atualmente a China vem trabalhando no sentido de trazer mais tecnologias de fora de suas fronteiras para seus laboratórios e mercados e, assim, promover a continuidade de seu desenvolvimento social.

Nativo, não nativo

Agora a China prefere adotar as próprias tecnologias e abordagens do Ocidente para a proteção de ideias que simplesmente tomar posse delas através da iniciativa conhecida como **"inovação nativa"**. O país deseja se transformar em uma usina geradora de inovações, e por seus próprios méritos. De fato, Pequim tem como plano principal se tornar uma sociedade inovadora. Universidades, laboratórios e empresas estão sob forte pressão governamental para "fabricar" patentes. Alcançar metas nessa área significa promoções e maior proximidade com o poder central. Todavia, os objetivos desse plano central parecem preferir deixar de lado os padrões internacionais de integridade acadêmica e de pesquisas, assim como quaisquer avaliações do grau de originalidade de suas patentes. A abordagem do PCC para a inovação tem colocado em dúvida até que ponto a China tem meramente ajustado e relançado tecnologias importadas de outros países. Se compararmos o número de pesquisas publicadas por institutos dentro da China ao número de vezes que esses dados são referenciados por acadêmicos internacionais em trabalhos científicos publicados em todo o mundo, veremos que o número é **insignificante**. Para reafirmar sua posição de **"nação inovadora"**, a China tem se revelado superdependente de tecnologias importadas – e também dos chineses que vivem fora do país.

O ambiente político chinês enfatiza a harmonização de pensamentos, a criatividade e a ação por parte de seus cidadãos – independentemente

---

B - Editora Objetiva, 2005. (N.T.)

de seu nível educacional. Porém, a crença por parte das lideranças políticas do país de que essa homogeneização ajudará a cultivar o tipo de pensamento livre e inovador exigido pelas verdadeiras descobertas científicas é absolutamente quimérica. Em vez disso, seria mais realista visualizar o PCC patrocinando iniciativas ao melhor estilo **Manhattan Project**,[C] repletos de exércitos de pesquisadores plenamente domesticáveis. A maioria dos projetos mais importantes desenvolvidos na China está provavelmente relacionada ao setor militar. Eles são desenvolvidos em silos políticos, e talvez geográficos, onde um supervisor se certifica de que os esforços estejam plenamente de acordo com os desejos e as intenções do PCC. As maiores companhias de Internet do país também contam com essas "viseiras" políticas de criatividade para assegurar uma experiência "harmonizadora" dos usuários da rede.

Como afirma Tyler Cowen no livro *The Great Stagnation*, a única inovação significativa para o consumo público, surgida ao longo dos últimos 30 anos, envolve a **digitalização** e a **transformação da informação em mercadoria**. Música, livros, jornais, revistas e bancos de dados estão agora prontamente disponíveis em todas as partes do mundo, tanto nas sociedades urbanas modernas quanto rurais. Essa plataforma global de distribuição de informações colocou na ponta de nossos dedos todo o conhecimento e a experiência da humanidade. Ela tem o poder de formar opiniões e formatar o futuro das pessoas de maneiras que nem os panfletos, os livros, o rádio ou mesmo a televisão jamais foram capazes.

Entretanto, as lideranças chinesas investiram grande parte de seus recursos na blindagem dos provedores de Internet locais em relação aos canais internacionais. Dessa forma, os censores do governo são capazes de filtrar os tipos de informação que chegam aos cidadãos do país. Assim, os interesses do Estado também conseguem isolar o mercado doméstico e cultivar os melhores empreendimentos locais para que estes se transformem em marcas globais, e por mérito próprio. Empresas chinesas do setor de Internet como a Baidu.com, a SinaWeibo e a RenRen são cópias declaradas do Google.com, do Twitter e do Facebook, respectivamente. Estes e outros serviços da Internet chinesa ostentam variações que os tornam mais adequados às preferências e as práticas locais – não há diferenças no grau de localização em relação à

C - Codinome do projeto de desenvolvimento da primeira bomba atômica, desenvolvido pelos EUA nos anos 1940, com o apoio do Reino Unido e do Canadá. (N.T.)

maioria dos outros países. Todavia, nenhum dos serviços mencionados conseguiu se tornar um **"titã"** global como seus pares do Ocidente. *Designers* e programadores de *software* chineses encontram-se em um ambiente de Internet cada vez mais isolado da esfera internacional, e logo perceberão que se tornará cada vez mais difícil acessar os conceitos, as experiências e o treinamento necessários para expandir sobre as capacidades das ferramentas digitais. O olhar de fora para dentro do mercado doméstico será positivo para os empreendimentos locais, mas terrível no que diz respeito a impressionar os usuários do restante do mundo. Enquanto isso, o setor de terceirização de serviços chinês, que depende totalmente de infraestruturas digitais, encontrará dificuldades crescentes para superar os provedores indianos desses mesmos serviços. Afinal, há muito tempo as empresas de terceirização indianas já estabeleceram as bases de clientes internacionais, a credibilidade e a desenvoltura no uso da língua inglesa que os contratantes ocidentais tanto buscam.

Porém, o setor de terceirização de serviços indiano parece já ter alcançado a meia-idade. Neste sentido, os provedores chineses poderão de fato ter uma oportunidade de capturar uma fatia desse mercado. Para isso, tudo o que os vendedores precisariam fazer seria oferecer ao mercado um serviço inovador e adquirir, da noite para o dia, os níveis de experiência e as habilidades linguísticas de seus concorrentes indianos. Infelizmente, os provedores chineses têm considerado difícil ultrapassar a órbita do suporte oferecido a empresas japonesas e sul-coreanas. Em geral, os mercados do leste asiático oferecem pouca oportunidade para expressão criativa e/ou produtos cada vez mais sofisticados. Por outro lado, o suporte a funções administrativas na China se tornou uma vítima do próprio sucesso das exportações. O influxo de dinheiro quente no país também aumentou os custos operacionais, em especial os salários em *hubs* de terceirização de serviços como Xangai, Dalian e Hangzhou. Em comparação aos indianos, a única vantagem competitiva real oferecida pelos chineses está nos custos mais baixos, contudo, esse diferencial está desaparecendo rapidamente. Com o tempo, os serviços de terceirização na China se tornarão atrofiados e estarão voltados unicamente para o ambiente doméstico. Neste momento, o setor empregará um número bem menor de funcionários aptos para o trabalho do que aquele calculado pelo governo central. O fato é que as tecnologias digitais são tão eficientes em termos de produtividade que demandam um número cada vez menor de empregados, até mesmo nas maiores empresas de serviços de Internet. Pequim terá de continuar a apoiar as empresas estatais envolvidas na manufatura de metais pesados para conseguir empregar de modo lucrativo milhões de cidadãos.

Os grandes planos da China no sentido de atingir o estrelato como nação inovadora incluem a adoção de tecnologias super modernas de companhias estrangeiras envolvidas em processos de fabricação caros e sofisticados. Os planejadores do governo central vislumbram a adaptação dos setores ferroviário, automotivo e marítimo – além de outros que envolvem o uso de metais pesados – para atender às necessidades locais e, então, a exportação dessas tecnologias como se fossem suas. Porém, o trágico acidente envolvendo um TAV no verão de 2011 abalaria a fé dos cidadãos chineses, tanto na implementação desse plano quanto na própria integridade do governo do país. Os níveis épicos de corrupção envolvendo bilhões de dólares revelar-se-iam um fator importante para tal sentimento. Enquanto isso, o falho entendimento e a incorreta implantação dos projetos fornecidos por empresas estrangeiras – que, para garantir a segurança das tecnologias licenciadas para empresas de engenharia chinesas, mantiveram alguns dos detalhes de seus projetos ocultos – exacerbariam ainda mais os problemas de ordem sistêmica. Todavia, esse grave incidente acabaria se tornando um importante **ponto de virada** na relação entre as lideranças do país e o povo pois: 1º) as críticas feitas *on-line* por milhões de internautas chineses foram acatadas pelo PCC; 2º) os serviços que sustentavam os sistemas de mensagens não foram suspensos nem retirados do ar pelos censores do governo; e 3º) as autoridades não se utilizaram de violência para conter a repercussão negativa.

Em vez disso, as autoridades governamentais recolheram todos os novos vagões que seriam usados na famosa linha Pequim-Xangai. Essa medida foi extremamente desmoralizante para um governo que apenas poucas semanas antes estivera ocupado rechaçando severas críticas internacionais quanto à operação incorreta e ao uso de velocidade excessiva dos trens chineses. Repentinamente, todo o interesse internacional – oriundo das mais variadas regiões do planeta: EUA, América do Sul e Oriente Médio – pela compra desses sistemas de alta velocidade e baixo custo simplesmente evaporou. No final de 2011, o governo central se veria obrigado a resgatar outras empresas estatais que outrora haviam se mostrado bem-sucedidas, mas cujas fortunas foram parar nos bolsos internacionais. A indústria automotiva chinesa também acabaria enfrentando problemas com a sua imagem, tanto no mercado interno quanto internacional, por conta da baixa qualidade de seus produtos.

Os compradores chineses migraram para modelos importados em 2011, depois que os subsídios do governo para a aquisição de modelos nacionais acabaram em 2010. Enquanto isso, os mercados que formam a UE – em especial o da Alemanha – continuavam a resistir à importação de automóveis chineses por conta dos problemas de segurança, qualidade e manutenção revelados nos exaustivos testes aplicados em toda a região. Pelas mesmas razões, os compradores norte-americanos também procuraram manter os veículos chineses à distância, embora os preços fossem bem mais baixos que os de outras marcas. A superprodução de marcas chinesas começou a erodir as margens no mercado interno. Tornava-se cada vez mais difícil para os fabricantes investirem no tipo de tecnologia, P&D e diferenciação de marca necessários para assegurar a sobrevivência em mercados globais incertos. Os planos do governo central para dominar as linhas de navegação marítima utilizando-se de enormes cargueiros e petroleiros fabricados na China começaram a afundar no final de 2011, e pela mesma razão verificada na indústria automotiva: **superprodução**. As crises econômicas globais de 2008 e 2011 fizeram com que a verdadeira realidade econômica se instalasse, à medida que as abordagens do governo central para preencher as quotas se chocaram com os princípios de mercado. Os fretes marítimos despencaram de maneira tão dramática durante esse período de três anos que levaria décadas para que os compradores dos navios e empresas de *leasing* vissem os lucros de seus investimentos em novas embarcações. Os investimentos internos em tecnologias relacionadas a metais pesados e os planos do país de inundar os mercados internacionais com produtos de baixo custo – e qualidade questionável – fabricados pelo Estado somente contribuíram para reforçar a imagem que o mundo já tinha da marca China.

Em 2010, as lideranças chinesas fizeram com que os compradores internacionais acreditassem que o milagroso desenvolvimento econômico do país se apoiava em um povo trabalhador e habilidoso, inteligentemente liderado por alguns **espíritos independentes bilionários,** dotados de grande inteligência e perspicácia. Todavia, as maiores empresas chinesas que compõem a lista *Global 500* das maiores corporações mundiais são estatais (SOEs) ou estão indiretamente ligadas a patrocínios do governo chinês. Mesmo assim, companhias domésticas privadas do país que possuíam relações mais tênues com os governos central e local, ainda lutavam por uma fatia no mercado global. Seu maior desafio envolvia o ganho de reconhecimento global pelas inovações tecnológicas (*hard innovations*) envolvidas na produção. Porém, seriam as inovações não tecnológicas (*soft innovations*) na imagem, nas operações, na administração e na estratégia da própria empresa que promoveriam vendas na arena internacional.

O modo como uma empresa é capaz de fabricar produtos inovadores que realmente **substituam** antigos fornecedores – não simplesmente os repliquem – depende do talento incubado, não da inteligência ostentada. Os sistemas familiar, educacional e político chineses priorizam a homogeneização da iniciativa e da criatividade individuais em jovens e adultos. O condicionamento social leva o indivíduo a seguir a figura de liderança mais próxima, sem jamais questioná-la. Multinacionais flexíveis, com administrações horizontalizadas e linhas de frente com amplo poder de decisão não fazem parte dos genes corporativos chineses. Contudo, as imagens recém-descobertas do país como **"maior consumidor energético"** e **"grande poluidor do planeta"** não são tão fáceis de dissipar quanto o governo gostaria de acreditar.

A luta por energia

Se existem dois grandes desafios para a China – e para o mundo como um todo –, são eles: o **consumo energético** e o **uso de recursos naturais**. Com mais 100 milhões de indivíduos prestes a se mudar para as cidades, as lideranças chinesas preveem que o consumo de energia no país dobre por volta de 2020, alcançando 2.000 gigawatts de eletricidade. O carvão ainda é indiscutivelmente o combustível preferido para movimentar geradores, com uma média superior de 70% do portfólio energético chinês. De fato, a dependência do país em relação a combustíveis fósseis é tão grande que outros tipos de soluções – energia eólica, solar, nuclear ou usinas hidrelétricas – são, nas melhor das hipóteses, **complementares**, não podendo ser consideradas alternativas viáveis para um futuro próximo.

Em comparação aos feitos da comunidade internacional, a China pode perfeitamente demonstrar que no período de 2007 a 2010 a nação desenvolveu a maior capacidade mundial em termos de energia eólica. O país também se tornou a maior base de fabricação de painéis solares do planeta. Pouco se fala, entretanto, sobre o **enorme índice de falhas** das turbinas **eólicas** e a falta de capacidade **instalada** de painéis **solares** domesticamente. O fato é que, embora as diretrizes políticas do país pareçam plenamente favoráveis ao uso de fontes energéticas complementares, a implantação desses serviços em níveis locais deixa bastante a desejar. O planejamento central do governo chinês encorajou a absorção e a regurgitação de tecnologias inovadoras do exterior pelos fabricantes locais de turbinas eólicas e painéis solares. Porém, a exportação dos produtos feitos localmente a preços baixos e em grandes quantidades — com qualidade questionável — perturbou os mercados internacionais. Em 2011, concorrentes se mobilizaram para evidenciar os subsídios oferecidos pelo governo chinês a essas tecnologias. O uso de uma cadeia de abastecimento altamente tóxica para a obtenção de tecnologia limpa também colocava em cheque as credenciais verdes do país, assim como suas intenções de estabelecer uma sociedade mais eficiente e limpa em termos energéticos.

A China considera o uso não filtrado de combustíveis fósseis prejudicial ao meio ambiente. Usinas a carvão e automóveis que consomem muita gasolina são os principais culpados pela poluição do ar. Todavia, o país poderia ser muito mais bem-sucedido em seu controle da crescente poluição atmosférica se tornasse mais rígidos os padrões para a emissão de fumaça para os fabricantes de veículos. As autoridades também poderiam aplicar às usinas normas específicas sobre as emissões de carbono. Sem dúvida, os automóveis elétricos representam uma ótima aposta para um futuro menos poluído. Entretanto, sua própria implementação será tão limpa quanto os geradores movidos a carvão dos quais eles (os veículos elétricos) retiram sua energia.

A área de construção civil do país também representa um enorme desafio pelo uso cada vez maior de combustíveis fósseis. Os imóveis chineses são feitos de cimento e aço e não contam com qualquer tipo de isolamento. Independentemente da estação do ano, as correntes de ar passam livremente pelas portas e janelas. Por volta de meados dos anos 2020, a China se verá obrigada a reconstruir a vasta maioria de seus prédios residenciais e comerciais para tornar suas estruturas mais eficientes em termos energéticos. Essa gigantesca tarefa demandará um uso de recursos igual à quantidade consumida nos últimos dez anos de atividades no setor de construção civil. Nessa ocasião, Pequim se certificará de que a empreitada seguirá os melhores padrões de eficiência energética.

Em ultima análise, a **sustentabilidade praticada** pela China é **ilusória**. Os moldes de crescimento econômico e as medições de riqueza econômica baseiam-se nos modelos da Revolução Industrial, que, aliás, estão firmemente enraizados no uso de combustíveis fósseis como fontes energéticas (altamente subsidiadas, vale ressaltar), tecnologias de produção seculares e pensamentos predatório na relação entre os seres humanos e a natureza. Em 2010, a trajetória de desenvolvimento social da China e de outros países desenvolvidos motivou o conglomerado Shell a explorar os possíveis cenários energéticos do futuro.

Os dois cenários examinados pela Shell foram denominados *Scramble* "embate" e *Blueprint* "acordo". O primeiro cenário – de **embate** – envolve a seguinte realidade: os países tornam-se cada vez mais envolvidos em disputas por energia e outros recursos naturais; surgem então os conflitos territoriais. Os desentendimentos entre a China e seus vizinhos no mar do Sul da China e no mar do Japão, por causa de recursos naturais, tornaram-se evidentes e já representam um ponto de alerta. O direito à água proveniente das montanhas do Himalaia é outro ponto de atenção. Algumas guerras levam as partes envolvidas a compreenderem que a colaboração de ambos os lados se revela mais construtiva que o emprego de tropas e o disparo de mísseis. O segundo cenário – de **acordo** – mostra os países chegando a um consenso de colaboração em relação às questões energética e relacionadas a recursos naturais, sem a mobilização de forças militares. Vale ressaltar que a Shell vislumbra uma janela relativamente estreita para a aplicação do cenário *Blueprint* na década atual.

É a urgência das limitações ambientais – de recursos naturais – e a possibilidade de erupção de amplos conflitos, que deveriam estar impulsionando as inovações na China – não o desejo de formar exércitos de Steve Jobs com características chinesas. Todavia, a harmonização social continua sendo o primeiro dogma da filosofia de governo do PCC. Suas mãos de ferro nas rédeas do poder continuarão a destruir congregações de pessoas e ideias – as verdadeiras incubadoras das grandes invenções. O cultivo de uma sociedade civil poderá testemunhar a criação de inventos capazes de modificar a sociedade da mesma maneira como a Renascença alterou a visão europeia há 500 anos.

Permuta gratuita

Ao longo das próximas décadas, centenas de milhões de campesinos migrarão para os centros urbanos, sem levar consigo quaisquer conhecimentos ou habilidades do século XXI que lhes serão necessárias para conseguir trabalhar em uma economia de serviços. Essas pessoas precisarão de redes de apoio comunitárias que ajudem a impedir que essa sociedade se desintegre em facções de indivíduos descontentes. Porém, em um mundo com limitações energéticas e de recursos, o suporte mútuo e desprovido de interferência burocrática se revelará crucial para a estabilidade social. Neste sentido, o surgimento de grupos voluntários legalizados e espontâneos dispostos a ajudar os cidadãos mais idosos, os mais frágeis e aqueles privados de direitos civis se revelará uma contribuição monumental para a nação. Ambientes locais que estimulem e até encorajem agrupamentos espontâneos, livres do controle do Estado, servirão de cenário informal para a troca de informações e ideias.

Em seu livro *De Onde Vêm as Boas Ideias*,[D] Steven Johnson escreve que, ao longo da história mundial, as maiores inovações nasceram em ambientes nos quais as pessoas, as ideias e os palpites tinham a permissão de colidir uns com os outros. Seja na Veneza dos anos 1400, na Inglaterra dos séculos XVII e XVIII ou nos Europa e nos EUA dos anos 1920, o diálogo interdisciplinar se manteve vivo. Escritores, cientistas, poetas e até mesmo clérigos eventualmente se engajavam e intercambiavam pensamentos e visões do mundo. Posteriormente, essas mesmas pessoas se desconectavam e voltavam a se agregar a outras comunidades criativas. Todas essas épocas marcaram a descoberta de novas geografias, quando exploradores frequentemente tropeçavam em novas culturas e diferentes maneiras de se relacionar com o mundo. Compreender essa mistura de novas experiências exigia das pessoas paradigmas distintos daqueles a partir dos quais a igreja operara por quase 1.500 anos. As sociedades modernas têm uma nova fronteira a ultrapassar no século XXI.

D - Editora Zahar, 2011. Título original: *Where Good Ideas Come From: The Natural History of Innovation* (N.T.)

A poluição, as mudanças climáticas, o esgotamento dos recursos naturais, as pressões demográficas e as limitações na produção energética impõem à China e ao Ocidente um limite intransponível contra o qual seus próprios desenvolvimentos sociais os estão pressionando. Em seu livro *Why the West Rules... for Now*,[E] Ian Morris definiu o desenvolvimento social como a soma das habilidades de uma sociedade para: 1º) fazer com que as coisas aconteçam e 2º) formatar seus ambientes físico, econômico, social e intelectual a seu próprio favor. A China demandará novos paradigmas científicos, criativos e comunicacionais para impedir que sua sociedade retroceda a tempos menos complexos e, ao mesmo tempo, continue a avançar de acordo com os interesses de seu povo e de sua cultura. O que a China realmente precisa é de uma revolução científica da ordem da Renascença para solucionar os desafios globais que a confrontam – não de variados modelos de *iPads*. Possuir um Steve Jobs com características chinesas não será suficiente para o país enfrentar os desafios de proporções globais que se apresentam. Em contrapartida, um outro Leonardo da Vince – e toda a cultura de criatividade e experimentação que ele tão bem representava – seria uma ótima pedida para o gigante asiático.

Ups!

Em seu livro *Adapt: Why Success Always Starts with Failure*,[F] Tim Harford escreve que o processo de experimentação exige que **erros sejam cometidos**, reconhecidos como tais e recompensados por reduzirem o campo das possibilidades àquilo o que realmente funcionará dentro das novas condições. Todavia, o nível de criatividade necessário para enfrentar os enormes desafios que nos esperam – de ordem ambiental e de escassez de recursos – precisará ser épico. A sociedade moderna terá de fomentar os tipos de descobertas e invenções capazes de fazer com que a temperatura do termômetro global volte ao nível registrado no início do século XIX. **Novas maneiras de pensar** terão de reabastecer os oceanos. Grandes inspirações precisarão dissolver as toxinas que se infiltraram por grande parte do solo e da água chineses. Inovações realmente impac-

---

E - Sem título em português. Tradução livre: *Porque o Ocidente Ainda está no Comando... Por Enquanto*. (N.T.)

F - Sem título em português. Tradução livre: *Adapte-se: Porque o Sucesso Sempre Começa pelo Fracasso*. (N.T.)

tantes terão de ser capazes de criar uma energia limpa, barata e renovável para todos nós.

A ciência precisa de paradigmas que consigam resolver os desafios do novo século criados para a sociedade moderna pela Revolução Industrial e a cultura de consumo. Contudo, conforme mencionado no livro *A Estrutura das Revoluções Científicas*, um estudo seminal de Thomas Kuhn sobre o trabalho dos cientistas, em geral, os paradigmas relevantes e capazes de resolver os desafios encarados pela sociedade contrariam o clima político e científico prevalente na ocasião. Este certamente foi o caso de Galileu, que por conta de suas observações e interpretações astronômicas acabaria sendo preso pela cúpula religiosa no século XVII, na Itália. Porém, as implicações de suas descobertas – e também de vários de seus colegas contemporâneos – mudaria o modo como os cientistas da época costumavam trabalhar. Os sacrifícios de Galileu contribuíram para a transformação da própria natureza das investigações. Mesmo depois de décadas de sua morte, sua criatividade ajudaria a construir a visão mundial de um universo preciso – cujo funcionamento lembra um relógio –, que inauguraria a Revolução Industrial. Esta, por sua vez, incubava todas as ferramentas que o Ocidente utilizaria para ampliar os limites de desenvolvimento social contra os quais tanto a Europa quanto a China se chocavam na época.

Desde 1980 a China tem se utilizado desses mesmos mecanismos antigos para desenvolver sua própria sociedade. O problema é que o rápido desenvolvimento social desse país criou uma **instabilidade social**, **econômica** e **ecológica** de escala global. Esse novo e aterrorizante contexto exige das pessoas uma abordagem completamente nova no desenho e na administração das sociedades modernas, no uso de energia e no consumo de recursos naturais. Todavia, a China não conseguirá gerenciar essa situação sozinha – aliás, nenhum país seria capaz de fazê-lo. Em vez disso, novas perguntas, novos desafios e o desenvolvimento de soluções radicalmente diferentes demandam novos modelos de conexão e novas maneiras de criar o tipo de uma rede bem fluída, normalmente cerceada por práticas de licenciamento de patentes, citações em obras científicas e/ou ideologias políticas.

Em seu livro *Reinventing Discovery: The New Era of Networked Science*,[G] Michael Nielsen afirma que as **sociedades** são capazes de

---

G - Sem título em português. Tradução livre: *Reinventando as Descobertas: A Nova Era da Ciência em Rede*. (N.T.)

acelerar a **revolução científica**. Nielsen é um físico que já trabalhou em pesquisas na área de computação quântica. Ele acredita que a humanidade é capaz de resolver problemas incrivelmente complexos ao compartilhar as informações obtidas em bancos de dados disponíveis a cientistas em todo o mundo – e até ao público em geral. Ele lamenta o fato de que, enquanto nos EUA a maioria das pesquisas é financiada pelo setor público, em geral, os resultados ficam guardados a sete chaves com os cientistas. Muitos pesquisadores esperam pela comercialização de seus trabalhos ou por citações em trabalhos que demoram um ano ou até mais para serem publicados. E mesmo depois da publicação, em muitos casos as informações ainda permanecem inacessíveis para as partes interessadas.

Contudo, Nielsen argumenta que o modo como a ciência é praticada poderá mudar mais nos próximos 30 anos do que mudou nos últimos 300 anos. Grande parte desse fenômeno está relacionado à Internet. O ciberespaço é tanto um ecossistema de ideias quando um meio de entretenimento. Nielsen nos oferece o exemplo do HapMap,[H] um gráfico que demonstra de que modo e em que aspectos os seres humanos podem diferir em seus códigos genéticos. As variações assinaladas nesse gráfico oferecem aos pesquisadores oportunidades para descobrir correlações entre vítimas de doenças e grupos de controle. Esse mapa é o resultado de um trabalho conjunto entre cientistas de todo o mundo que, operando *on-line,* inseriam as informações genéticas no banco de dados, à medida que a decodificação prosseguia. Colaborações internacionais estão criando gigantescas bases de dados que mapeiam as espécies mundiais, o clima, os oceanos e até mesmo as linguagens humanas. Uma nova geração está se desenvolvendo a partir de um diferente conjunto de estruturas de recompensas para os cientistas. Nenhum indivíduo, grupo ou país tem a capacidade ou os recursos necessários para acessar todas as informações e descobertas mundiais. Isso somente se faria possível através de uma contribuição virtual além fronteiras. E é justamente aí que se esconde o maior desafio da China: **conseguiria esse país aprender a compartilhar?**

H – O objetivo do projeto internacional HapMap é desenvolver um mapa de haplótipos (grupamentos de genes) do genoma humano, cuja meta, por sua vez, é descrever os frequentes padrões da variação da sequência do DNA humano, pelo método de genotipagem de SNPs. (N.T.)

Um novo diálogo da descoberta

A resposta imediata é não. As lideranças do país têm se empenhado em reinovar instituições científicas e de pesquisa tradicionais para atender às conveniências políticas domésticas. A **corrupção** e o **nepotismo** impuseram outras limitações sobre o fluxo livre e a expressão de dados e ideias. Pequim mantém seu programa de inovações nativas, expropriando tecnologias e descobertas, manipulando-as de acordo com suas necessidades e então considerando-as como suas, sem respeitar sua verdadeira procedência.

É compreensível, portanto, que países e pesquisadores, instituições e corporações sintam-se menos inclinadas a compartilhar suas invenções mais modernas com a China. Apesar disso, o PCC continua a restringir de maneira severa o livre agrupamento de pessoas e o choque de ideias na esfera pública. Pode haver pouco tráfego nos pressentimentos, nas intuições e nos saltos de fé que caracterizam a verdadeira revolução científica. A censura oficial da internet separa a sociedade das percepções da comunidade internacional. Os pesquisadores e potenciais inventores chineses estão se tornando cada vez mais isolados dos bancos de dados e dos fluxos de inspiração que dúzias de países estão desenvolvendo de maneira conjunta. A sociedade chinesa não está se desenvolvendo como uma incubadora para inovações ou novas descobertas. Restrições sociais e políticas no país limitam o tipo e a qualidade de intercâmbio de informações, o risco assumido e o cometimento dos erros sobre os quais as grandes descobertas e inovações geralmente ocorrem. A China precisa remover essas barreiras antes de ser capaz de cultivar os tipos de indivíduos e equipes de que sua sociedade precisará para, de fato, contribuir para um abrangente diálogo internacional. Ainda existe a possibilidade de o país contribuir para os novos paradigmas de investigação que poderão solucionar os grandes problemas provocados pelo desenvolvimento social acelerado.

Porém, caso opte por não fazê-lo, o gigante asiático dos dias de hoje se arriscará a tornar-se apenas mais uma dinastia em uma longa história de feudalismo cíclico —embora, dessa vez, com características da era digital. Essa **dinastia digital** talvez até se torne conhecida entre os futuros historiadores como o período em que a China possuía o capital necessário para investir em grandes iniciativas. Todavia, é bem possível que esses mesmos historiadores lamentem o fato de os líderes do país terem optado pelo colapso de sua própria sociedade, simplesmente por **orgulho** e **arrogância**. O fato é que a sociedade chinesa detém as tecnologias sobre as quais poderá construir uma nova compreensão da natureza. Seus pesquisadores foram convidados a colaborar com o resto do mundo na solução dos maiores desafios da humanidade, entretanto, a China – agora no ponto mais alto da história – se restringe a meramente anunciar o caminho que deve seguir toda a civilização humana.

O Ocidente e as demais regiões do mundo poderão ajudar a China a nos ajudar – por meio de bons exemplos. Para aqueles entre nós suficientemente afortunados para viverem em sociedades civis democráticas, é plenamente possível começar a reduzir os efeitos da negligência de longo prazo que afeta nosso meio ambiente e nossos recursos naturais. Podemos começar a nos comunicar globalmente, mas comprar em âmbitos locais e, assim, praticar a sustentabilidade. Os governos deveriam começar a diminuir seus subsídios aos combustíveis fósseis e à água, e implantar em suas nações taxas que reflitam os **verdadeiros custos** do consumo desses recursos naturais **tão limitados**. Os cidadãos cujos impostos pagam pelos trabalhos de pesquisa precisariam exigir de seus governos que, para o bem de toda a humanidade, os resultados dessas investigações se mantivessem em domínio público – e não se destinassem apenas a alguns poucos privilegiados. Com seus impostos, os cidadãos deveriam poder votar nos tipos de sistema de recompensa que promovessem o compartilhamento de dados e resultados com base no bem comum. Os eleitores deveriam pressionar por um sistema internacional de patentes que desconsiderasse ajustes mínimos a tecnologias atuais. Em vez disso, invenções que pudessem ser aplicadas para o bem comum deveriam permanecer em domínio público, e quaisquer inovações extraídas desse domínio não deveriam ficar unicamente nas mãos de corsários.

Os riscos para a civilização humana no século XXI são bem altos. Os 20% do planeta que lideraram a Revolução Industrial precisam agora da ajuda de outros 20% da população mundial – a China – para superar alguns dos maiores desafios que o mundo jamais enfrentou. Os 60% restantes também precisam contribuir por meio de quaisquer canais multilaterais disponíveis. Trabalhando de maneira criativa e construtiva, a humanidade como um todo precisa enfocar a sustentabilidade do mundo moderno visando transformá-lo naquilo que todos gostaríamos que ele fosse: **uma belíssima pérola azul-esverdeada habitada por sublime inteligência, fazendo piruetas em plena vastidão do espaço!!!**

Notas do autor

Capítulo 1 – Nação inovadora
1. Malcolm Moore, *Celebrity Chinese Monk on the Run from the Authorities (Famoso Monge Chinês em Fuga das Autoridades)*, The Telegraph, 3 de setembro de 2010.
2. Evan Osnon, *"Science Cop" mugged ("Xerife da Ciência" Agredido)*, The New Yorker, 31 de agosto de 2010.
3. A moeda da República Popular da China é o renminbi, cujo significado é "moeda do povo." Compara-se à libra esterlina do Reino Unido. O yuan é a unidade primária do renminbi, e se compara à libra ou ao dólar.
4. *Details of the Fang Zhouzi Attack Emerging (Detalhes Sobre o Ataque a Fang Zhouzi Começam a Surgir), China's Scientific & Academic Integrity Watch*), acessado originalmente em 20 de janeiro de 2011. Disponível on-line em http://fangzhouzi-sys.blogspot.com/2010/09/details-of-fang-zhouzi-attack-emerging.html.
5. Josh Chin, *A Bad Week for an Antifraud Activist (Uma Semana Ruim para um Ativista Antifraude)*, The Wall Street Journal, China Realtime Report, 31 de outubro de 2011. Disponível on-line em http://blogs.wsj.com/chinarealtime/2010/10/14/a-bad-week-for-an-antifraud-activist.
6. Andrew Jacobs, *Rampant Fraud Threat to China's Brisk Ascent (A Prática Desenfreada de Fraudes Ameaça a Rápida Ascensão da China)*, The New York Times, 6 de outubro de 2010.
7. Ibid.
8. Ibid.

9. Sam Geall, *Who Tried to Kill Fang Xuancheng?* (*Quem Tentou Assassinar Fang Xuancheng?*), *Foreign Policy*, 6 de julho de 2010. Disponível on-line em www.foreignpolicy.com/articles/2010/07/06/why_was_china_afraid_of_a_science_journalist?page=0,1.
10. Ibid.
11. Anil Gupta e Haiyan Wang, *Chinese Innovation is a Paper Tiger* (*A Inovação Chinesa é um Falsa Ameaça*), *The Wall Street Journal*, 28 de julho de 2011. Disponível *on-line* em http://online.wsj.com/article/SB10001424053111904800304576472034085730262.html.
12. David Tyfield, Jin Jun e Tyler Rooker, *Game-Changing China* (*A China Mudando o Jogo*), *Nesta*, junho de 2010. www.nesta.org.uk/publications/reports/assets/features/game-changing_china.
13. Steve Lohr, *When Innovation Too, Is Made in China* (*Quando a Inovação Também é Feita na China*), *The New York Times*, 1 de janeiro de 2011.
14. Anil Gupta e Haiyan Wang, *Chinese Innovation is a Paper* Tiger (*A Inovação Chinesa é um Falsa Ameaça*), *The Wall Street Journal*, 28 de julho de 2011. Disponível *on-line* em http://online.wsj.com/article/SB10001424053111904800304576472034085730262.html.
15. Ibid.
16. Ibid.
17. Ibid.
18. *50 SOEs to Go Worldwide* (*50 SOEs se Tornarão Globais*), *Shanghai Business Review*, 27 de dezembro de 2010.
19. *The Boot Is on the Other Foot* (*A Bota Está no Outro Pé*), *The Economist*, 30 de março de 2006.
20. Li Yuan, *China's Internet: Why China Has No Steve Jobs* (*A Internet na China: Porque a China Não Tem um Steve Jobs*), *The Wall Street Jounal*, 7 de outubro de 2011. Disponível *on-line* em http://blogs.wsj.com/chinarealtime/2011/10/07/chinas-internet-why-china-has-no-steve-jobs/?KEYWORDS=steve+jobs+china.
21. Anil Gupta e Haiyan Wang, *Beijing is Stifling Chinese Innovation* (*Pequim Está Sufocando a Inovação Chinesa*), *The Wall Street Journal*, 1º de setembro de 2011. Disponível *on-line* em HTTP://online.wsj.com/http://online.wsj.com/article/SB10001424053111904800304576472034085730262.html.

22. Ibid.
23. David Barboza, *Entrepreneur's Rival in China: The State* (O Rival dos Empreendedores na China: o Estado), *The New York Times*, 7 de dezembro de 2011. Disponível *on-line* em www.nytimes.com/2011/12/08/business/an-entrepeneurs-rival-in-china-the-state.html?_r=1&hp+&pagewanted=all.
24. Ibid.
25. Ibid.
26. Ibid.
27. Ibid.
28. Ibid.
29. Ibid.

Capítulo 2 – A *Web* fragmentada

1. *Trouble on the China Express* (Problemas no Expresso China), *The Wall Street Journal*, 1º de agosto de 2011. Disponível *on-line* em http://online.wsj.com/article/SB10001424053111904800304576474373989319028.html.
2. *China's E-commerce Scale Increased by 20% in 2008* (A Dimensão do Comércio Eletrônico na China Aumentou em 20% em 2008), *China Teck News.com*, 7 de janeiro de 2009. Disponível *on-line* em www.chinatechnews.com/2009/01/07/8432-chinas-ecommerce-scale-increased-20-in-2008.
3. Yang Wanli & Chen Limin, *A Taxing Issue for Online Shops* (Uma Questão de Impostos Para as Lojas On-line), *China Daily*, 12 de julho de 2011. Disponível *on-line* em www.chinadaily.com.cn/bizchina/2011-07/12/content_12882261.htm.
4. Ibid.
5. Nick Mackie, *Online Shopping Is Growing Rapidly in China* (O Comércio On-line Está Crescendo Rapidamente na China), *BBC*, 29 de agosto de 2011. Disponível *on-line* em http://online.wsj.com/article/SB10001424053111904491704576570612044417314.html.
6. Jeremy Page, *Why China Is Trying to Censor Talk about Jiang Zemin* (Por que a China Está Tentando Censurar as Discussões sobre Jiang Zemin), *The Wall Street Journal*, 7 de julho de 2011. Disponível *on-line* em http://blogs.wsj.com/chinarealtime/2011/07/07/why-chine-is-trying-to-censor-talk-about-jiang-zemin/.

7. Michael Wines e Sharon LaFraniere, *In Baring Train Crash Facts, Blogs Erode China Censorship* (*Ao Expor os Fatos sobre o Acidente de Trem, Blogues Corroem a Censura Chinesa*), *The New York Times*, 29 de julho de 2011. Disponível *on-line* em www.nytimes.com/2011/07/29/world/asia/29china.html?_r+1&hp+&pagewanted+all.
8. *Baidu and Microsoft Tie-up for English Search in China* (*Baidu e Microsoft se Unem nas Pesquisas em Inglês na China*), *BBC*, 5 de julho de 2011.
9. *Microsoft, Baidu to Expand Web-Search Partnership in China* (*Microsoft e Baidu Expandirão sua Parceria em Pesquisas na Web na China*), *Bloomberg*, 4 de julho de 2011.
10. Ibid.
11. *How Chinese Users Search Online* (*Como os Usuários Chineses Pesquisam On-line*), relatório *iMedia Connection*, 28 de julho de 2009. Disponível *on-line* em www.imediaconnection.com/content/23899.asp.
12. Eliot Gao, *Alibaba-Yahoo Fight Highlights Threat to China Internet Control* (*A Briga entre Alibaba e Yahoo! Realça Ameaça ao Controle da Internet na China*), *The Wall Street Journal*, 4 de julho de 2011. Disponível *on-line* em http://blogs.wsj.com/chinarealtime/2011/07/04/researchers-alibaba-yahoo-fight-highlights-threat-to-china-internet-control/.
13. Loretta Chao e Laurie Burkitt, *Chinese Online Retailer Hopes to Raise Up to $5 Billion in U.S.* (*Empresa de Varejo On-line Chinesa Espera Levantar US$ 5 bilhões nos EUA*), *The Wall Street Journal*, 16 de setembro de 2011. Disponível *on-line* em HTTP://online.wsj.com/article/SB10001424053111904491704576570612044417314.html.
14. Lee Chyen Yee e Argin Chang, *eBay Eyes up to 40 Percent Jump in China Sales* (*A eBay de Olho em um Aumento de até 40% nas Vendas na China*), *Reuters*, 30 de agosto de 2011. Disponível *on-line* em www.reuters.com/article/2011/08/30/us-ebay-idUSTRE77T68120110830.
15. Nick Mackie, *Online Shopping Is Growing Rapidly in China* (*O Comércio On-line Está Crescendo Rapidamente na China*), *BBC*, 29 de agosto de 2011. Disponível *on-line* em http://online.wsj.com/article/SB10001424053111904491704576570612044417314.html.
16. Ibid.

17. Kathrin Hille, China's State Broadcaster Attacks Baidu *(A Rede de TV Estatal Chinesa Ataca a Baidu)*, Financial Times, 17 de agosto de 2011.
18. Ibid.
19. Ibid.
20. Eliot Gao, *Alibaba-Yahoo! Fight Highlights Threat to China Internet Control (A Briga entre Alibaba e Yahoo Realça Ameaça ao Controle da Internet na China)*, The Wall Street Journal, 4 de julho de 2011. Disponível *on-line* em http://blogs.wsj.com/chinarealtime/2011/07/04/researchers-alibaba-yahoo-fight-highlights-threat-to-china-internet-control/.
21. Ibid.
22. Ibid.
23. *Flatter World and Thicker Walls? Blogs, Censorship and Civic Discourse in China (Mundo mais Plano e Muralhas Mais Grossas? Blogues, Censura e Discurso Cívico na China)*, Public Choice, 9 de agosto de 2007.

Capítulo 3 – Os campos de silício da China

1. *Global Outsourcing Market to Be Worth US$ 1,430 bn By 2009 (Mercado Global de Terceirização Deverá Valer US$ 1.430 bilhões em 2009)*, Computer Businaess Review, agosto de 2007. Disponível *on-line* em http://cbr.co.za/article.aspx?pklarticleid=4714.
2. Tian Chengping, *Labour and Social Security Development in China (O Trabalho e o Desenvolvimento da Previdência Social na China)*, discurso de 14 de setembro de 2006.
3. Ron Gluckman, *China's VanceInfo Technologies Tries to Outdo Indian Outsourcers (A Chinesa VanceInfo Technologies Tenta Superar Terceirizadores Indianos)*, Forbes Magazine, 26 de outubro de 2011. Disponível *on-line* em www.forbes.com/global/2011/1107/companies-people-technology-service-provider-chen-outsourcing-india-gluckman.html.
4. Ibid.

Capítulo 4 – Metal pesado

1. Edward Wong, China's *Railway Minister Loses Post in Corruption Inquiry (Ministro das Ferrovias Chinês Perde o Cargo Durante*

Investigação Sobre Corrupção), *The New York Times*, 12 de fevereiro de 2011. Disponível em www.nytimes.com/2011/02/13/world/asia/13china.html.
2. Simon Rabinovitch, *Crash threatens China's High-speed Ambitions* (*Acidente Ameaça as Ambições Chinesas na Área de Alta Velocidade*), *Financial Times*, 24 de julho de 2011. Disponível *on-line* em http://www.ft.com/intl/cms/s/0/f978586e-b5e3-11e0-8bed-00144feabdc0.html#axzz2KKPE0KBg.
3. Jonathan Shieber, *New Revelations in China's Railway Corruption Scandal* (*Novas Revelações no Escândalo da Corrupção no Sistema Ferroviário Chinês*), *The Wall Street Journal*, China Realtime, 23 de março de 2011. Disponível on-line em http://blogs.wsj.com/chinarealtime/2011/03/23/new-revelations-in-china-railway-corruption-scandal/.
4. Li Jing, *Relatives Sorrow Amid Claims and Doubts* (*Aflição dos Parentes em Meio a Reivindicações e Dúvidas*), Xinhua, 28 de julho de 2011. Disponível *on-line* em WWW.ecns.cn/2011/07-28/1154.shtml.
5. James T. Areddy e Norihiko Shirouzu, *China Bullet Trains Trip on Technology* (*Os Trens-bala Chineses Tropeçam na Tecnologia*), *The Wall Street Journal*, 3 de outubro de 2011. Disponível *on-line* em http://online.wsj.com/article/SB10001424053111904353504576568983658561372.html.
6. Shelly Zhao, *The Politics of China-Africa Oil* (*A Política por trás do Petróleo Sino-Africano*), *The China Briefing*, 13 de abril de 2011. Disponível *on-line* em www.china-briefing.com/news/2011/04/13/the-geopolitics-of-china-african-oil.html.
7. Sam Chambers e Paul French, *Oil on Water* (*Óleo sobre a Água*) London: Zed Books, 2010, 60.
8. Ibid, 39.
9. Ibid.
10. Robert Wright e Simon Rabinovitch, *China Vows to Turn tide on Flood of Ships* (*A China Promete Mudar a Maré no Caso do Dilúvio de Navios*), *Financial Times*, 3 de novembro de 2011.
11. *Heavy Duty: China's Next Wave of Exports* (*Carga Pesada: a Próxima onda de Exportações da China*), *Economist Intelligence Unit Whitepaper*, agosto de 2011, 6.
12. *China Cars Face Hurdles to Sell Abroad* (*A Venda de Automóveis*

Chineses no Exterior Enfrenta Dificuldades), *China Daily*, 18 de abril de 2007.
13. Qiang Xiaoji, *China's Automobiles Struggling to Enter EU Market* (*Automóveis Chineses Lutam para Adentrar os Mercados da União Europeia – UE*), *China Daily*, 12 de dezembro de 2009.
14. Xu Xiao, *Auto Exports Rise, but Numbers Still Modest* (*Exportações de Veículos Crescem, mas os Números Ainda São Modestos*), *China Daily*, 22 de agosto de 2011. Disponível *on-line* em www.chinadaily.com.cn/bizchina/2011-08/22/content_13164406.htm.
15. Wang Chao, *European Cars Boost Sales in Sluggish Chinese Market* (*A Venda de Automóveis Europeus Aumenta no Letárgico Mercado Chinês*), *China Daily*, 15 de julho de 2011. Disponível *on-line* em http://europe.chinadaily.com.cn/epaper/2011-07/15/content_12910598.htm.
16. Brian Spegle, *Train Spat With China Heats Up* (*A Discussão Sobre Trens com a China Fica mais Tensa*), *The Wall Street Journal*, 11 de julho de 2011. Disponível *on-line* em HTTP://blogs.wsj.com/chinarealtime/2011/07/08/train-spat-with-japan-heats-up/?mod=WSJBlog&mod=chinablog.
17. Jonathan Soble, *Japanese Rail Chief Hits at Beijing* (*Chefe-Executivo do Setor Ferroviário Japonês Critica Pequim*), *Financial Times*, 5 de abril de 2010. Disponível *on-line* em http://www.ft.com/intl/cms/s/0/c05316be-4113-11df-94c2-00144feabdc0.html#axzz2KmVlcNa3.
18. James T. Areddy e Norihiko Shirouzu, *China Bullet Trains Trip on Technology* (*Os Trens-bala Chineses Tropeçam na Tecnologia*), *The Wall Street Journal*, 3 de outubro de 2011. Disponível *on-line* em http://online.wsj.com/article/SB10001424053111904353504576568983658561372.html.
19. Yuriko Koike, *Unsafe at Any Speed* (*Inseguro em Qualquer Velocidade*), *TODAYOnline*, 29 de julho de 2011. Disponível *on-line* em www.todayonline.com/Commentary/EDC110729-0000049/Unsafe-at-any-speed.
20. Ibid.
21. Brian Spegle, *Train Spat With China Heats Up* (*A Discussão Sobre Trens com a China Fica mais Tensa*), *Wall Street Journal*, 11 de julho de 2011. Disponível *on-line* em http://blogs.wsj.

com/chinarealtime/2011/07/08/train-spat-with-japan-heats-up/?mod5WSJBlog&mod5chinablog.
22. Jason Dean e Jeremy Page, *Trouble on the China Express* (Problemas no Expresso China), *The Wall Street Journal*, 1º de agosto de 2011. Disponível *on-line* em http://online.wsj.com/article/SB10001424 05311190480030457647437398931902 8.html.
23. Simon Rabinovitch, *Crash Threatens China's High-speed Ambitions* (Acidente Ameaça as Ambições Chinesas na Área de Alta Velocidade), *Financial Times*, 24 de julho de 2011.
24. Keith Bradsher, *China Is Eager to Bring High-Speed Rail Expertise to the U.S* (A China está ávida para Levar sua Experiência nos Trens de Alta Velocidade para os EUA), *The New York Times*, 7 de abril de 2010. Disponível *on-line* em www.nytimes.com/2010/04/08/business/global/08rail.html.
25. Michael Wines e Keith Bradsher, *China Rail Chief's Firing Hints at Trouble* (A Demissão do Chefe do Sistema Ferroviário Chinês Sugere Problemas), *The New York Times*, 17 de fevereiro de 2011. Disponível *on-line* em www.nytimes.com/2011/02/18/world/asia/18rail.html?_r51&pagewanted5all.
26. John Garnaut, *China Inc Goes Off the Rails in Saudi Arabia While Building Mecca Monorail* (China Inc Sai dos Trilhos na Arábia Saudita Durante Construção do Monotrilho para Meca), 16 de novembro de 2010. Disponível *on-line* em http://www.smh.com.au/business/china-inc-goes-off-the-rails-in-saudi-arabia-while-building-mecca-monorail-20101115-17ud1.html.
27. *China Coming Down the Tracks* (A China Sai dos Trilhos), *The Economist*, 28 de janeiro de 2011. Disponível *on-line* em www.economist.com/node/17965601.
28. Simon Rabinovitch, *Crash Threatens China's High-speed Ambitions* (Acidente Ameaça as Ambições Chinesas na Área de Alta Velocidade), *Financial Times*, 24 de julho de 2011. Disponível *on-line* em www.ft.com/intl/cms/s/0/f978586e-b5e3–11e0–8bed-00144feabdc0.html#axzz1TBZrNeHZ.
29. Keith Bradsher, *China Is Eager to Bring High-Speed Rail Expertise to the U.S* (A China está Ávida para Levar sua Experiência nos Trens de Alta Velocidade para os EUA), *The New York Times*, 7 de abril de 2010. Disponível *on-line* em. www.nytimes.com/2010/04/08/business/global/08rail.html.

30. *Heavy Duty: China's Next Wave of Exports* (A Próxima Onde de Exportações da China), Economist Intelligence Unit Whitepaper, 6 de agosto de 2011.

Capítulo 5 – A marca China

1. Andrew Hupert, *China's Other Branding Problem* (O Outro Problema de Branding da China) *China Economic Review*, 24 de janeiro de 2011. Disponível *on-line* em www.chinaeconomicreview.com/today-in-china/2011_01_24/Chinas_other_branding_problem.html.
2. John G. Spooner e Michael Kanellos, *IBM Sells PC Group to Lenovo* (A IBM Vende o Grupo PC para a Lenovo), *CNET News*, 8 de dezembro de 2004. Disponível *on-line* em http://news.cnet.com/IBM-sells-PC-group-to-Lenovo/2100-1042_3-5482284.html.
3. Xiao Geng, Xiuke Yang e Anna Janus, *China's New Place in a World in Crisis* (O Novo Lugar da China na Crise Mundial), Australia National University, 160.
4. *Red Flag Raises* (Surge um Sinal de Alerta), *The Economist*, 7 de julho de 2011. Disponível *on-line* em www.economist.com/node/18929130.
5. Ibid.
6. *When It Matters* (Quando Importa), *The Economist*, 20 de agosto de 2011. Disponível *on-line* em www.economist.com/node/21526407.

Capítulo 6 – Declaração de independência em termos energéticos

1. Lin Boqiang, *Powering Future Development* (Fornecendo Energia para o Desenvolvimento Futuro), *China Daily*, 20 de janeiro de 2012. Disponível *on-line* em www.chinadaily.com.cn/usa/business/2012-01/20/content_14480632.htm.
2. Richard Lester e Edward Cunningham, *Greener Plants, Grayer Skies: A Report from the Front Lines of China's Energy Sector* (Planos Mais Verdes, Céus mais Cinzas: Um Relatório das Linhas de Frente do Setor Energético Chinês), MIT Industrial Performance Center, Agosto de 2008.

3. Ibid.
4. Leslie Hook, *China Denies IEA Claim on Energy Use* (*A China Nega Afirmações do IEA sobre Uso de Energia*), *Financial Times*, 20 de julho de 2010.
5. British *Petroleum's Energy Outlook 2030* (Panorama Energético da British Petróleo).
6. Michelle Price, "A Consumption Conundrum" (*A Charada do Consumo*), *The Wall Street Journal*, 6 de dezembro de 2011. Disponível *on-line* em http://online.wsj.com/article/SB1000142 4052970204346104576638561340925004.html.
7. Daniel H. Rosen e Trevor Houser, *China Energy: A Guide for the Perplexed* (*A Energia na China: Uma Guia para os Confusos*), 9. Uma parte do balanço patrimonial chinês, um projeto conjunto do Centro para Estudos Estratégicos e Internacionais e do Peterson Institute for International Economics, 9.
8. Ibid, 9.
9. *Crisis Prevention* (*Prevenção de Crises*), *The Economist*, 24 de fevereiro de 2011.
10. Deborah Seligsohn, Robert Heilmayr, Xioamei Tan e Lutz Weischer. *China, the United States, and the Climate Change Challenge* (*A China, os EUA e o Desafio das Mudanças Climáticas*), Washington, DC: World Resources Institute, 2009. Disponível *on-line* em www.wri.org/publication/china-united-states-climate-change-challenge.
11. Institute for Energy Research, *Testimony Before the Select Committee on Energy Independence and Global Warming Hearing on the Global Clean Energy Race* (*Declaração Diante do Comitê para Independência Energética e Audiência sobre Aquecimento Global na Global Clean Energy Race*), 22 de setembro de 2010. Disponível *on-line* em www.instituteforenergyresearch.org/2010/09/22/ier-testimony-on-the-hearing-onthe-global-clean-energy-race/.
12. James Kynge, *China Shakes the World: A Titan's Rise and Troubled Future—and the Challenge for America* (*A China Abala o Mundo: A Ascensão de um Titã e um Futuro Incerto – e o Desafio para a América*), Nova York: Houghton Mifflin Company, 2007).
13. "Engine Trouble" "*Problema no Motor*", *The Economist*, 23 de outubro de 2010, 81.
14. Daniel Rosen e Trevor Houser, *China Energy: A Guide for*

the Perplexed (*A Energia na China: Um Guia para os Confusos*), Washington, DC: Center for Strategic International Studies e Peterson Institute for International Exonomics, maio de 2007, 6.
15. Ibid.
16. *British Petroleum's Energy Outlook 2030* (*Panorama Energético da British Petroleum, 2030*)
17. Jonathan Watts, *China's Coal Addiction* (*O Vício da China pelo Carvão*), Foreign Policy, 2 de dezembro de 2010. Disponível *on-line* em www.foreignpolicy.com/articles/2010/12/02/china_s_addiction_to_coal?page=0,2.
18. Elisabeth Rosenthal, *Nations That Debate Coal Use Export It to Feed China's Need* (*Os Países que Debatem o Uso de Carvão Exportam o Minério para Atender às Necessidades Chinesas*), The New York Times, 21 de novembro de 2010. Disponível *on-line* em WWW.nytimes.com/2010/11/22/science/earth/22fossil.html?_r=1&ref=todayspaper.
19. Ibid.
20. Ibid.
21. Jonathan Watts, *China's Coal Addiction* (*O Vício da China pelo Carvão*), Foreign Policy, 2 de dezembro de 2010. Disponível *on-line* em www.foreignpolicy.com/articles/2010/12/02/china_s_addiction_to_coal?page=0,2.
22. *British Petroleum's Energy Outlook 2030* (*Panorama Energético da British Petroleum, 2030*)
23. Clifford Kraus, *Breaking Away from Coal* (*Libertando-se do Carvão*), The New York Times, 29 de novembro de 2010.
24. 24. Mary Kay Magistad, *China's Search for Cleaner Coal* (*A Busca da China por um Carvão Menos Poluente*), The World, 1º de dezembro de 2010. Disponível *on-line* em www.theworld.org/2010/12/01/china-clean-coal-greenhouse-climate/.
25. U.S.-China Energy Center website. Disponível *on-line* em www.nrac.wvu.edu/projects/sheia/index.html.
26. Annette Cary, *Researchers Look to China for Help with Projects* (*Pesquisadores Buscam a China para Ajudar nos Projetos*), News Tribune, 12 de dezembro, 2010. Disponível *on-line* em: www.thenewstribune.com/2010/12/12/1462000/richland-researchers-look-to-china.html.
27. *Chinese Power Plants Have Been Staging Brown Outs, with Some Functioning Only Days of Coal Inventory* (*Usinas de Carvão*

Chinesas Estão se Preparando para o Desligamento, com Algumas delas Operando Somente para a Verificação de Inventário), MyChinaViews, 31 de dezembro de 2010. Disponível *on-line* em http://mychinaviews.com/2010/12/pricing-fracas-leads-to-coal-shortage/.

28. Sephen Kurczy, *China to Mold Future World Energy Use: IEA* (*A China Moldará o Uso Mundial de Energia no Futuro: AEI*), *Christian Science Monitor*, 10 de novembro de 2010. Disponível *on-line* em www.csmonitor.com/World/Global-Issues/2010/1110/China-to-mold-future-world-energy-use-IEA.

29. Wang Guanqun, *Driving Mad! 4 Million Cars Clog Beijing Roads* (*Enlouquecendo! Quatro Milhões de Automóveis Atravancam as Estradas de Pequim*), *Global Times*, 21 de dezembro de 2009. Disponível *on-line* em news.xinhuanet.com/english/2009-12/21/content_12681158.htm.

30. *Huge Source of Oil, Gas Found in South China Sea* (*Enormes Reservas de Petróleo e Gás Descobertas no Mar da China Meridional*), *India Talkies*, 17 de janeiro de 2011. Disponível *on-line* em www.indiatalkies.com/2011/01/huge-source-oil-gas-south-china-sea.html.

31. *Natural Gas Demand to Soar* (*Demanda por Gas Natural Deve Subir*). Disponível *on-line* em http://europe.chinadaily.com.cn/business/2011-01/29/content_11940148.htm.

32. *China's Natural Gas Approach: Pipelines are Best Way to Resolve Shortages* (*A Abordagem da China para o Gás Natural: Oleodutos São a Melhor Maneira de Resolver o Déficit*). Disponível *on-line* em www.chinasignpost.com/2010/12/china%E2%80%99s-natural-gas-approach-pipelines-are-best-way-to-resolve-shortages/.

33. *Natural Gas Demand to Soar* (*Demanda por Gas Natural Deve Subir*). Disponível *on-line* em http://europe.chinadaily.com.cn/business/2011-01/29/content_11940148.htm.

34. Ibid.

35. *Natural Gas Consumption to Increase* (*Consumo de Gás Natural Deve Subir*). Disponível *on-line* em http://www.chinadaily.com.cn/bizchina/2011-01/21/content_11893444.htm.

36. *China First-Quarter Gas Imports More Than Double, NDRC Says* (*A Importação de Gás Natural Pela China Mais que Dobra no Primeiro Trimestre, Informa a NDRC*). Disponível *on-line* em www.

bloomberg.com/news/2011-04-15/china-first-quarter-gas-imports-more-than-double-ndrc-says-1-.html.
37. Ibid.
38. *Natural Gas Consumption to Increase* (Consumo de Gás Natural Deve Subir). Disponível *on-line* em http://www.chinadaily.com.cn/bizchina/2011-01/21/content_11893444.htm
39. Gordon Feller, *China's Energy Demand – Improving Energy Intensity is Proving a Daunting Task in the World's most Populous Nation* (A Demanda Energética na China – A Ampliação da Capacidade Energética está se Revelando uma Tarefa Hercúlea para a Nação Mais Populosa do Planeta), EcoWorld, 20 de maio de 2007. Disponível *on-line* em www.ecoworld.com/energy-fuels/chinas-energy-demand.html.
40. *China 2008 Power Consumption Up 5.23 pct, Lowest Rise in 10 Years* (Consumo Energético da China em 2008 Sobe 5,23 %, Menor Aumento em Dez Anos). Disponível *on-line* em www.forbes.com/feeds/afx/2009/01/05/afx5882229.html.

Capítulo 7 – Considere as alternativas

1. *China Surpassed US on Wind Power Capacity* (A China Superou os EUA em Capacidade Eólica), Shanghai Business Review, 17 de janeiro de 2011.
2. *China Showing Signs of Solar Cell Oversupply* (A China Apresenta Sinais de Oferta Excessiva de Baterias Solares), Interfax, 29 de setembro de 2010. Disponível *on-line* em www.interfax.nc/news/15299.
3. Keith Bradsher, *On Clean Energy, China Skirts the Rules* (Em termos de Energia Limpa, a China Contorna as Regras), The New York Times, 8 de setembro de 2010. Disponível *on-line* em www.nytimes.com/2010/09/09/business/global/09trade.html?_r=2&pagewanted=all.
4. Ibid.
5. *The Sun Also Rises* (O Sol Também Nasce), China Economic Review, julho de 2010. Disponível *on-line* em http://www.chinaeconomicreview.com/node/25473.
6. *Solar Energy, New Times Online* (Energia Solar, Novos Tempos On-line). Disponível *on-line* em www.nytimes.com/info/solar-energy/?inline=nyt-classifier.

7. *Recharge News*, 28 de dezembro de 2010. Disponível *on-line* em www.rechargenews.com/energy/solar/article239439.ece?WT.mc_id=rechargenews_rss.
8. *China Seen Quickening Hydropower Approvals* (China é Vista Acelerando Aprovações no Setor de Energia Hidrelétrica), *China Daily*, 28 de julho de 2010.
9. Ai Yang, *Cambodia: China Not Behind Mekong Floods* (Camboja: A China Não Está Por Trás das Cheias em Mekong), *China Daily*, 19 de novembro de 2010.
10. *Tibet's Hydropower Station Won't Affect Water Flows* (Usina Hidrelétrica do Tibete Não Afetará o Fluxo de Águas), Xinhua, 18 de novembro de 2010.
11. *Tibet Dam is First in Series* (Barragem no Tibete é a Primeira de uma Série), *Hindustan Times*, 19 de novembro de 2011.
12. *European Pressurized Reactor* (Reator Pressurizado Europeu), Wikipédia. Disponível *on-line* em http://en.wikipedia.org/wiki/European_Pressurized_Reactor.
13. Dinakar Sethuraman e Rakteem Katakey, *Nuclear Plant to be Built in Shandong* (Usina Nuclear Será Construída em Sandong), 24 de março de 2011. Disponível *on-line* em http://europe.chinadaily.com.cn/business/2011-03/24/content_12221281.htm.
14. Leslie Hook, *China Nuclear Protest Builds Steam* (Os Protestos Nucleares na China Ganham Força), *Financial Times*, 28 de fevereiro de 2012.
15. Brian Dumaine, *China Charges into Electric Cars* (A China Invade o Mercado de Veículos Elétricos), 19 de outubro de 2010.

Capítulo 8 – Erros de emissão

1. Ariana Eunjung Cha, *Solar Energy Firms Leave Waste Behind in China* (Empresas de Energia Solar Deixam Lixo Para Trás na China), *The Washington Post*, 9 de março de 2008.
2. Ibid.
3. Toward a Just and Sustainable Solar Industry, a Silicon Valley Toxics Coalition Whitepaper (Rumo a uma Indústria Solar Justa e Sustentável, Relatório da Silicon Valley Toxics Coalition – SVTC), 14 de janeiro de 2009.

4. Ariana Eunjung Cha, *Solar Energy Firms Leave Waste Behind in China* (Empresas de Energia Solar Deixam Lixo Para Trás na China), *The Washington Post*, 9 de março de 2008.
5. Ibid.
6. Austin Ramsey, *On the Streets of China, Electric Bikes Are Swarming* (Nas Ruas da China, Bicicletas Elétricas são Abundantes), *Time*, 14 de junho de 2009. Disponível *on-line* em www.time.com/time/world/article/0,8599,1904334,00.html#ixzz1aLgPp54y.
7. *China Drives Electric Bike, Scooter Boom* (A China Impulsiona o Boom de Bicicletas Elétricas e Scooters), *MSNBC*, 27 de julho de 2009. Disponível *on-line* em www.msnbc.msn.com/id/32172301/ns/wordl_news-world_environment/t/china-drives-electric-bike-scooter-coom/#.TpJey3JqnIV.
8. Ibid.
9. Ibid.
10. Ibid.
11. Jane Spencer e Nicholas Casey, *Toy Recall Shows Challenge China Poses to Partners* (Recall de Brinquedos Demonstra o Desafio que a China Representa para seus Parceiros Comerciais), 3 de agosto de 2007. Disponível *on-line* em http://online.wsj.com/article/SB118607762324386327.html.
12. Hu Yongqi, *Lead Poison Factory 'Tipped Off' about Green Checks* (Empresa Responsável por Envenenamento por Chumbo Antecipadamente "Alertada" Sobre Vistorias Ambientais), *China Daily*, 13 de janeiro de 2010. Disponível *on-line* em www.chinadaily.com.cn/china/2010-1/13/content_9311412.htm.
13. James T. Areddy, *Shanghai Closes Plants Using Lead* (Xangai Fecha Fábricas que Utilizam Chumbo), *The Wall Street Journal*, 5 de outubro de 2011. Disponível *on-line* em http://online.wsj.com/article/SB10001424052970203791904576610230760888692.html.
14. *Twenty-four Children Hospitalized for Lead Poisoning in E China* (Vinte e Quatro Crianças Hospitalizadas por Envenenamento por Chumbo no Leste da China), *China Daily*, 6 de janeiro de 2011. Disponível *on-line* em http://www.chinadaily.com.cn/china/2011-01/06/content_11800307.htm.
15. Hu Yongqi, *Lead Poison Factory "Tipped Off" about Green Checks* (Empresa Responsável por Envenenamento por Chumbo

Antecipadamente "Alertada" Sobre Vistorias Ambientais), *China Daily*, 13 de janeiro de 2010. Disponível *on-line* em www.chinadaily.com.cn/china/2010-01/13/content_9311412.htm.

16. *Lead Poisoning Sickens 16 Children in Central China* (Envenenamento por Chumbo Deixa 16 Crianças Doentes na China Central), *China Daily*, 12 de junho de 2010. Disponível *on-line* em www.chinadaily.com.cn/2010-06/12/content_9968401.htm.

17. *Battery Plant Blamed for Lead Poisoning* (Fabricante de Pilhas Acusado de Provocar Envenenamento por Chumbo), *China Daily*, 6 de janeiro de 2011. Disponível *on-line* em www.chinadaily.com.cn/bizchina/2011-01/06/content_11805198.htm.

18. *China Shuts Battery Factories Due to Lead Poisoning* (China Fecha Fábricas de Pilhas Devido a Envenenamento por Chumbo), *BBC*, 30 de maio de 2011. Disponível *on-line* em www.bbc.co.uk/news/business-13594890.

19. *Battery Plant Blamed for Lead Poisoning* (Fabricante de Pilhas Acusado de Provocar Envenenamento por Chumbo), *China Daily*, 6 de janeiro de 2011. Disponível *on-line* em www.chinadaily.com.cn/bizchina/2011-01/06/content_11805198.htm.

20. Hu Yongqi, *Lead Poison Factory "Tipped Off" about Green Checks* (Empresa Responsável por Envenenamento por Chumbo Antecipadamente "Alertada" Sobre Vistorias Ambientais), *China Daily*, 13 de janeiro de 2010. Disponível *on-line* em www.chinadaily.com.cn/china/2010-01/13/content_9311412.htm.

21. Sharon LaFraniere, *Lead Poisoning in China: The Hidden Scourge* (Envenenamento por Chumbo na China: O Flagelo Oculto), *The New York Times*, 15 de junho de 2011. Disponível *on-line* em WWW.nytimes.com/2011/06/15/world/asia/15lead.html?pagewanted=all.

22. Ibid.
23. Ibid.
24. James T. Areddy, *Shanghai Closes Plants Using Lead* (Xangai Fecha Fábricas que Utilizam Chumbo), *The Wall Street Journal*, 5 de outubro de 2011. Disponível *on-line* em http://online.wsj.com/article/SB10001424052970203791904576610230760888692.html.

25. Michael Montgomery, *Rare Earths: Common Applications,*

(*Elementos Terras Raras: Aplicações Comuns*), Rare Earth Investing News, 3 de agosto de 2010. Disponível *on-line* em http://rareearthinvestingnews.com/investing-in-rare-earths/rare-earths-common-applications/.
26. Suzanne Goldenberg, *Rare Earth Metals Mine is Key to US Control Over Hi-Tech Future* (*Jazidas de Metais Terras Raras São Fundamentais para Garantir aos EUA Controle sobre o Futuro da Alta Tecnologia*), *The Guardian*, 26 de dezembro de 2010. Disponível *on-line* em www.guardian.co.uk/environment/2010/dec/26/rare-earth-metals-us.
27. Ibid.
28. Keith Bradsher, *Main Victims of Mines Run by Gangsters Are Peasants* (*Principais Vítimas das Jazidas Comandadas por Gangsters são Camponeses*), *The New York Times*, 30 de dezembro de 2010. Disponível *on-line* em www.nytimes.com/2010/12/30/business/global/30smugglebar.html?ref=global.
29. Ibid.
30. Simon Perry e Ed Douglas, *In China, the True Cost of Britains's Clean, Green Wind Power Experiment: Pollution on a Disastrous Scale* (*Na China, o Verdadeiro Custo do Experimento Britânico com Usinas Eólicas Limpas e Sustentáveis: Poluição em uma Escala Desastrosa*), *Daily Mail*, 29 de janeiro de 2011. Disponível *on-line* em www.dailymail.co.uk/home/moslive/article/article-1350811/In-China-true-cost-Britains-clean-green-wind-power-experiment-Pollution-disastrous-scale.html#ixzzlacZ2q0Z8ii.

Capítulo 9 – O dragão em dieta

1. Sun Wukong, *Thirsty China Launches Water Saving Plan* (*China Sedenta Lança Plano para Economizar Água*), *Asia Times*, 7 de março de 2007. Disponível *on-line* e www.atimes.com/atimes/China_Business/IC07Cb03.html.
2. Jonathan Watts, *Can the Sea Solve China's Water Crisis?* (*Será o Mar Capaz de Resolver a Crise de Água na China?*), *The Guardian*, 24 de janeiro de 2011.
3. Sun Wukong, *Thirsty China Launches Water Saving Plan* (*China Sedenta, Lança Plano para Economizar Água*), *Asia times*, 7 de março

de 2007. Disponível *on-line* e www.atimes.com/atimes/China_Business/IC07Cb03.html.
4. Ibid.
5. Mao Yushi, Sheng Hong e Yang Fuqiang, *The True Cost of Coal* (*O Verdadeiro Custo do Carvão*), setembro de 2008.
6. Ibid.
7. Ibid.
8. Bill Dodson, *China Inside Out: 10 Irreversible Trends Reshaping China and its Relationship with the World* (*A China de Dentro para Fora: 10 Tendências Irreversíveis que Transformam a China e Suas Relações com o Mundo*), Cingapura: John Wiley & Sons, 2011), 93.
9. Zhang Qi, *Is it the End-of-the-Line for Coal-to-Oil in China?* (*Seria o Fim para a Conversão do Carvão para o Petróleo na China?*), *China Daily*, 9 de outubro de 2008. Disponível *on-line* em www.chinadaily.com.cn/bizchina/2008-10/09/content_7090441.htm.
10. Jonathan Watts, *Can the Sea Solve China's Water Crisis?* (*Será o Mar Capaz de Resolver a Crise de Água na China?*), *The Guardian*, 24 de janeiro de 2011. Disponível *on-line* em www.guardian.co.uk/environment/2011/jan/24/china-water-crisis?CMP=twt_fd.
11. Ibid.
12. Jamil Anderlini, *China's Rapid Urbanization Could Prove Illusory* (*A Rápida Urbanização da China Pode se Provar Ilusória*), *Financial Times*, 20 de julho de 2011. Disponível *on-line* em www.ft.com/intl/cms/s/0/6bca8058-b2d4-11e0-bc28-00144feabdc0.html#axzz1o9D6y89R.
13. Wang Hongyi, *Builders Follow Environmental Approach* (*Construtores Seguem Abordagem Ambiental*) *China Daily*, 9 de janeiro, 2012. Disponível *on-line* em www.chinadaily.com.cn/usa/business/2012–01/09/content_14404733.htm.
14. Lin Boqiang, *Powering Future Development* (*Capacitação de Desenvolvimento Futuro*) *China Daily*, 20 de janeiro, 2012. Disponível *on-line* em: www.chinadaily.com.cn/usa/business/2012–01/20/content_14480632.htm.
15. *China Clean Revolution Report III: Low Carbon Development in Cities* (*Revolução Limpa na China - Relatório III: Desenvolvimento em Cidades com Baixa Produção de Carbono*), The Climate Group, dezembro 2010.

16. *Country Analysis Briefs: China* (*Breve Análise do País: China*), United States Energy Information Administration, novembro, 2010, 17.
17. Jin Zhu, *Rising to the Challenge of Conserving Energy* (*Enfrentar o Desafio de Conservação de Energia*) *China Daily*, Setembro 21, 2010. Disponível *on-line* em www.chinadaily.com.cn/cndy/2010–09/21/content_11331549.htm.
18. *China Pushing for Energy-Efficient Buildings* (*China Seguindo para Edifícios com Eficiência Energética*), World Watch Institute, janeiro, 2010.
19. Jin Zhu, *Rising to the Challenge of Conserving Energy* (*Enfrentando o Desafio de Conservação de Energia*) *China Daily*, 21 de setembro de 2010. Disponível *on-line* em www.chinadaily.com.cn/cndy/2010–09/21/content_11331549.htm.
20. Ibid.
21. *China Launches Massive Reconstruction of Buildings for Energy Saving* (*China Lança grande Reconstrução de Edifícios para Economizar Energia*), Xinhua, 29 de Março, 2006. Disponível *on-line* em: http://english.people.com.cn/200603/29/eng20060329_254429.html.
22. Li Xing, *Keeping in Step to Cut Carbon Footprint* (*Mantendo-se no Caminho de Cortar as Emissões de Carbono*) *China Daily* , 18 de janeiro de 2011. Disponível *on-line* em: www.chinadaily.com.cn/usa/2011–01/18/content_11873641.htm.
23. Jin Zhu, *Rising to the Challenge of Conserving Energy* (*Enfrentar o Desafio de Conservação de Energia*), *China Daily*, 21 setembro de 2010. Disponível *on-line* em: www.chinadaily.com.cn/cndy/2010–09/21/content_11331549.htm.
24. "执行新的建筑节能标准不会引起房地产市场波动," *People's Daily* , Janeiro 18, 2010. Disponível *on-line* em: http://env.people.com.cn/GB/5300758.html.
25. *China Pushing for Energy-Efficient Buildings* (*China Indo em Direção para Edifícios com Eficiência Energética*), World Watch Institute, janeiro 2010.

Capítulo 10 – Uma comunhão se faz necessária

1. Elaine Chow, *If You're Beating a Petitioner, Make Sure It's Not an Official's Wife, Shanghaiist* , 21 de julho de 2010. Disponível

em http://shanghaiist.com/2010/07/21/if_youre_beating_a_petitioner_make.php.
2. Ibid.
3. Christopher Carothers, *Outrage as "Wrong-Beating Gate Scandal" Breaks* (Indignação Com o Escândalo do "Espancamento Equivocado no Portão!", *The Wall Street Journal*, 22 de julho de 2011. Disponível *on-line* em http://blogs.wsj.com/chinarealtime/2010/07/22/outrage-as-wrong-beating-gate-scandal-breaks/.
4. Ibid.
5. *Regilion in China on the Eve of the 2008 Beijing Olympics* (A Religião na China às Vésperas das Olimpíadas de 2008 em Pequim), Pew Forum on Religion & Public Life, 7 de maio de 2008. Disponível *on-line* em http://pewresearch.org/pubs/827/hcina-religion-olympics.
6. Ibid.
7. *Religious Believers Thrice the Estimate* (Número de Fiéis Religiosos é Três Vezes o Estimado), *China Daily*, 7 de fevereiro de 2007. Disponível *on-line* em www.chinadaily.com.cn/china/2007-02/07/content_802994.htm.
8. Nick Young, *Three "C's": Civil Society, Corporate Social Responsibility and China* (Três "Cs": Sociedade Civil, Responsabilidade Social Corporativa e China), *China Business Review*, janeiro-fevereiro de 2002. Disponível *on-line* em www.chinabusinessreview.com/public/0201/young.html.
9. *Underpinning Charity Work* (Apoiando Obras de Caridade), *Beijing Review*, 23 novembro de 2007.
10. *Now Is the Time to Begin Charity at Home* (Agora é Hora de Começar a Fazer Caridade em Casa), *China Daily*, 31 de outubro de 2007.
11. *The Celebrity, Jet Li* (A Celebridade, Jet Li), *Forbes*, 28 de setembro de 2009.

Posfácio – A maldição de Steve Jobs

1. Li Yuan, *China's Internet: Why China Has No Steve Jobs* (A Internet na China: Porque a China Não Tem um Steve Jobs), *The Wall Street Jounal*, 7 de outubro de 2011. Disponível *on-line* em http://blogs.wsj.com/chinarealtime/2011/10/07/chinas-internet-why-china-has-no-steve-jobs/?KEYWORDS=steve+jobs+china.

Sobre o autor

Bill Dodson é autor de *China Inside Out: 10 Irreversible Trends Re-shaping China and Its Relationship with the World*[A] (John Wiley & Sons, 2011).

Desde 2002, ele tem se dedicado a escrever livros e oferecer consultoria nas áreas de negócios, questões econômicas e administração de empresas dentro do gigante asiático, tendo sido citado em várias mídias importantes – Bloomberg.com, e nas revistas *Newsweek, The Economist, National Public Radio, China Economic Review, Shanghai Business Review, China International Business Magazine, The China Economic Quarterly, Monocle,* entre outras. Bill Dodson já publicou em revistas internacionais quase uma centena de artigos sobre tendências da indústria e do consumo na China.

Graduado pela Cornell University, ele trabalhou como colunista para o *China Economic Review.* Também foi responsável por uma coluna mensal na *Eurobiz Magazine*, uma publicação criada por um conjunto

---

A - Sem título em português: Em tradução livre: *A China de Dentro para Fora: 10 Tendências Irreversíveis que Reformatam o País e suas Relações com o Mundo.* (N.T.)

de empresas europeias que operam na China. Nela ele discorria sobre administração de negócios na China. Além disso, Bill Dodson trabalhou como consultor sênior na PricewaterhouseCoopers e também exerceu essa mesma função na Bearing Point.

Ele é um palestrante requisitado no campo de investimentos e tendências econômicas no gigante asiático, e também ministra palestras regulares em programas executivos de MBA em todo o mundo, nas áreas de economia e empreendimentos na China. Bill Dodson já prestou consultoria para equipes executivas de importantes empresas listadas na *Global 500*, tais como: Ford Motor Company, Electrolux e TOTAL – o grupo francês do setor energético –, onde discorreu sobre as tendências econômicas e de consumo na China.

Bill Dodson vive atualmente na Grande Xangai.

Bibliografia

Brynjolfsson, Erik e Andrew McAfee. *Race Against the Machine: How the Digital Revolution is Accelerating Innovation, Driving Productivity, and Irreversibly Transforming Employment and the Economy* (*Corrida Contra a Máquina: Como a Revolução Digital está Acelerando a Inovação, Estimulando a Produtividade e Transformando de Maneira Irreversível os Empregos e a Economia*). Lexington, MA: Digital Frontier Press, 2011.

Cowen, Tyler. *The Great Stagnation: How America Ate All the Low-Hanging Fruit of Modern History, Got Sick, and Will (Eventually) Feel Better [A Grande Estagnação: Como a América Comeu Todas as Frutas Disponíveis na História Moderna, Passou Mal e (no Final das Contas) Acabará se Recuperando]*, Nova York: Dutton, 2010.

Diamond, Jared. *Colapso: Como as Sociedades Escolhem o Fracasso ou o Sucesso*. Rio de Janeiro: Record, 2006.

Diamond, Jared. *Armas, Germes e Aço*. Rio de Janeiro: Record, 2001.

Economy, Elizabeth. *The River Runs Black: The Environmental Challenge to China's Future* (*O Rio Corre Com Dificuldades: O Desafio Ambiental para o Futuro da China*). Ithaca and London: Cornell University Press, 2010.

Fenby, Jonathan. *The Penguin History of Modern China: The Fall and Rise of a Great Power, 1850–2009.* (*A História da Penguin Sobre a China Moderna: A Queda e a Ascensão de uma Grande Potência*). Londres: Penguin Books, 2009.

Fishman, Ted C. *China, S.A.: Como a Ascensão da Próxima Superpotência Desafia os EUA e o Mundo.* Rio de Janeiro: Ediouro, 2006.

French, Paul, e Sam Chambers. *Oil on Water* (*Óleo Sobre a Água*). Londres: Zed Books, 2010.

Friedman, Thomas L. *Quente, Plano e Lotado: Os Desafios e Oportunidades de um Novo Mundo.* Rio de Janeiro: Objetiva, 2010.

Friedman, Thomas L. *O Mundo é Plano: O Mundo Globalizado no Século XXI.* Rio de Janeiro: Objetiva, 2009.

Fukuyama, Francis. *As Origens da Ordem Política: Dos Tempos Pré-humanos até a Revolução Francesa.* Rio de Janeiro: Rocco, 2013

Gifford, Rob. *China Road: A Journey into the Future of a Rising Power* (*A Estrada para a China: Uma Jornada Rumo ao Futuro de uma Potência em Ascensão*). Nova York: Random House, 2007.

Harford, Tim. *Adapt: Why Success Always Starts With Failure* (*Adapte-se: Porque o Sucesso Sempre Começa pelo Fracasso*). Nova York: Farrar, Straus and Giroux, 2011.

Harney, Alexandra. *The China Price: The True Cost of Chinese Competitive Advantage* (*O Preço China: Os Verdadeiros Custos da Vantagem Competitiva Chinesa*). Nova York: The Penguin Press, 2008.

Hewitt, Duncan. *Getting Rich First: Life in a Changing China* (*Enriquecendo Primeiro: A Vida em uma China em Transformação*). Londres: Vintage, 2007.

Johnson, Steven. *De Onde Vêm as Boas Ideias.* Rio de Janeiro: Zahar, 2011.

Kuhn, Thomas S. *A Estrutura das Revoluções Científicas.* São Paulo: Perspectiva, 2011.

Kynge, James. *A China Sacode o Mundo: A Ascensão de uma Nação com Fome.* São Paulo: Globo, 2007.

Leeb, Stephen. *Fim de Jogo: Como Prosperar Numa Economia Nada Promissora.* Rio de Janeiro: Campus, 2010.

Mertha, Andrew C. *China's Water Warriors: Citizen Action and Policy Change.* (*Os Guardiões da Água na China: As Ações dos Cidadãos e a Transformação da Política*). London: Cornell University Press, 2008.

McGregor, Richard. *The Party: The Secret World of China's Communist Rulers* (*O Partido: O Mundo Secreto dos Dirigentes Comunistas Chineses*).

Nova York: HarperCollins, 2010.

Nielsen, Michael. *Reinventing Discovery: The New Era of Networked Science (Reinventando as Descobertas: A Nova Era da Ciência em Rede)*. Princeton: Princeton University Press, 2012.

Prestowitz, Clyde. *Three Billion New Capitalists: The Great Shift of Wealth and Power to the East (Três Bilhões de Novos Capitalistas: O Grande Deslocamento de Riqueza e Poder para o Oriente)*. Nova York: Basic Books, 2005.

Ross, Andrew. *Fast Boat to China: High-Tech Outsourcing and the Consequences of Free Trade—Lessons from Shanghai (O Barco Veloz para a China: A Terceirização em Alta Tecnologia e as Consequências do Livre Comércio – Lições de Xangai)*. Nova York: Vintage Books, 2007.

Shenkar, Oded. *O Século da China: A Ascensão Chinesa e o Impacto sobre a Economia Mundial, o Equilíbrio do Porder e o (Des) Emprego de Todos Nós*. Porto Alegre: Bookman, 2005

Strahan, David. *The Last Oil Shock: A Survival Guide to the Imminent Extinction of Petroleum Man (A Última Crise do Petróleo: O Manual de Sobrevivência para a Extinção Iminente)*. Londres: John Murray, 2007.

Tainter, Joseph A. *The Collapse of Complex Societies (O Colapso das Sociedades Complexas). New Studies in Archaeology,* Cambridge, UK: Cambridge University Press, 1988.

Watts, Jonathan. *When a Billion Chinese Jump: How China Will Save Mankind—Or Destroy It (Quando um Bilhão de Chineses Saltarem: Como a China Salvará a Humanidade – ou a Destruirá)*. Londres: Faber and Faber, 2010.

Zakaria, Fareed. *O Mundo Pós-Americano*. São Paulo: Companhia das Letras, 2008.

SUGESTÕES DE LEITURA

Mais que uma editora, uma fonte de inspiração!

**O PRÊMIO DE
10 TRILHÕES DE DÓLARES -
Cativando a classe emergente
da China e da Índia**

Autores: Michael J. Silverstein,
Abheek Singhi, Carol Liao e
David Michael
Páginas: 384

**CHINA VERSUS
OCIDENTE -
O deslocamento do poder
global no século XXI**

Autor: Ivan Tselichtchev
Páginas: 288

dvseditora.com.br

GRÁFICA PAYM
Tel. [11] 4392-3344
paym@graficapaym.com.br